부동산
공화국
경제사

부동산공화국 경제사

2019년 1월 21일 초판 1쇄 발행
2021년 1월 11일 초판 3쇄 발행

지은이 | 전강수
펴낸곳 | 여문책
펴낸이 | 소은주
등록 | 제406-251002014000042호
주소 | (10911) 경기도 파주시 운정역길 116-3, 101동 401호
전화 | (070) 8808-0750
팩스 | (031) 946-0750
전자우편 | yeomoonchaek@gmail.com
페이스북 | www.facebook.com/yeomoonchaek

ISBN 979-11-87700-28-9 (03300)

이 도서의 국립중앙도서관 출판시도서목록(cip)은 e-CIP 홈페이지(http://www.nl.go.kr/ecip)에서
이용하실 수 있습니다(CIP 제어번호: 2018042988).

여문책은 잘 익은 가을벼처럼 속이 알찬 책을 만듭니다.

책 3장에 실린 사진들 중에 인물사진 둘을 제외하고는 모두 서울사진아카이브의 도움을 받았습니다.
그 사진들의 저작권자는 서울특별시임을 밝혀둡니다.
그 외에 저작권자 표기가 없는 일부 사진은 저작권이 소멸되었거나 저작권자를 찾기 어려운 경우입니다.
저작권자를 찾지 못한 사진은 확인되는 대로 게재 허락을 받고 통상의 기준에 따라 사용료를 지불하겠습니다.

부동산
공화국
경제사

전강수 지음

여문책

3부 땅이 아닌 땀이 대우받는 세상을 향하여

나는 경제학자를 의사와 같다고 생각한다. 의사가 환자의 병을 진단하고 처방을 내리는 것처럼, 경제학자도 경제의 문제를 진단하고 해결책을 제시한다. 물론 의사는 대부분 임상진료에 종사하기 때문에 자신의 진단과 처방에 대해 바로바로 피드백을 받지만, 경제학자 중에 그런 피드백을 받는 사람은 많지 않다. 정책 수립과 시행, 평가에 관여해 피드백을 받는 경제학자를 의사의 경우에 비추어서 이야기를 진행해보자.

병은 대개 통증을 동반한다. 통증은 고통스럽지만 병의 존재를 알려준다는 점에서 긍정적인 역할도 한다. 병 때문에 생기는 통증에 시달리는 환자가 병원에 갈 때 기대하는 것은 통증 완화보다는 병의 완치다. 그래서 의사가 수술이 필요하다고 이야기하면 아무 말 없이 받아들이는 것이다. 물론 고통이 심해서 통증 해결을 요청하는 환자도 많지만, 그들의 기대가 단순히 거기에 머물지는 않는다. 의사가 통증을 완화하는 방법은 두 가지로 하나는 진통제를 투여하는 것이고, 다른 하나는 병을 완치하는 것이다. 전자의 경우 통증 완화 효과는 즉각적이다. 하지만 진통제 약효가 떨어지면 통증은 다시 시작된다. 후자의 경우에는 통증이 바로 가라앉지 않는다. 완치될 때까지 통증이 지속되는 경우가 많다. 수술이라도 하면 통증은 오히려 더 심해진다. 그래서 완치를 꾀하는 경우에도 전자의 방법을 배제하지 않고 병행한다. 그러나 병이 완치되고 나면 통증은 완전히 사라진다. 그와 함께 같은 통증이 재발하는 일도 사라진다.

자, 이제 이 책에서 다루고자 하는 경제문제, 특히 부동산 문제를 가지고 논의해보자. 많은 사람이 부동산 시장의 상태나 부동산 정책의 효과를 이야기할 때 부동산 가격을 기준으로 삼는다. 부동산 정책의 성패를 따질 때 집값이 잡혔는지 여부가 절대적 기준으로 거론되는 것을 생각해보라. 2017년 8·2대책 발표 후 청와대 참모가 "새 정부는 부동산 가격 문제에 대해선 물러서지 않을 것"이라고 호언장담한 것이나, 집값 잡기에 실패했다는 이유를 들어 노무현 정부의 부동산 정책을 실패로 규정하는 것 등은 이런 태도를 반영한 것이다.

하지만 부동산값의 움직임은 병의 증세, 즉 통증과 같다. 부동산 광풍이 불어서 특정 지역의 집값이 폭등할 때 수많은 사람이 고통을 느낀다. 자기는 아무 잘못도 없는데 갑자기 손해를 보거나 가난해지는 상황을 억울하게 받아들이기 때문이다. 부동산 투기에 능한 자들이 수단과 방법을 가리지 않고 부동산을 거래해서 단기간에 엄청난 돈을 버는 것을 보고는 심한 좌절감을 느끼기도 한다. 이때 정책을 수립하고 시행하는 '경제의사'가 나서서 강한 '정책 진통제'를 투여해 집값을 잡겠노라고 약속한다면, 우리는 그에게 어떻게 말해야 할까? 제발 그렇게 해서라도 이 고통이 사라지게 해달라고 요청하고, 실제로 그리되면 그에게 감사해야 할까? 대다수 국민이 부동산 정책을 대할 때 그렇게 한다. 그러나 병원에 입원한 환자는 절대로 그러지 않는다. 그는 진통제에는 큰 관심이 없다. 그가 오로지 관심을 갖는 부분은 자기 병이 어떻게 될까

하는 것이다. 의사가 어떤 치료법으로 자기 병을 완치할지가 입원 환자의 절대적 관심사다.

사실 부동산 투기가 일어나서 부동산값이 폭등하는 것은 어제오늘의 일이 아니다. 한국 사회에서는 이미 1960년대 말부터 그런 일이 주기적으로 반복되어왔다. 이 정도라면 무엇인가 우리 사회에 큰 질병이 내재해 있다고 봐야 하는 것 아닐까? 만일 그것이 암처럼 심각한 병이라면, 고통과 위험이 수반되기는 하겠지만 수술을 해서 완치를 도모해야 하는 것 아닐까? 그 사회적 질병이 완치되면 집값 폭등이 주기적으로 반복되는 '통증'은 자연적으로 사라지기 마련이다.

그렇다면 이와 같은 사회적 통증을 유발하는 병의 정체는 도대체 무엇일까? 한마디로 그것은 많은 사람을 투기로 내모는 특수한 초과이익, 즉 부동산 불로소득이다. 투기는 부동산을 소유하거나 사고파는 행위로 불로소득을 얻을 수 있다는 기대 때문에 발생한다. 자본주의 시장경제에서 소득이나 이익을 얻으려면 그에 상응하는 대가나 비용을 지불하는 것이 원칙이다. 따라서 이 사회에서 부자가 되려면 열심히 땀을 흘리고 절제할 수밖에 없다. 부자가 되고 싶어하는 사람들에게 땀과 절제를 요구하는 것은 자본주의 시장경제의 강점이자 경제성장의 동력이다. 그런데 대가나 비용을 지불하지 않고도 소득과 이익을 얻을 수 있는 기회가 생기면 어떻게 될까? 처음에 그런 기회를 포착하는 부류는 운이 좋거나 다른 사람에 비해 민첩한 사람들이다. 이들이 그 기회를 이용해서 이익을 얻었다는 사실이 알려지면, 점차 다른 사람들도 땀 흘리고 절제하는 일을 그만두고 그들의 뒤를 따라간다. 상응하는 대가나 비용을 지불하지 않고도 소득이나 이익을 얻으려면 토지와 자연자원을 선점하거나 다른 사람이 접근하지 못하는 특권을 보유해야 한다.

대가나 비용을 지불하지 않고 얻는 소득이라서 '불로不勞'소득이라는 이름이 붙었는데, 요즘 다른 말로는 '지대rent'라고도 한다. 여기서 지대는 토지의 임대가치라는 전통적 의미가 아니라는 점에 유의하라. 불로소득 또는 지대는 부동산, 학벌, 독점, 상속, 일자리 특권, 자연자원, 권력과의 관계 등에서 발생한다. 이 중에서 대표적인 것이 부동산 불로소득이다. 한 나라가 자본주의 경제체제를 채택하고서도 사회 곳곳에서 지대추구의 기회를 허용한다면, 국민들의 마음이 그쪽으로 쏠리게되고 그럴수록 땀과 절제를 요구하는 자본주의 시장경제의 강점은 약화될 수밖에 없다. 노력소득의 차이 때문에 빈부격차가 생길 때는 사회가 그것을 용인한다. 그런 사회에서 땀과 절제로 부자가 된 사람은 존경의 대상이 된다. 반면 불로소득이 빈부격차의 주된 원인이 되는 경우에는 많은 사람이 거기에 불만을 품는다. 그들은 고단함과 억울함을 호소하다가 심한 경우에는 사회 전복에 나서게 된다. 거기서 부자는 헛된 부러움이나 경멸의 대상이 될 뿐이다.

정의롭고 효율적인 나라를 만드는 것은 모든 정치인의 꿈이다. 전두환처럼 무력으로 권력을 찬탈한 사람조차도 '정의사회 구현'을 내세우지 않았던가. 경제정의는 사회 구성원들이 땀 흘리는 만큼 잘살 수 있을 때 실현된다. 그러려면 무엇보다 먼저 각종 불로소득의 기회를 차단해 빈둥거리며 아무 일도 하지 않으면서 돈을 벌고 부를 축적하는 사람이 생기지 않도록 해야만 한다. 경제를 효율적으로 돌아가게 만들기 위해서도 불로소득의 기회를 제거하는 일은 필수적이다. 사회 여기저기에 불로소득을 얻을 기회가 널려 있다면, 누가 피곤하게 땀 흘리고 희생하며 돈을 벌려고 하겠는가? 기업가가 생산적 투자에 관심이 없고, 노동자가 자발적 근로에 관심이 없고, 농민이 농사짓는 일에 관심이 없다면, 그런 나라의 경제가 효율적으로 돌아가리라 기대하는 것은 나무에 올라가 물고기를 잡으려는 격이다.

대한민국은 제2차 세계대전 후 제국주의가 정착시킨 식민지 지주제를 성공적으로 해체한 나라다. 그 덕분에 온 국민이 토지에 대해 평등한 권리를 누리게 됐고 아래로부터 솟구치는 활력을 기반으로 세계 역사상 유례없는 고도성장을 달성했다. 한국의 고도성장은 성장률이 높았다는 점에서도 관심을 모았지만, 그 성격이 '공평한 성장'이었다는 점에서 더 큰 주목을 받아왔다. 한쪽에는 일본인 대지주와 일부 조선인 대지주가 중심 역할을 하면서 발달시킨 대토지 소유가, 반대쪽에는 점점 자기 토지를 상실하고 절망의 나락으로 굴러 떨어진 다수 농민의 빈곤이 존재했던 극도로 불평등한 사회가 어떻게 짧은 기간에 지극히 평등한 '소농의 나라'로 변신했는지 놀랍기만 하다.

그랬던 대한민국이 어느 틈엔가 부동산 투기와 불로소득으로 인한 불평등과 양극화에 신음하는 '부동산공화국'으로 추락하고 말았으니, 이는 더 놀라운 일이다. 한때 자발적인 근로의욕과 창의력, 높은 저축열, 뜨거운 교육열과 학습열, 모험적인 기업가 정신으로 충만한 사람들이 땀 흘리고 절제하며 노동하고 기업을 일구고 자식을 공부시키며 공평한 경제성장을 이끌었는데, 이들은 다 어디 가고 생산적 투자에는 관심 없이 비업무용 땅 사재기에 열을 올리는 기업, 대출받아서 갭투자를 하는 데 관심과 정력을 쏟는 회사원, 부동산 특강 강사를 따라 '아파트 사냥' 투어에 나서는 주부, 건물주가 꿈인 중학생이 우리 사회의 상징처럼 떠올랐을까? 도대체 그동안 무슨 일이 있었던 걸까?

1부에서는 왕토사상의 전통을 가졌던 한국이 어떻게 대지주의 나라로 전락했는지, 그러다 해방 후 어떻게 갑자기 평등지권平等地權 사회로 변신했는지를 다룬다. 2부에서는 평등지권 사회가 어떻게 부동산공화국으로 추락해갔는지를 살펴본다. 여기서 박정희, 이명박, 박근혜 등 전직 대통령의 역할이 지대했다는 사실이 드러날 것이다. 3부에서는 문재인 정부 부동산 정책의 성격을 밝히고, 부동산공화국을 해체할 근본 대안을 제시한다. 보론에서는 내가 약 25년간 토지정의운동에 참여하면서 얻은 경험을 바탕으로 간략한 소회를 밝힌다.

이 책은 부동산 문제를 다루는 역사책이다. 이렇게 역사적 관점에서 경제문제를 바라보면 한 가지 이점이 생긴다. 그릇 형성된 신화의 실체를 파악할 수 있다는 점이다. 부동산은 워낙 거대한 이해관계가 걸려 있어서 그런지, 특히 그런 신화가 많이 만들어졌다. 역사는 신화를 해체한다. 어둠이 빛을 이길 수 없듯이, 거짓은 진실 앞에 힘을 잃는 법이다. 나는 이 책이 부동산 문제와 관련해 그릇 형성되었거나 형성되고 있는 신화에 진실의 빛을 비추는 역할을 하기를 기대한다. 다음에 열거하는 신화는 의외로 많은 사람이 진실이라고 믿고 있는 것들이다. 당신의 생각은 어떤가?

〈신화 1〉 해방 이후의 농지개혁은 불철저해서 개혁이라 부르기 어렵다.
〈신화 2〉 농지개혁은 이승만의 작품이다.
〈신화 3〉 한국 경제의 고도성장은 박정희의 리더십 덕분이다.
〈신화 4〉 박정희의 강남개발은 우국충정에서 비롯됐다.

12

〈신화 5〉 노무현 정부의 부동산 정책은 실패했다.

〈신화 6〉 문재인 정부는 부동산 문제를 근본적으로 해결하기 위해 노력해왔다.

〈신화 7〉 문재인 정부의 부동산 정책은 참여정부의 재판再版이다.

〈신화 8〉 토지공개념은 반헌법적 또는 사회주의적이다.

〈신화 9〉 보유세 강화는 조세저항이 강해서 시행이 불가능하다.

그렇다면 진실은 무엇일까? 답은 본문과 에필로그를 통해 확인할 수 있을 것이다. 오래전 헨리 조지가 자신의 책『진보와 빈곤*Progress and Poverty*』독자에게 했던 말로 나도 여러분을 독려하고 싶다. 자, 이제 나와 함께 우리 사회에 만연해 있는 신화를 해체하는 여정에 나서지 않겠는가?

어떠한 논점도 피해 가지 말고 어떠한 결론이 나더라도 위축되지 말고 오로지 진실만을 추구하기로 하자. 우리는 진정한 법칙을 찾아야 할 책임이 있다. 오늘날 우리 문명의 한가운데에서 여인들은 기절하고 어린이들은 신음하고 있기 때문이다. 그러나 그 법칙이 어떤 내용으로 나타날 것인가는 우리가 상관할 바가 못 된다. 우리가 도달하는 결론이 우리의 편견과 충돌하더라도 움츠리지 말자. 그 결론이 오랫동안 현명하고 자연스럽다고 받아들여 온 제도를 부정하더라도 되돌아서지 말자.[1]

대개는 여기서 프롤로그를 마무리하겠지만, 그렇다고 감사의 말씀을 생략할 수는 없다. 이 책은 순전히 여문책 소은주 대표의 독려 덕분에 탄생했다. 몇 년 전 나는 20년 이상 붙들고 있던 부동산 문제는 그만 연구하고, 대학원 시절의 전공을 살려서 '대한민국 경제사'나 써볼까 하는 막연한 생각을 품고 있었다. 제법 오래 몸담았던 출판사를 그만둔 뒤 건강을 추스르고 있던 소 대표를 만난 자리에서 그 생각을 밝혔더니, 그는 정말 귀한 생각이라며 그 책을 꼭 써보라고 나를 격려해주었다. 그리고 스스로 출판사를 차려 묵직한 첫 책을 낸 지 얼마 지나지 않아 소 대표는 지난번에 이야기한 책을 내보자며 계약서를 들고 왔다. 실력 있는 편집자가 제안하는 내용이라서 나는 무조건 수락했다. 책 제목이 『부동산공화국 경제사』로 바뀌기는 했지만, 이 책은 소은주 대표의 격려에서부터 시작되었다. 약속한 원고 마감 시기가 한참 지났는데도 소 대표는 무던히 참아주었다. 그의 격려와 인내심에 깊이 감사드린다.

책을 구상하는 과정에서 오리무중에 빠지는 것은 끔찍한 일이다. 그때마다 나는 '쥬빌리교회' 식구들에게 기도를 부탁했다. 책의 가닥이 잡히고 마침내 원고를 완성하는 단계에 오니, 그 기도의 힘이 얼마나 컸는지 새삼 깨닫는다. 지속적으로 기도해주신 '쥬빌리교회' 식구들께 감사의 마음을 전하고 싶다. 아내는 늘 그랬듯이, 글이 잘 풀리지 않아서 괴로워하는 내게 "곧 좋은 내용이 떠올라서 정말 좋은 책 쓸 것"이라며 격려를 아끼지 않았다. 이제는 장성한 내 아이들도 문득문득 "아빠, 할 수 있어요!"라며 내게 힘을 주었다. 아내와 아이들에게도 사랑과 감사의 마음을 전한다.

1부

해방과 함께
평등지권 사회가
도래하다

평등지권이 중요한 이유

한 사회가 어떤 토지 소유제도를 채택하는지는 그 사회의 운명에 지대한 영향을 끼친다. 천부자원이자 공급이 고정된 토지[2]를 소수가 독점할 경우, 토지가 없는 다수 대중은 일자리를 찾기도, 생존에 필요한 소득을 충분히 얻기도 어려워진다. 이런 사회에서는 소득과 자산의 불평등이 심해지고 각종 양극화가 진행되기 마련이다. 지주가 토지로부터 얻는 수입은 본질적으로 불로소득이다. 소수의 지주층은 불로소득으로 호의호식하며 자꾸 더 부자가 되는데 대중은 노력소득조차 누리기 어려운 상태가 오랫동안 지속될 경우, 어느 순간 사회의 밑동 어디에선가 강한 힘이 분출해 그 사회를 전복시킨다. 고대 그리스 사회가 몰락한 것은 대토지 소유 때문이었다. 로마제국이 멸망한 것도, 고려왕조가 무너진 것도 마찬가지였다.

토지는 인류에게 선물처럼 거저 주어졌고, 만드는 데 비용을 지불한 사람도 없으며, 한번 차지하면 남에게 넘기지 않는 한 영원히 특별한 이익을 누릴 수 있는 물건이다. 빵이나 자동차처럼 필요하다고 해서 사람이 더 만들 수 있는 것도 아니다. 문제는 토지가 없으면 생산도, 생활도 불가능하다는 사실이다. 이런 특수한 물건을 어떤 사람이 독차지해서 다른 사람의 접근을 차단하고 이익을 독점하도록 허용하는 것은 정의롭지 않다. 거저 주어졌고 모두에게 중요한 만큼, 특정인이 절대적 소유권을 행사하는 것이 아니라 모든 사람이 평등한 권리를 누리도록 하는 것이 옳다. 평등지권이란 '모든 사회 구성원이 토지에 대해 가지는 평등한 권리'를 뜻한다.

대한민국은 전 세계에서 대토지 소유제 해체에 성공하고 평등지권 사회를 성립시킨 몇 안 되는 나라 가운데 하나다. 일제 강점기에 한국의 토지는 일본인 대지주를 중심으로 한 대지주 계층에 점점 집중되었고, 토지가 없거나 적었던 농민들은 지주의 토지를 빌려 경작하며 고율의 지대를 바쳐야만 했다. 지주의 토지를 빌려 경작하는 농민은 소작농, 그들이 바치는 지대는 소작료라 불렸다. 식민지 조선에서 대지주 계층은 1910년대 토지조사사업, 1920년대 산미증식계획과 같은 지주 위주의 농업정책에 힘입어 빠른 속도로 성장했으며, 1930년대 이후 노골적인 지주 중심적 농정이 일보 후퇴한 뒤에도 그 지위를 유지했다. 경제사학자들은 제국주의 치하에서 성립한 대토지 소유제를 식민지 지주제라 부른다. 일제 강점기 조선 농민들이 춘궁기에 풀뿌리와 나무껍질을 먹으며 연명할 정도로 빈곤에 시달렸던 근본 원인은 식민지 지주제가 강화·유지되었다는 사실에서 찾을 수 있다.

1945년 8월 15일 해방이 되자 식민지 지주제를 해체하고 경작할 토지를 나눠달라는 요구가 농민들에게서 터져 나왔다. 유상몰수·유상분배 방식이기는 했지만, 지주에게서 토지를 몰수해 경작농민에게 분배하는 엄청난 개혁이 성공했다는 것은 당시 농민들의 요구가 얼마나 강렬했는지 입증해준다. 해방 직후 한국 사회에서 최대의 경제적 이슈는 농지개혁과 귀속재산[3] 처리 문제였다. 한국 정부는 농지 가운데 모든 소작지와 3정보(1정보는 3,000평) 이상 소유지를 몰수해서 당해 농지 소작농, 영세농, 순국선열 유가족, 피고용 농가 등에게 분배했다. 물론 대가 상환과 지주 보상이 이루어졌다. 그 결과 1945년 말 35퍼센트에 불과했던 자작지의 비중은 1951년에 96퍼센트까지 급등했다. 주지하다시피 소작지는 빌려서 농사짓는 땅이고, 자작지는 소유자 스스로 농사짓는 땅을 말한다. 농지개혁법은 농사짓는 사람만 농지를 소유할 수 있다는 경자유전耕者有田의 원칙에 따라 농지 소유의 상한을 3정보로 정하고 소작을 금지했기 때문에, 농업 분야에서 일제 강점기 때와 같은 대토지 소유가 재생하는 것은 제도적으로 불가능했다.

[그림 1]은 농지개혁이 경제성장에 미친 효과를 간명하게 보여준다. 이 그림은 전 세계 26개국을 대상으로 1960년 무렵의 토지분배 상태를 지니계수로 추산해 가로축에 표시하고, 각 나라의 1960~2000년 장기 연평균 경제성장률을 세로축에 표시한 것이다. 지니계수는 소득이나 자산의 분배 상태를 측정하는 지표로 0에서 1 사이의 값을 갖는데, 0에 가까울수록 분배가 평등하고 1에 가까울수록 분배가 불평등하다는 뜻이다. 1960년 무렵 한국의 지니계수는 0.3을 약간 초과하는 수준으로, 분석 대상 26개국 가운데 토지분배가 최고로 평등했음을 말해준다. 대만과 일본의 토지분배도 상당히 평등했는데, 그것은 두 나라가 한국과 마찬가지로 유상몰수·유상분배 방식의 농지개혁을 단행한 결과였다. 제2차 세계대전 후 농지개혁으로 평등지권 사회를 실현한 세 나라가 공

[그림 1] 1960년 무렵 토지 소유 평등도와 1960~2000년간 경제성장의 상관관계

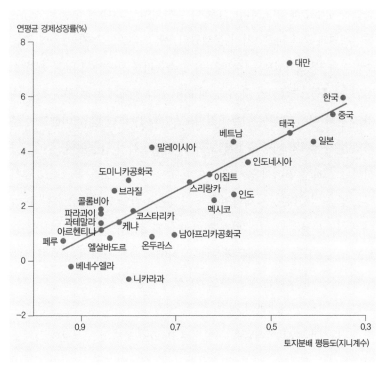

출처: Deininger, 2003, *Land Policies for Growth and Poverty Reduction*, World Bank Policy Research Report, p. 18.

통적으로 높은 장기 경제성장률을 달성했다는 것은 주목할 만하다. 이와는 대조적으로, [그림 1]의 왼편 아래쪽에 토지독점이 심각했음에도 이를 개혁하는 데 실패한 중남미 여러 나라가 자리를 잡고 있다는 점에 유의할 필요가 있다. 지니계수가 0.9에 달한다는 것은 토지분배가 극도로 불평등함을 뜻하는데, 1960년 무렵 페루·베네수엘라·콜롬비아·파라과이·과테말라 등 중남미 국가가 바로 그런 상태였다. 한국·대만·일

본과는 반대로 이들 중남미 나라의 장기 경제성장률은 극히 낮다. 그렇다면 1960년 무렵 각 나라의 토지분배 상태와 그 후의 장기 경제성장률 사이에는 뚜렷한 연관이 존재한다고 봐야 한다.

자본주의의 양대 축이 시장경제와 사유재산제도라는 점을 내세워 토지에 대한 개인의 절대적·배타적 소유권을 허용해야 한다고 주장하는 사람들이 있다. 경제사학자들 중에는 토지사유제를 근대 자본주의 성립의 필수조건으로 여기며 당연시하는 사람들도 많다. 토지는 일반 생산물이나 자본과는 전혀 다른 특수성을 갖기 때문에 거기에 절대적·배타적 소유권을 인정해서는 안 된다고 말하면, 그들은 마치 신성불가침의 영역을 침범당한 듯 반발한다. 이런 생각이 얼마나 취약한 근거 위에 서 있는지는 조금만 생각해도 금방 드러난다.

일단 그들이 금과옥조처럼 떠받드는 사유재산의 원칙 자체가 절대적·배타적 토지 소유권을 인정하지 않는다. 또 토지사유제 없이는 자본주의가 성립할 수 없다는 생각도 아무런 근거가 없다. 원래 사유재산의 원칙이란 노동의 생산물과 그것을 저축해서 형성하는 재산에 대해서는 만들고 저축한 사람에게 절대적·배타적 소유권을 인정해야 한다는 내용이다. 그런데 토지는 만든 사람이 없는 천부자원이고 토지가치도 대부분의 경우 개인의 노력과는 무관하게 형성되기 때문에, 개인에게 절대적·배타적 토지 소유권을 인정하는 것은 부당하다. 싱가포르·홍콩·대만·핀란드 등 토지에 높은 공공성을 부여하고 평등지권을 인정하는 제도를 채택하고도 자본주의 시장경제를 모범적으로 발전시킨 나라들을 생각하면, 토지사유제가 자본주의의 필수조건이 아님을 알 수 있다.

평등지권을 말하면 사회주의적 토지개혁을 떠올리는 사람들이 있는데, 양자는 성격이 전혀 다르다. 평등지권은 시장경제와 토지의 배타적 이용을 인정하지만, 사회주의적 토지개혁은 양자를 모두 부정하고 궁극적으로 토지의 국공유화와 집단적 이용을 지향하기 때문이다. 실제로 제2차 세계대전 후 동유럽 여러 나라에서는 인민민주주의 혁명의 일환으로 평등지권의 한 방법인 토지의 무상몰수와 무상분배를 내용으로 하는 토지개혁을 실시했지만, 그 후 농업 집단화 정책을 추진해 평등지권의 이상에 전혀 부합하지 않는 사회주의적 토지공유제를 성립시키고 말았다.

자본주의 사회에서 평등지권의 이상을 실현하려면 세 가지 방법을 활용할 수 있다. 토지 그 자체를 균등하게 분배하는 방법, 국공유지를 확대하고 그것을 민간에 빌려줘서 임대료를 걷는 방법, 토지사유제를 유지하되 토지보유세를 높여서 토지 불로소득을 환수하는 방법이다. 두 번째 방법은 토지공공임대제, 세 번째 방법은 토지가치세제라 불린다. 두 제도 아래서 국가는 토지로부터 수입을 얻게 되는데, 그 수입은 가능한 한 모든 국민이 균등하게 혜택을 누릴 수 있도록 사용한다. 이 둘에 대해서는 뒤에서 상세하게 살펴보자.

토지 그 자체를 균등하게 분배하는 방법은 고대 이스라엘인이 가나안 땅을 정복한 후에 지파별·가족별로 분배할 때 적용했던 것으로, 가깝게는 제2차 세계대전 후 한국·대만·일본 등지의 농지개혁에서 활용되었다. 이 방법은 대토지 소유의 폐해를 일거에 해소하고 사회의 기초를 안정시키는 장점이 있다. 반면 단점도 있는데, 토지사유제의 틀을 유지하면서 시행되는 경우가 많다는 사실이다. 모든 사람이 완전한 평등지권을 누릴 수 있도록 개혁이 철저하게 시행되지 않으면, 또 개혁 이후 토지거래가 이루어져 토지 소유의 불평등이 재현하는 것을 방지할 제도적 장치가 마련되지 않으면, 일시적으로 실현한 평등지권 사회는 얼마 못 가서 무너질 수밖에 없다.

농지개혁은 한국 사회에서 평등지권을 실현한 일대 사건이다. 일본 제국주의와 대지주가 지배하던 극도로 불평등한 나라를 단번에 고만고만한 소농민이 대부분인 평등한 나라로 바꿔버렸으니 말이다. 그 얼마 전까지만 해도 제국주의의 억압과 지주의 수탈 아래에서 신음하던 소작농들이 어느 순간 자기 땅을 가진 자영농으로 변모했다. 그들의 자발적 노동, 창의력, 그리고 누구도 말릴 수 없는 저축열과 교육열이야말로 한국의 고도성장을 가능케 한 진정한 힘이었다. 하지만 한국의 농지개혁은 도시토지와 임야를 개혁 대상에서 제외했고 토지 소유 불평등의 재현을 방지할 제도적 장치를 충분히 갖추지 못했다는 한계를 가지고 있었다. 1970년대 이후 대한민국이 부동산공화국으로 전락한 데는 농지개혁의 한계가 중요한 요인으로 작용했다. 한국에서 평등지권 사회가 성립하고 후퇴한 과정은 매우 중요한 의미를 갖는다. 유례없는 고도성장, 부동산 투기, 기득권세력 형성, 불평등과 양극화, 경제위기 등이 모두 그것과 관련이 있기 때문이다.

1장

나라의 땅 vs 지주의 땅

고려시대와 조선시대에 땅은 나라의 것이었다

한국 사회에서 땅을 일반 상품처럼 여기는 토지사유제는 언제 생겼을까? 사실상의 사적 토지 소유가 생긴 것은 16세기라고 하니 500년 정도는 됐다고 할 수 있다. 하지만 토지 소유권이 절대적·배타적 권리로 법인法認된 것은 약 100년밖에 되지 않았다는 데 유의할 필요가 있다. 토지사유제가 법률의 보호를 받는 공식 제도로 확립된 것은 일본 제국주의가 대한제국을 강점한 후 바로 실시한 토지조사사업에 의해서였다.

그럼 그 이전의 토지제도는 어땠을까? 고려시대와 조선시대에 토지는 매우 특별하게 취급되었다. 양 시대의 토지제도는 국전제國田制라고 불리는데, 이념적으로는 왕토사상에 기반을 두고 있었다. 왕토사상은 '하늘 아래 왕의 땅이 아닌 곳이 없다普天之下 莫非王土'는 말에서 잘 표현되듯이, 오늘날의 토지사유 사상과는 정반대되는 이념이다. 국전제는 고대 중국의 전제국가가 성립하는 과정에서 도입되어 점차 주변 국가로 전파되었다.[4] 고려왕조와 조선왕조는 각각 전시과와 과전법을 시행해 국전제를 토지제도의 근간으로 삼았다.

하지만 국전제의 원리가 시종일관 관철된 것은 아니었다. 이 제도 아래에서는 국가 대신 지세를 걷어서 그것으로 생활을 영위하도록 왕족과 관료·공신에게 한시적으로 맡긴 토지가 있었다. 그런 토지는 사전私田이라 불렀고, 국가가 직접 지세를 걷는 토지는 공전公田이라 불렀다. 사전은 사유지를 뜻하지 않았음에 유의해야 한다. 그런데 고려 후기로 가면서 관료들이 사전을 반납하지 않고 사유화해버리는 경향이 나타났다. 국전제의 원리가 후퇴하고 사전이 사유지로 전락한 것이다. 그 결과 곳곳에서 귀족과 관료의 농장農莊이 출현했다. 농장은 고려 말 사회적 갈등과 혼란의 주범이었다. 농장주들은 농민이 경작하던 공전을 빼앗아 농장을 확대하는 데 열을 올렸고, 이들의 경쟁이 치열해지면서 "한 땅의 주인이 5, 6명을 넘기기도 하며, 조세징수가 일 년에 8, 9차례" 행해지는 일까지 벌어졌다. 1388년 조준이 전제개혁 상소문을 올리면서 한 말인데, 거기서 그는 또 당시 농민들의 비참한 처지를 절절히 묘사하기도 했다.

백성이 사전의 세금을 낼 때 남에게 빌려서도 능히 충당하지 못하며, 처자식을 팔아도 빌린 것을 능히 갚을 수 없고, 부모가 주리고 떨어도 봉양할 수 없으니, 원통하게 부르짖는 소리가 위로 하늘에 사무쳐 화기和氣를 해쳐서 물난리와 가뭄을 부릅니다. 이로 인해 호구가 텅 비게 되고,

왜구가 깊이 들어와 천리에 시신이 널려 있어도 막을 자가 없습니다.[5]

고려왕조는 국전제가 후퇴하고 대토지 소유가 발달한 탓에 몰락했다고 해도 과언이 아니다. 로마제국도 대토지 소유 때문에 몰락했다고 하니, 대토지 소유의 해악은 시대와 장소를 불문하고 발견된다. 고려 말 정도전과 조준 등의 개혁파가 주도해서 시행한 과전법은 농장을 폐지하고 모든 토지를 다시 공전으로 돌려 국전제의 원리를 재확립하기 위한 것이었다. 이런 엄청난 개혁이 고려왕조라는 낡은 틀 안에서 계속 진행되기는 불가능했다. 과전법은 조선왕조의 출현으로 이어질 수밖에 없었다.

조선은 국전제를 기반으로 출범했다. 모든 토지는 국가의 소유였고, 백성들은 국전을 빌려서 경작하는 존재였다. 이때도 왕족과 관료에게 조세징수권이 붙은 사전이 지급되었다. 이는 과전科田이라 불렸다. 사전은 매우 엄격하게 관리되었다. 사전주私田主의 조세 수취는 수확량의 10분의 1로 제한되었고 일반 농민의 경작지를 빼앗는 행위는 국가로부터 엄격한 규제를 받았다. 더욱이 시간이 가면서 사전 자체가 점차 사라져갔다. 세조 12년(1466년)에는 직전제職田制를 도입해 현직 관료에게만 사전을 지급하기 시작했고, 성종 9년(1478년)에는 국가가 대신 조세를 걷어서 관료에게 지급하는 관수관급제官收官給制를 시행했다. 16세기 중반이 되면 관료에게 토지를 지급하는 제도 자체가 사라졌다. 조선 전기에는 국전제가 갈수록 확고해진 것이다.[6]

강화된 국전제 아래에서도 토지의 사적 소유가 점차 성장했지만, 고려시대와는 다른 경로였다. 조선시대의 사적 토지 소유는 귀족과 관료들이 사전을 사유화해서 생겨난 것이 아니라, 국전을 분배받아 이용하던 백성들의 실질적인 권리가 점차 강해지고 그것이 국가 소유권을 밀어내면서 형성·발전했다. 결정적인 계기는 초기에 금지되었던 민간의 토지매매가 16세기 이후 자유롭게 허용되기 시작한 것이다. 그때부터 양반과 관료들이 토지를 겸병兼倂하는 현상이 두드러졌다. 이들 양반과 관료 중에는 겸병한 토지를 직접 경영하지 않고 다른 사람에게 빌려주면서 수확의 절반을 지대로 걷는 병작반수제幷作半收制를 선택하는 사람들이 늘어났다. 이 병작반수제를 오늘날에는 지주제라 부른다. 18세기 이후에는 상품화폐경제가 발달하면서 부를 축적한 상인과 고리대금업자 중에도 토지를 사들여 지주로 변신하는 자들이 생겼다. 이들도 지주제 방식으로 토지를 관리했다.[7]

한 가지 유의해야 할 점은 조선 후기에 사적 토지 소유와 지주제가 발달했지만, 그렇다고 해서 국전제의 원리가 공식적으로 폐기된 것은 아니었다는 사실이다. 토지 소유자의 소유권도 민간이 토지거래 시에 작성하는 문기文記로 보증받을 뿐이었지 그것을 증빙하는 공적 제도는 도입되지 않았다. 한일병탄 당시 조선의 토지제도는 사적 소유가 발달하기는 했지만 유일한 원리로 법적 인정을 받지는 않은 상태였다.

일본제국주의, 땅을 지주의 것으로 만들다

일본은 조선을 점령한 후 제일 먼저 토지조사사업에 착수했다. 일본인들의 눈에 조선의 토지제도는 매우 불확실한 제도로 보였을 것이다. 그런 상태로는 일본인의 토지자산을 보호하기도 어렵고 식민지를 안정적으로 통치하기도 어렵다고 판단했을 것이다.

토지조사사업의 핵심 내용은 두 가지다. 하나는 토지 소유제도를 정비하는 것, 다른 하나는 지세제도를 정비하는 것이었다. 토지조사사업 실시로 오랜 세월 국토 전반에 영향을 미쳤던 국가의 권리가 완전히 폐기되고, 토지 소유자에게 일물일권적一物一權的인 소유권이 인정되었다. 그와 함께 토지 소유권 증명제도도 도입되었다. 일물일권적 토지 소유권이 공인되었다는 것은 한 토지에 여러 종류의 권리가 중첩되어 있던 중층적 소유가 소멸하고, 다른 재산과 마찬가지로 한 토지에는 하나의 소유권만 성립하게 되었다는 뜻이다. 직접 농사를 짓는 농민은 토지 소유자가 아닌 경우 아무런 권리도 인정받지 못했다. 이로써 일본인들이 조선에 와서 마음 놓고 토지를 사들여 경영할 수 있도록 보장하는 제도적 장치가 마련되었고, 조선 후기 이래 지주제를 발전시켜온 조선인들을 식민지 통치의 동맹자로 끌어들일 수 있는 근거도 갖춰졌다.

지세는 1910년 당시 전체 세수의 66퍼센트를 차지할 정도로 조선에서 가장 중요한 세목이었다. 일제는 토지조사사업으로 조선의 전 국토에 대해 소유권 조사, 지가 조사, 지형·지모 조사를 실시했다. 전체 토지에 대한 정보를 정확하게 파악하면 지세 확보도 그만큼 용이해지는 법이다. 사업의 결과, 1910년 말 240만 정보에 불과했던 과세 대상지가 1918년 7월 말에는 434만 정보로 무려 81퍼센트나 증가했다. 과세 대상에서 빠져 있던 은결隱結이 대거 파악되었기 때문이다. 재정 수입원이 예상외로 늘어나자 일제는 당초 지가 평가액의 3퍼센트를 지세로 걷으려 했던 계획을 바꾸어 세율을 1.3퍼센트로 낮췄다.[8] 이는 조선인

지주들의 마음을 얻는 요인으로 작용했다.

　많은 한국인이 토지조사사업을 토지수탈정책으로 기억한다. 일제가 소유권 조사에 신고주의를 적용하고 복잡한 절차를 강요하는 바람에 소유권 의식이 약했던 조선 농민들이 기한 내에 신고하지 못해서 미신고지가 대규모로 발생했다는 것이다. 미신고 토지는 국유지로 편입되거나 지주들이 농간을 부려 자기 땅으로 신고해버렸다는 것이 그들의 인식이다. 하지만 토지조사사업에 관한 실증 연구가 축적되면서, 그런 식의 토지수탈은 벌어지지 않았으며 대부분의 경우 실제 소유주가 신고해서 소유권을 인정받았다는 사실이 밝혀졌다.[9]

　일제가 조선 농민들의 토지를 강탈하지 않았다고 해서 토지조사사업이 정당한 정책이었다고 평가해서는 안 된다. 일제는 단지 약탈로 식민지를 지배하는 유치한 수준의 제국주의 국가가 아니었을 뿐이다. 사람 몸에 빗대어 표현하자면 약탈은 피부에 상처를 내지만, 제도를 이용한 지배는 뼈를 손상시키며 그만큼 영향도 오래갈 수밖에 없다. 일제는 지가 조사로 식민지 통치에 필요한 안정적 재정 수입원을 확보했으며, 소위 근대적 토지제도를 도입해 일본인들이 조선에서 토지재산을 소유할 때 수반되는 불확실성과 위험을 제거했다. 조선인 지주들도 일물일권적 토지 소유권을 인정받았을 뿐만 아니라 일본 국내에 비해 낮은 지세율을 적용받는 혜택을 누렸다. 토지조사사업 이후 식민지 조선에서 일본인 대지주는 식민지 지배의 중추세력으로, 조선인 대지주는 동맹 세력으로 자리 잡았다.

식민지 지주제의 발달

일제는 토지조사사업으로 식민지 지배의 근간을 마련한 후, 1920년부터 대대적인 농업개발정책을 추진했다. 산미증식계획이라는 이름이 붙은 이 농업정책은 조선에서 쌀을 대량 증산해서 일본으로 가져가기 위해 실시한 것이었다. 1910년대 말 일본은 농업과 공업의 불균등 발전으로 식량 부족과 고미가高米價 현상에 시달리고 있었다. 1920년 이후 일제가 조선에서 각종 농사개량사업과 토지개량사업을 실시한 것은 어디까지나 일본 국내의 모순을 해결하기 위해서였다. 산미증식계획에서 쌀 증산과 쌀 이출移出에 주도적인 역할을 맡은 것은 일본인 대지주와 일부 조선인 대지주였다. 일제는 조선 농민에게 토지와 농사의 개량을 직접 강제하기도 했지만, 기본적으로 지주층을 매개로 하는 간접적인 방식을 택하고 있었다. 직접적인 강제보다는 지주층을 매개로 한 간접적인 지배방식이 쌀의 대량 증산에 효과적이었을 뿐만 아니라 대량 이출에도 유리했기 때문이다. 그 과정에서 지주들도 관청의 지도에 편승해서 자기 토지를 경작하는 소작농에 대한 지대 수취를 강화했으며, 급속하게 확대되고 있던 미곡 상품화 과정에 적극 대응하면서 비약적으로 발전했다.[10]

가장 적극적이었던 것은 일본인 지주들이었다. 토지를 사들여 농업경영을 하려는 일본인들이 조선에 들어오기 시작한 것은 러일전쟁 이후였다. 그들은 주로 금강·만경강·동진강·영산강·낙동강 등의 하류 지역에 정착했다. 1915년 일본인 농업경영자 7,056명 중 73퍼센트가 이들 지역에 몰려 있었다. 이 일본인들 중 다수는 광대한 저습지와 상습

침수지를 헐값으로 다량 매입한 후 수리시설을 설치해서 비옥한 농지로 개선하는 방법으로 농장을 개척했다.[11] 1929년 당시 경지 50정보 이상을 소유한 일본인 대지주의 창립 시기를 밝힌 장시원 교수의 연구에 따르면,[12] 총 322명의 대지주 중 1910년 이전에 창립한 자가 69명, 1910년대에 창립한 자가 138명, 1920년대에 창립한 자가 115명으로 각각의 비중은 21퍼센트, 43퍼센트, 36퍼센트였다. 토지조사사업과 산미증식계획이 일본인 대지주의 조선 정착을 가속화했음을 알 수 있다.

일본인 대지주의 농장에서는 엄격한 노동과정 통제, 개량농법 강제, 수확물 처분과 품질에 관한 규제, 소작인 관리조직 강화 등의 방법으로 지주 수입의 극대화와 안정화를 도모했다. 이런 대지주를 '동태적 지주'라 부른다. 1936년 전라북도에는 100정보 이상을 소유한 일본인 대지주가 50명 있었는데, 이들 중 28명이 동태적 지주였다.[13] 그 가운데 경지 1,000정보 이상을 소유한 초대형 지주도 11명이나 있었다. 이들은 모두 회사 또는 농장의 형태를 취했는데, 도잔東山농사주식회사(1,486정보), 구마모토熊本농장주식회사(3,000정보), 다키多木농장(2,547정보), 우콘右近상사회사(2,408정보), 후지不二흥업주식회사(2,691정보) 등이 대표적이다.[14] 반면 전라북도의 조선인 대지주 70명 중에서 동태적 지주는 2명에 불과했다.[15] 조선인 대지주는 일본인 대지주보다 숫자는 많았지만, 다수가 농업생산에 간여하지 않았다. 이들을 '정태적 지주'라 부르는데 그중에는 부재지주가 많았다. 정태적 지주가 소유한 토지에서 소작농 선발과 소작료 수취는 마름이라 불리는 지주 대리인이 맡아서 했고, 농업생산은 오직 소작농의 책임이었다.

물론 조선인 대지주 중에도 일본인 대지주를 본받아 농업경영에 적

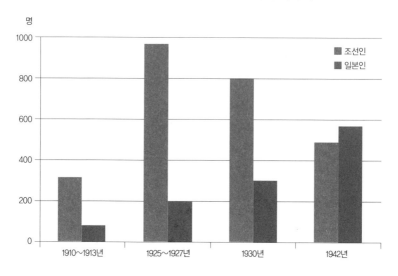

[그림 2] 경지 100정보 이상 소유 대지주 수의 추이

출처: 장시원·이영훈, 2002, 『한국경제사』, 220쪽.

극적으로 개입하는 동태적 지주가 있었다. 전라북도 고부군 김씨 집안의 삼양사농장과 전라남도 화순군 오씨 집안의 동고농장이 대표적인 사례다.[16] 앞에서 일본인 대지주와 일부 조선인 대지주가 쌀 증산과 쌀 이출에 주도적인 역할을 맡았다고 했는데, 이는 바로 동태적 지주를 두고 한 말이다.

[그림 2]는 일제 강점기 내내 경지 100정보 이상을 소유한 대지주의 수가 어떻게 변해갔는지 보여준다. 일본인 대지주 수는 계속 늘어난 데 비해, 조선인 대지주 수는 1920년대 후반 이후 뚜렷하게 줄어든다. 이는 조선총독부의 농업정책에 적극적으로 부응하면서 미곡 상품화 과정에 적극 대응한 동태적 지주는 크게 성장하며 토지를 집중해갔으나, 부

재지주로 농업경영에 간여하지 않았던 정태적 지주는 쇠퇴했음을 뜻한다. 전체 대지주의 수는 1920년대 후반에 정점에 도달하고 그 후에는 큰 변화가 없어 식민지 지주제가 완성된 것이 이 시기임을 보여준다. 하지만 대지주 민족별 구성에서 드러나는 큰 변화는 식민지 지주제의 성격이 현저히 변해갔음을 의미한다. 식민지 지주제의 발전·변화 과정에서 핵심적인 역할을 했던 것은 일본인 동태적 지주였다.

토지 상실과 빈곤의 길로 내몰린 조선 농민

식민지 지주제 발달의 이면에는 조선인 농민의 몰락과 빈곤이 있었다. 쌀 상품화가 확대되는 가운데 조선 농민 중에는 농지를 상실하고 영세 소작농으로 전락하는 사람들이 속출했다. 자기 땅을 경작하는 농민을 자작농, 지주의 토지를 빌려서 경작하는 농민을 소작농, 경지 일부는 자기 땅이되 다른 일부는 지주의 땅인 농민을 자소작농이라 부른다. [그림 3]은 1916~1941년에 자작농·자소작농·소작농의 비중이 어떻게 변화했는지 보여준다. 자소작농의 비중은 뚜렷하게 감소하는 대신 소작농의 비중은 두드러지게 증가했음을 알 수 있다. 자작농의 비중은 1920년대 중반부터 완만하게 감소했다. 이런 경향은 1930년대 초반부터 많이 둔화되지만, 그래도 1941년까지 역전되지 않고 그대로 지속되었다. 자작농과 자소작농이 감소하고 소작농이 증가했다는 것은 조선 농민들이 자기 땅을 잃고 몰락해갔음을 뜻한다. 그 땅이 지주의 수중에 집중되었으리라는 것은 쉽게 짐작할 수 있다. 일본인 대지주의 성장과

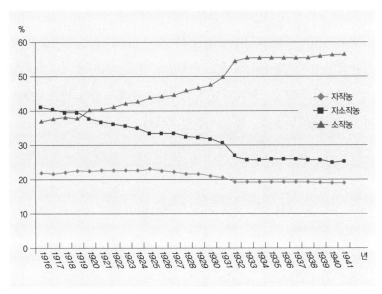

[그림 3] 경작 형태별 농가 구성의 추이

출처: 이영훈, 앞의 책, 146쪽.

조선 농민의 몰락은 동전의 양면과도 같았다.

조선 농민들의 농사 규모는 어떻게 변했을까? 1922년과 1938년 두 해 사이에 조선 농민들의 농사 규모 변화를 알려주는 통계자료가 남아 있다. 그에 따르면 남부 지방에서는 농사 규모가 0.3~1정보인 계층이, 북부 지방에서는 1~3정보인 계층과 0.3~1정보인 계층이 증가했다. 그런데 그 증가는 대부분 소작농 계층에서 발생했다. 남부 지방과 북부 지방의 토지생산성 차이를 감안하면, 북부 지방의 1~3정보 계층 중에는 남부 지방의 0.3~1정보 계층과 경제적 수준이 비슷한 농민들이 다수 포함되었을 것이다. 그렇다면 1922~1938년 사이에 조선 농민들에게

일어난 큰 변화는 영세 소작농의 증가로 요약할 수 있다.[17]

　일제 강점기 소작농들은 보통은 수확량의 절반을, 관개시설 개선 등 토지개량이 이루어진 지역에서는 수확량의 60퍼센트를 지주에게 지대로 바쳐야만 했다. 1930년 당시 소작농의 68퍼센트가 보릿고개를 걱정하는 춘궁농가였으며, 농사만으로는 생활이 어려워 임금노동에 종사하는 소작농이 77만 호에 달했다고 한다.[18] 참고로 그해 소작농 총 호수는 약 133만 호, 자소작농까지 합하면 222만 호였다. 소작농 중에서도 특히 일본인 대지주의 농장에서 농사를 지었던 사람들은 60퍼센트의 고율 소작료를 납부하는 것 외에도 종자 선택과 비료 사용의 강제, 경작과정 전반에 대한 감독, 소작지·관개시설 관리 강제, 수확물 품질과 처분에 관한 규제, 자금 미리 꾸어주기를 통한 지배, 연대 소작인 제도 적용 등 물샐 틈 없는 지배체계 아래에서 농사를 지어야만 했다. 그런 이유로 일본인 대지주의 농장에서는 다른 곳에 비해 토지생산성이 높고 수확량이 많았음에도 소작농의 경제 상태는 더 열악한, 일견 모순된 현상이 발생했다.[19]

　1930년대에는 일제의 식민지 산업정책의 중심이 농업에서 공업으로 이동했다. 일본의 대륙 진출을 목적으로 한 공업화가 한동안 조선에서 적극 추진되었던 것이다. 농업 부문에서는 지주제의 폐해를 완화하기 위해 소작농 보호를 내용으로 하는 조선농지령이 시행되었고, 조선 농민의 몰락과 빈곤에 대처하기 위해 농촌진흥운동과 자작농지설정사업 등이 시행되기도 했다. 이때 전개된 농촌진흥운동은 나중에 새마을운동의 모체가 되었다. 그럼에도 일본인 대지주의 위상은 전혀 흔들리지 않았고 식민지 지주제도 견고하게 유지되었다.

게다가 1930년대 말 이후에는 조선 농촌에 전시 식량 공급의 임무가 맡겨지고 지주를 매개로 한 증산정책이 적극 추진되면서 한동안 부분적으로 제약을 받았던 지주의 이익도 다시 옹호되기 시작했다. 이때 조선총독부는 한편으로는 지주의 권한을 일부 제한하면서도, 다른 한편으로는 부재지주의 농촌 복귀를 종용하고 지주가 소작농의 농업경영을 진두지휘할 것을 요청하면서 그에 응하는 지주에게 특권적 지위를 부여했다.[20] 반면 조선 농민은 공출제도에 의해 수확물의 자유처분권을 박탈당했으며, 나중에는 자가소비용 쌀까지 공출하고 잡곡을 배급받아 연명하는 군색한 처지로 떨어졌다. 아래 인용문은 조선총독부 당국이 작성한 문서 중에 나오는 내용으로 당시 조선 농촌의 식량사정이 얼마나 심각했는지 여실히 보여준다.

식량 공출이 조선 농촌에 가하고 있는 중압은 매우 심각하며, 최근 (……) 시국의 중압, 통제경제의 강화와 함께, 특히 자가식량의 옹색화는 농민의 불평·불만거리가 되고 날로 심각해져서 마침내 식량 배급 증대를 요청하는 대규모 진정, 공출 관련 직원과의 폭력적 마찰·충돌, 악질적인 공출 기피 등이 빈발하는 경향이 나타나고, 더욱이 농업 혐오 경향과 반관反官 사상까지 배양되고 있어서, 식량 공출은 조선 농촌이 당면한 가장 절실한 문제의 하나로 취급되고 있으며 치안상으로도 극히 중대시되고 있다.[21]

그러다 해방을 맞았으니, 조선 농민들은 바야흐로 지주의 압박과 수탈에서 벗어나 마음 놓고 생산하고 수확물을 자유롭게 처분하며 식량 걱정 없이 살아갈 수 있는 날이 왔다고 생각하지 않았겠는가? 그런 분위기였으니 해방 직후 한국에서 농지개혁의 문제는 좌우를 막론하고 어떤 정치세력도 외면하기 어려운 중대한 사회경제적 이슈로 부상할 수밖에 없었다.

2장

농지개혁으로 도래한
평등지권 사회[22]

어떻게 그런 엄청난 개혁이 가능했을까?

대한민국의 농지개혁은 토지 자체를 균등하게 분배해서 일시적으로나
마 평등지권 사회를 구현한 대표적인 사례다. 1945년 말 남한의 전체
경지 223만 정보 중 소작지는 65퍼센트, 자작지는 35퍼센트로 지주가
소유한 소작지의 비중이 자작지보다 훨씬 많았다. 농가호수 면에서는
총 206만 호 중 자작농은 13.8퍼센트에 불과했고, 소작농이 49퍼센트,
자소작농이 34.7퍼센트로 소작에 종사하는 농민의 비중이 압도적이었
다. 농지개혁은 이런 상태에 놓여 있던 '지주의 나라'를 세계 최고 수준
의 토지 소유 평등도를 자랑하는 '소농의 나라'로 변모시켰다. 지주의
토지를 모두 몰수해서 경작농민에게 분배한다는 것은 지금 같으면 상
상도 못 할 일이다. 하지만 대한민국에서 그런 일이 실제로 일어났고 그

결과 평등지권 사회가 성립했다. 이런 엄청난 개혁이 어떻게 가능했을까? 농지개혁에 관한 연구 성과를 종합해서 결론을 내리면, 그것은 다음의 요인들이 결합해서 한꺼번에 작용한 결과다.

첫째, 미국의 역할이다. 미국은 남한을 반공의 보루로 삼고자 했고, 그래서 공산주의 세력의 확산을 막기 위해 전력을 기울였다. 농지개혁은 이런 미국 한반도 정책의 일환이었다. 실제로 미국은 미군정기에 귀속농지를 일반에 매각해서 농지개혁의 흐름을 되돌릴 수 없게 만들었으며, 한국 정부가 들어선 이후에도 각종 채널을 통해 농지개혁을 강력히 요구했다.[23]

둘째, 이승만의 정치 전략이다. 이승만은 기본적으로 미국의 입장에 순응했고, 지주세력을 약화하면서 농민들의 지지를 받기 원했다.[24] 극우 보수주의자였던 이승만이 농지개혁과 같은 급진적인 개혁조치에 적극적이었던 것은 그 때문이다.

셋째, 농민층의 강력한 요구다. 일제 강점기에 지주들에게 고율의 소작료를 수탈당했던 농민들은 해방 후 식민지 지주제의 철폐와 농지개혁의 시행을 강력하게 요구했다. 이들의 요구를 무시하고서는 건국과정이 순조로울 수 없었다.

넷째, 북한 토지개혁의 영향이다. 북한은 1946년 3월 한 달 만에 무상몰수·무상분배를 내용으로 하는 토지개혁을 단행했다. 남한 정부가 농지개혁을 실시하지 않는다면 남한 농민들의 마음이 북한과 공산주의 쪽으로 쏠릴 위험이 있었다.

대부분의 구식민지 국가들에서 토지개혁이 실패한 것은 지주층의 반발 때문인데, 남한에서는 이 같은 요인들이 결합되어 나타나고 있었기 때문에 지주들도 감히 농지개혁 자체를 반대할 수 없었다. 한민당 측 인사인 유진오가 기초한 제헌헌법에 농지개혁 조항(제86조)이 포함될 수 있었던 것도 이런 사정에 크게 기인했다.

다섯째, 조봉암을 중심으로 한 초대 농림부 인사들의 역할이다. 이들 은 북한식 무상몰수·무상분배 방식도 아니고 제값을 치르는 유상매수· 유상분배 방식도 아닌 제3의 방식을 내용으로 하는 농지개혁안을 작성 함으로써 농지개혁법 제정의 방향에 결정적 영향을 끼쳤다.

농지개혁법은 1950년 2월 최종 확정되기까지 많은 우여곡절을 겪었 다. 유상매수·유상분배, 유상매수·무상분배, 무상매수·무상분배 등의 방안들이 쏟아져 나왔고 여러 정치세력 간의 대립도 적지 않았다. 국회 에서 법안이 통과되는 과정도 간단치 않았다. 지주에게 지급할 보상액 과 농민이 갚아야 할 상환액의 결정이 핵심 사안이었는데, 지주들은 보 상액과 상환액을 모두 평년 수확량의 300퍼센트로 하고 10년간 상환 하는 것을 선호한 반면, 개혁적 성향의 소장파 의원들은 이에 반발해 그 비율을 대폭 낮출 것을 요구했다. 결국 1949년 6월 보상액 150퍼센트, 상환액 125퍼센트를 내용으로 하는 법안이 국회를 통과했고, 1950년 2월 정부의 재정 부담 증가를 이유로 두 비율을 모두 150퍼센트로 하 는 농지개혁법 개정안이 상정되어 국회를 최종 통과했다. 실제 농지개 혁은 이 개정 농지개혁법을 기초로 실시되었다.

평등지권의 실현이라는 기준에 비추어 볼 때, 한국의 농지개혁은 뚜 렷한 특징을 갖는다. 우선, 소작지의 유상몰수·유상분배로 기존의 지주 제를 해체했으며 농업 부문에서 평등지권에 근접한 토지 소유 상태를 실현했다. 하지만 한국 토지제도에서 토지사유제의 원칙이 무너진 것은 아니었으며, 특히 도시토지와 임야 등은 개혁 대상에서 제외되었다. 그리고 소작지 몰수의 사회적 비용이 그다지 크지 않았다. 법정 보상액이 낮았던 데다 그조차도 전쟁과 인플레이션 탓에 제대로 지불되지 않았기 때문이다. 마지막으로, 제2차 세계대전 후 대부분의 구식민지 국가들에서 토지개혁이 실패로 돌아간 것과는 대조적으로 비교적 단기간에 농지의 몰수와 분배가 완료되었다.

농지개혁의 핵심 내용은 농지 가운데 모든 소작지와 3정보 이상 소유지를 유상으로 몰수해서 해당 농지의 소작농, 경작능력에 비해 과소한 농지를 경작하는 영세농, 순국선열의 유가족, 피고용 농가에게 유상으로 분배한 것이다. 매수 농지의 지가 보상은 평년작(과거 5년 가운데 수확량이 가장 많았던 해와 가장 적었던 해를 뺀 나머지 3년간의 평균 수확량) 주 작물 생산량의 150퍼센트를 액면으로 하는 지가증권을 교부해 5년간 현금으로 균분均分 보상하는 방식을 취했고, 농지를 분배받은 농민에게는 동일한 생산량을 5년간 현물로 균분 상환하게 했다.

농지개혁은 농지의 매수와 분배, 농민의 지가 상환, 지주 보상, 등기의 네 단계로 이루어지는데, 이 중 가장 중요한 농지의 매수·분배 작업은 이미 관련 법령들이 완비되기 전인 1949년 6월에 착수되어 1950년 3~5월 사이에 사실상 완료되었다 한다. 정부가 분배한 농지는 총 58만 5,000정보(귀속농지 26만 8,000정보 포함)였는데, 이는 1945년 말 전체 농지 면적(222만 6,000정보)의 26.3퍼센트, 전체 소작지 면적(144만 7,000정보)의 40.4퍼센트에 해당한다. 농지개혁의 직접적인 대상이 이처럼 축소된 것은 농지개혁을 전후해 지주들이 상당한 면적의 소작지를 임의로 처분했기 때문이다. 이렇게 임의로 처분된 소작지 면적은 무려 71만

3,000정보에 달했다.

1980년대 이전까지는 임의처분 가격이 분배농지 상환 가격보다 훨씬 높았다는 사실을 근거로 임의처분을 지주 측의 사전강매로 보고, 여기서 농지개혁의 한계를 찾고자 하는 경향이 강했다. 그러나 1980년대 중반 이후 실증 연구가 축적되면서 임의처분 가격이 높았다는 것은 사실이 아님이 밝혀졌으며, 지금은 지주의 임의처분을 농지개혁의 한계가 아니라 오히려 그 효과를 입증하는 것으로 해석하는 경향이 지배적이다.

지주들의 임의처분을 어떻게 해석하건, 농지개혁이 지주제를 해체하고 자작농체제를 성립시켰다는 것은 분명한 사실이다. 1945년 말 전체 경지 면적의 35퍼센트에 불과했던 자작지의 비중은 농지개혁 실시 직후인 1951년 말에는 무려 96퍼센트로 급등했다. 농지개혁이 비교적 성공적이었다고 평가받는 일본의 경우도 개혁 후의 자작지율이 90퍼센트에 불과했다는 사실을 감안하면,[25] 한국의 농지개혁은 지주제 해체와 자작농체제 성립이라는 측면에서는 매우 성공적이었다고 평가할 수 있다. 더욱이 경자유전의 원칙에 따라 농지 소유 상한을 3정보로 설정하고(농지개혁법 제6조 1항 및 제12조 1항) 소작·임대차·위탁경영을 금지했기(농지개혁법 제17조) 때문에, 제도적으로 식민지하에서와 같은 지주제가 되살아나는 것은 불가능해졌다.[26]

농지개혁으로 한국이 세계 최고 수준의 토지 소유 균등성을 실현하면서 '소농의 나라'로 변신한 것은 중요한 역사적 의미를 갖는다. "토지 개혁으로 조그만 땅뙈기를 갖게 된 수많은 자영 농민들의 자발적 중노동과 창의력이, 그 말릴 수 없는 교육열이 오늘날 대한민국의 자본주의 경제 발전의 기적을 만든 에너지의 원천"[27]이라는 주대환의 말은 정곡을 찌른다.

농지개혁으로 지주층이 소멸했다는 사실도 마찬가지로 중요한 의미가 있다. 익히 알려진 대로 일제 강점기에는 대지주의 토지 겸병이 극심했다. 대지주들은 토지조사사업과 산미증식계획 같은 지주 중심적 농업정책에 힘입어 크게 성장했으며, 그런 정책이 후퇴한 이후에도 그들의 대토지 소유는 쇠퇴하지 않고 지속적으로 유지되었다. 농지개혁은 이런 대지주들을 포함한 지주층 전체를 소멸시켰다. 1945년 말 5정보 이하 소유 지주 약 15만 명, 5정보 이상 소유 지주 약 5만 명, 합계 20만여 명의 지주 중 1955년까지 총 16만 9,803명이 농지를 몰수당했으며, 3만여 명의 지주는 농지개혁 이전에 사전방매 등을 통해 지주 지위를 상실했다.[28] 지주층의 소멸은 소작료 수탈에 의한 농가 압박이 사라졌음을 의미하는 동시에 경제발전에 유리한 법과 제도를 만드는 것을 방해하는 기득권세력이 사라졌음을 뜻한다. 그러므로 종합적으로 판단할 때, 농지개혁이 불철저했다는 프롤로그의 〈신화 1〉은 거짓이다.

이처럼 농지의 매수와 분배는 성공적으로 추진되었지만, 농민의 지가 상환과 지주에 대한 보상은 순조롭게 이루어지지 않았다. 농지개혁법 규정대로라면 농민의 지가 상환은 1954년 말까지 완료되었어야 한다. 그러나 실제로 상환이 완료된 것은 1970년이었다. 1954년 말까지의 상환 실적은 68.1퍼센트에 불과했으며, 한국전쟁 기간 3년을 고려해서 연기된 상환 기한인 1957년 말까지도 상환 실적은 85.1퍼센트였다. 이처럼 상환이 부진했던 이유는 전쟁 탓에 비료가 부족해지고 가뭄에 대처하는 능력이 떨어져 흉작이 계속된 데다, 1951년부터 수확량의

5~25퍼센트에 달하는 임시토지수득세가 부과되어 농민들의 부담이 과중해졌기 때문이다.[29]

지주에 대한 지가 보상 또한 1954년 말까지 완료되어야 했지만 실제로는 1968년에야 끝났다. 1954년까지 지급된 보상액은 총 보상액의 49.8퍼센트에 불과했다. 이처럼 보상이 지지부진했던 것은 농민의 지가 상환이 부진했던 탓도 있지만 정부가 군사비 지출과 인플레이션 방지를 위해 보상금 지불을 의도적으로 늦추었기 때문이다.

지가 보상과 관련해서 주목해야 할 점은 보상 실적이 부진한 가운데 보상 금액이 크게 줄어들었다는 사실이다. 지가 보상액은 농지개혁사업의 사회적 비용에 해당하므로 이것이 감액되었다는 사실은 농지개혁에 따르는 사회적 비용이 절감되었음을 의미한다. 그렇게 된 데는 몇 가지 사정이 작용했다. 먼저 꼽을 요인은 농민의 지가 상환은 현물로 하도록 했던 반면, 지주에 대한 보상은 현금으로 하도록 했던 것이다. 이때 보상지가 계산에 사용된 곡물가격은 시가가 아니라 그해의 법정 곡가, 즉 정부가 사들이는 가격이었다. 정부 매상가격이 시가에 훨씬 미달했다는 것은 널리 알려진 사실이다. 더욱이 법정 만료기한 후의 보상에서는 보상가격을 당해 연도의 법정 곡물가격이 아니라 법정 보상기간(1950~1954년)의 평균 법정 곡물가격으로 고정시켰다. 여기에 인플레이션이 더해지자 지주 보상 금액의 실질가치는 크게 감소했다.[30]

'대지주의 나라'를 '소농의 나라'로 변모시키는 엄청난 개혁의 사회적 비용이 대폭 절감된 것은 시대적 상황이 만든 일종의 기적이었다. 더욱이 그 결과로 정부의 수중에 상당한 액수의 사업잉여가 발생했다. 일반분배 농지만 볼 경우 18억 3,000만 원, 귀속분배 농지도 함께 고려할 경우 37억 7,000만 원에 달하는 사업잉여가 발생한 것이다. 농민들의 상환액과 기타 수입을 합한 전체 수입이 58억 4,000만 원이었으니, 사업잉여는 전체 수입의 65퍼센트에 달하는 거액이었다. 귀속농지의 농민 상환액이 국고로 들어가는 것은 당연한 일이었지만, 일반분배 농지의 경우 농민 상환액은 지주 보상에 쓰였어야 한다. 하지만 정부는 그중 상당 부분을 지주에게 보상하지 않고 스스로 차지해버렸다.[31] 주목해야 할 사실은 농지개혁 사업잉여의 45퍼센트가 농지개량사업을 중심으로 한 농업투자로 지출되었다는 것이다. 지주에게 돌아갔어야 할 자금이 사회적 자본 형성에 쓰인 셈이다.

농지개혁으로 '공평한 고도성장'의 길을 열다

1960년 무렵의 토지분배 상태와 그 후의 장기 경제성장률 사이에 뚜렷한 상관관계가 존재한다는 것은 앞에서 이미 확인했다. 그렇다면 그 이유는 무엇일까? 토지분배 상태가 평등할수록 식량 증산, 교육 확산을 통한 우수 노동력 양성, 신흥 자본가 출현 등이 용이해진다는 점을 드는 연구[32]도 있고, 토지개혁에 실패한 경우 심한 불평등이 발생하고 그것이 정치과정상의 후견주의, 엽관주의, 정책 포획 등을 초래해서 그 후 경제성장을 저해했다고 분석하는 연구[33]도 있다.

한국은 전 세계에서 가장 성공적인 경제성장 사례로 찬사를 받는데, 그것은 단지 성장률이 높았기 때문이 아니라 공평한 성장을 이루었기 때문이다.[34] 요즘 유행하는 용어로 표현하자면, 한국은 이미 공정경제를 기반으로 소득주도성장에 성공한 경험을 가진 나라다. 농지개혁으로 자산 소유가 매우 평등해지면서 소득분포도 마찬가지로 평등해졌다. 유종성 교수에 따르면, 농지개혁 이후 농촌 인구 중 상위 4퍼센트의 소득은 80퍼센트 감소한 반면, 하위 80퍼센트의 소득은 20~30퍼센트 증가했다.[35] 일제 강점기에는 소작농으로서 대지주의 땅을 빌려 농사를 지으며 수확량의 50~60퍼센트(빌린 자금의 이자까지 포함하면 70퍼센트)를 지주에게 바쳤던 사람들이 이제는 수확량 전부를 차지할 수 있게 되었다. 땀을 흘리면 흘릴수록 소득이 증가하고 아끼면 아낄수록 재산이 늘어나는 새로운 세상이 도래했다. 물론 1950년대에는 농민들이 한국전쟁 중에 전시 특별과세로 도입된 임시토지수득세를 부담해야 했고 미국 잉여농산물의 과다한 도입으로 피해를 입었기 때문에, 농지개혁의 농업생산성 향상 효과가 두드러지지 않았다. 하지만 1960년대가 되면 농업생산성은 본격적으로 상승한다. 그 결과 1920~1939년과 1953~1969년 사이에 농업 부문 부가가치 생산의 연평균 증가율은 1.38퍼센트에서 4.27퍼센트로 크게 상승했고, 농업생산성의 연평균 증가율도 0.94퍼센트에서 2.76퍼센트로 올라갔다.

농업생산성 상승은 전체 식량 공급량의 증대로 이어졌다. 쌀 공급량은 일제 강점기 200만 톤 수준에서 1960년대 초에 350만 톤 수준으로 증가했고, 맥류는 1945~1955년에 60만~70만 톤 수준에서 1960년대에는 100만 톤 수준으로 늘어났다. 과일과 채소도 1945년에서 1965년 사이에 각각 10만 톤에서 30만 톤, 100만 톤에서 150만 톤 수준으로 증가했다.[36]

농지개혁으로 자기 땅을 갖게 된 수많은 농민은 1950년대에는 수확량의 상당 부분을 임시토지수득세로 납부해야만 했지만, 과거 소작농 시절에 비하면 경제적 수준이 올라갔고 수중에 농업잉여를 남길 수도 있었다. 열심히 일을 하면 할수록 농업잉여가 증가하게 되어 있으니 한국 농민들은 누가 감독하지 않아도 밤낮없이 일을 하며 수확을 늘리려고 애를 썼다. 농민들은 농업잉여를 생활비로 써버리지 않고 투자로 돌렸다. 투자의 최우선 순위는 교육투자였다. 1958년 경기도 광주군과 용인군의 6개 마을을 대상으로 현지 조사한 결과에 따르면, 농민들은 사회적 지위를 개선하기 위한 통로로 '교육을 통한 지식'을 가장 중요한 요인으로 꼽았다.[37] 생산의 3요소 가운데 토지는 대부분의 농민에게 균등하게 분배되었고 자본은 아직 제대로 형성되지 않았으니, 노동이 가장 중요한 요소가 될 수밖에 없었다. 교육으로 노동능력을 향상해야만 성공할 수 있다고 판단한 당시 농민들의 생각에는 상당히 합리적인 근거가 있었던 셈이다. 오늘날 한국 사람은 전 세계에서 교육열이 높기로 유명하다. 그런데 높은 교육열의 역사적 기원이 무엇인지 아는 사람은 드물다. 나는 한국 사람의 못 말리는 교육열에 농지개혁이 큰 몫을 했다고 믿는다. 실증 연구가 필요한 흥미로운 주제다.

1945~1960년에 국민학교(현 초등학교) 수와 국민학생 수는 2,937개 교 164만 명에서 4,602개 교 362만 명으로 증가했고, 대학교와 대학생 수는 19개 대학 7,819명에서 63개 대학 9만 7,819명으로 급증했다. 초등교육이 보편화하고 대학교육이 눈부시게 발전한 배경에는 농지개혁으로 자영농이 된 농민의 소득 수준 향상이 자리하고 있었다. 부모의 헌신적인 지원 덕분에 교육을 받게 된 농민의 후예들은 대거 도시로 이주해 노동자로 변신했다. 한국이 공업화 과정에서 읽기·쓰기와 계산

능력을 갖춘 노동자들을 확보할 수 있었던 것은 이런 사정 덕분이다. 1966~1970년에 단신 이농한 노동자의 학력과 1970년 군 지역 인구의 학력을 비교한 사례 연구에 따르면, 무학 비율은 후자가 26.2퍼센트였던 데 비해 전자는 6.1퍼센트에 불과했다. 중등교육 이상을 받은 비율은 전자가 45퍼센트로 후자의 17.8퍼센트보다 월등하게 높았다.[38] 상대적으로 교육을 많이 받은 사람들이 도시로 이주해 공업 부문에 취업했던 것이다. 교육받은 소농의 자식들은 노동자로서 경제성장에 필수 조건인 우수한 노동력을 제공하기도 했지만, 일부는 기업을 설립하거나 사회의 상층부에까지 진출해 경제성장과 사회발전을 이끌었다. 한국이 이룩한 역사상 유례없는 경제성장과 한국 사회가 가진 놀라운 역동성의 역사적 기원은 바로 여기에 있다.

농지개혁은 신흥 자본가 계층이 출현하는 데에도 간접적으로 영향을 미쳤다. 농지개혁은 공식적으로 지주자본을 산업자본으로 전환한다는 목적을 표방했지만, 실제로 지주계급은 산업자본가로 변신하지 못하고 대부분 몰락했다. 분배 농지의 대가로 받은 지가증권이 전시 인플레이션 때문에 휴지 조각이 되어버렸기 때문이다. 그런데 일본인이 남기고 간 귀속사업체의 매입대금을 지가증권으로 납입하는 것이 허용되자 증권시장에서 헐값으로 지가증권을 매집한 사람들이 대거 귀속사업체를 사들이면서 신흥 자본가 계층으로 등장했다. 지가증권이 자본가 계층의 빠른 형성을 촉진한 것이다. 지가증권을 활용해서 귀속사업체를 사들인 사람들이 지불한 가격은 시가의 약 10분의 1에 불과했다. 귀속사업체의 매각가격 자체가 낮게 설정되었을 뿐만 아니라 헐값으로 사들인 지가증권을 매입대금 납입 시에 액면가로 인정해주었기

단기 4283년(1950년) 3월 31일에 발행된 지가증권 앞면. © 전강수

지가증권 뒷면. © 전강수

때문이다.

유종성 교수의 『동아시아 부패의 기원』은 농지개혁의 성패 여부가 경제성장의 속도와 성격을 결정한다는 것을 불평등과 정치과정의 관련성에 초점을 맞추어 분석한 역작이다. 분석 대상은 대만·한국·필리핀인데, 대만은 한국보다 나은 농지개혁을 실시한 경우고, 필리핀은 농지개혁에 실패한 경우다. 세 나라를 비교분석한 결과 나온 결론은 다음과 같다. 농지개혁에 실패하면 불평등이 발생하는데, 이는 부패를 만연시켜 선거과정에서 후견주의를 유발하고, 정책결정과정에서 엽관주의와 정책 포획을 초래한다. 후견주의란 선거가 이념과 정책이 아니라 개별적 특혜 제공에 좌우되는 경향을 가리키고, 엽관주의란 능력이 아니라 연고와 정치적 간섭에 따라 관료를 임명하는 경향을 가리킨다. 그리고 정책 포획이란 국가의 정책이 지배계층의 특수이익에 사로잡히는 현상을 뜻한다. 제2차 세계대전 후 농지개혁에 성공한 대만과 한국은 비교적 평등한 사회를 실현해 후견주의와 엽관주의를 어느 정도 억제할 수 있었다. 그 결과 선거에서는 프로그램 정치, 관료 선발에서는 능력주의가 일정한 정도로 발달했고, 경제정책도 기득권층의 영향에서 벗어나 비교적 자율적으로 결정되었다. 두 나라가 공평한 고도성장을 이룩할 수 있었던 것은 성공적인 농지개혁으로 비교적 건강한 정치과정을 갖출 수 있었기 때문이다. 농지개혁에 실패한 필리핀에서는 이와는 정반대의 메커니즘이 작동해 경제성장을 방해했다.

발전국가론 지지자들과 뉴라이트 학자들은 한국이 역사상 유례없는 고도성장을 이룩한 원인을 박정희의 리더십에서 찾는다. 이들은 모름지기 중대한 경제적 변화는 아래로부터의 동력 없이는 불가능하다는 간단한 원리를 간과하고 있다. 게다가 발전국가론 지지자들과 뉴라이트 학자들은 5·16쿠데타 이전에는 엽관주의가 만연해 능력을 중시하는 전문 관료제가 자리를 잡지 못한 반면, 박정희가 집권해서 비로소 엽관주의를 퇴치하고 능력주의에 입각한 전문 관료제를 확립했다고 믿는 경향이 있다. 하지만 그것은 사실이 아니다. 시험으로 관료를 임용하는 능력주의 관료제는 이미 이승만 정권 때 농지개혁으로 평등지권 사회가 실현되고 교육이 발달하면서 뿌리를 내리기 시작했다. 국가가 강력한 이익집단으로부터 자율성을 확보하고 성장에 유리한 정책을 펼칠 수 있는 기반을 갖춘 것도 그때부터다. 그러니 한국의 성장 경험을 배우려는 개발도상국들에는 박정희를 가르칠 것이 아니라 농지개혁의 경험을 나누는 것이 더 중요하다.[39] 이 모든 증거로 미루어 볼 때, 한국 경제 고도성장의 원인을 박정희 리더십에서 찾는 〈신화 3〉에 대해 깊은 회의를 갖지 않을 수 없다.

농지개혁의 주인공은 조봉암

이승만은 초대 농림부 장관에 과거 공산주의자였던 조봉암을 전격 기용했다. 조봉암은 일제 강점기에는 공산주의자로서 독립운동을 벌였고, 해방 후에는 전향해서 제헌의회 의원에 당선된 후 국회 부의장을 두 번 지냈으며, 대한민국 정부 초대 농림부 장관을 역임했다. 1952년과 1956년에는 대통령 선거에 출마해 자신을 장관으로 뽑아준 이승만과 경쟁하기도 했다. 이승만이 조봉암을 농림부 장관으로 기용한 것은 그가 국회 부의장으로 선출되기 전인 1948년이었다. 공산주의 활동 전력 때문에 논란의 여지가 컸던 조봉암을 농림부 장관으로 임명한 데는 혁신계 인사를 내각에 포함시킴으로써 정부의 보수적 색채를 가리고자 했던 미국과 이승만의 의도가 작용했다고도 하고, 농지개혁을 성공시켜서 한민당세력을 제압하고자 했던 이승만의 생각이 강하게 작용했다고도 한다.

사실 이승만이 어떤 동기로 농지개혁을 추진했는지에 대해서는 의견이 분분하다. 어떤 사람들은 이승만이 지주층을 고려해서 농지개혁에 소극적이었다고 주장하는 반면, 다른 사람들은 이승만을 농지개혁을 성공시킨 주역으로 치켜세우며 그의 적극적인 역할을 강조한다. 특히 뒤의 주장은 오랫동안 박정희 띄우기에 몰입하다가 부족함을 느꼈는지 몇 년 전부터 이승만 우상화에 열을 내는 뉴라이트 인사들이 주장하는 내용이다. 농지개혁의 입안과 실시 과정에 대해서는 많은 연구 성과가 축적되었는데, 이를 종합하면 이승만의 동기와 역할은 대강 다음과 같이 정리할 수 있다.

첫째, 농지개혁 실시에 대한 이승만의 의지는 확고했다. 조봉암을 초대 농림부 장관으로 기용한 것도 그 때문이다.

둘째, 하지만 이승만의 목적은 농지제도를 근본적으로 개편해 농민 생활을 향상하고 국민경제의 균형과 발전을 달성하는 데 있었다기보다는 미국의 지시에 순종하고, 지주층을 제압해 정치적 주도권을 장악하며, 불충분했던 농민의 지지를 끌어내는 데 있었다.

셋째, 이승만은 북한이 무상몰수·무상분배 방식으로 토지개혁을 단행한 것을 무척 의식했다. 이 점은 미국도 마찬가지였다.

넷째, 이승만은 조봉암이 만든 농림부 안과 1949년 6월 국회를 통과한 최초의 농지개혁법에 극력 반대했다. 두 법안의 지주 보상액이 평년작의 150퍼센트, 농민 상환액은 각각 평년작의 120퍼센트, 125퍼센트여서 정부의 재정 부담이 따른다는 이유에서였다. 이승만은 "농민 유인 전략 중 하나로 농지개혁을 서둘렀지 진정으로 농민을 위한 개혁을 추진한 것은 아니었다."[40]

다섯째, 이승만은 한국전쟁 기간 중인 1950년 10월에 농지개혁 1년 연기를 결정했다가 미국 측의 강한 반대에 직면하자 며칠 만에 입장을 바꾸었다. 미국 CIA는 이승만의 연기 결정을 농지개혁을 지연·폐기하려는 지주층의 압력을 반영한 것이라고 보고했다.[41]

요컨대 이승만은 애초부터 정치공학 차원에서 농지개혁 문제에 접근했을 뿐 아니라 나중에는 흐지부지시켜버릴 생각까지 품었다. 그런 사람을 농지개혁의 주역으로 칭송하는 것은 어불성설이다.

조봉암은 처음에는 이승만과 자신은 농지개혁 노선이 다르다며 장관 취임을 거절했다. 하지만 이승만이 조봉암의 노선을 받아들이기로 약속하며 재차 승낙을 요구하자 결국 농림부 장관에 취임했다. 농림부 차관에는 민주주의민족전선(민전) 농업문제연구위원회 총책임위원을 역임한 강정택이 임명되었고, 농지개혁의 실무 책임자인 농지국장에는 조봉암의 열렬한 신봉자였던 강진국이 임명되었다. 강정택은 동경제대 농업경제학과를 졸업하고 그 학과 조수助手(한국 대학으로 치면 예전의 전임강사)를 지냈으며, 해방 후에는 잠시 경성대학 경제학과 교수로 근무한 울산 출신의 천재 경제학자였다. 민전 활동을 할 당시에는 북한식의 무상몰수·무상분배를 주장하기도 했다. 강정택의 비범함을 알아본 조봉암은 한 달도 안 된 남봉순 차관을 퇴진시키고 그 자리에 그를 앉혀 농지개혁을 지휘하게 할 마음을 먹었다. 처음 조봉암의 요청을 받았을 때 강정택은 강하게 고사하며 고향 울산으로 피신해버렸다. 조봉암은 삼고초려 끝에 겨우 강정택을 농림부 차관에 앉힐 수 있었다.

초대 농림부의 진용은 당시 남한에서 포용 가능했던 이념적 스펙트럼에서는 가장 급진적인 인물들로 구성되었던 셈이다.[42] 농림부는 정부 출범 직후인 1948년 9월 4일에 조봉암, 강정택, 강진국, 그리고 기획처장 이순탁 4인으로 구성된 농지개혁법 기초위원회를 결성했다. 이순탁은 한민당계 인사였지만 진보적인 성향을 갖고 있었다. 농지개혁법 기초위원회는 약 2개월간 농촌조사를 거쳐 농림부 초안을 완성하고 11월 22일 발표했다. 그 후 1949년 1월 4일부터 각 도청 소재지에서 공청회를 개최해 의견을 수렴한 다음 1월 24일 농림부 안을 완성해서 국무회의에 보냈다. 농림부 안의 주요 내용은 다음과 같다.

첫째, 농지의 몰수를 매수가 아니라 '징수'라고 표현했다. 이는 농지를 제값 주고 매수하지도, 무상으로 몰수하지도 않겠다는 의지의 표현이었다. 즉 유상매수·유상분배 방식과 무상몰수·무상분배 방식의 중간 입장을 채택한 것이다. 이는 초대 농림부 농지개혁팀이 특이하게도 농지개혁의 헌법적 근거로 헌법의 농지개혁 조항(제86조)보다 제15조를 더 앞세웠다는 데서도 확인할 수 있는 사실이다. 제헌헌법 제15조는 "재산권은 보장된다. 그 내용과 한계는 법률로써 정한다. 재산권의 행사는 공공복리에 적합하도록 하여야 한다. 공공 필요에 의하여 국민의 재산권을 수용, 사용 또는 제한함은 법률의 정하는 바에 의하여 상당한 보상을 지급함으로써 행한다"는 내용이었는데, 이는 공공목적에 필요한 사유재산의 강제수용 규정으로서, 농지개혁의 법적 근거로 활용하기에는 무리가 있었다. 그럼에도 이 조항을 더 앞세웠다는 것은 초대 농림부 농지개혁팀이 제3의 방식을 강하게 의식하고 있었음을 의미한다.

둘째, 지주 보상액을 평년작 생산량의 15할割(3년 거치 후 10년간 균분 보상)로 규정했다. 할은 10퍼센트를 뜻한다. 지주 보상액 수준의 결정은 농지개혁법 제정 과정에서 최대의 논란거리였다. 지주세력은 보상액을 높이기 위해 온갖 노력을 아끼지 않았으며, 농민의 이해를 대변했던 국회 내 소장파 의원들은 이를 낮추기 위해 애를 썼다. 최종적으로 농지개혁법 개정 법률에 따라 확정된 지주 보상액은 농림부 안과 동일한 15할이었다. 지주세력이 포진해 있던 국회 산업위원회는 처음 국회 안을 만들 때는 지주 보상액을 30할로, 그리고 나중에 개정 법률안을 만들 때는 24할로 결정했다. 산업위원회는 이처럼 지주 보상을 높이려는 이유를 토지자본을 산업자본으로, 지주를 산업자본가로 전환시킨다는 농지개혁의 목적을 실현하기 위해서라고 설명했다.

하지만 지주들의 노력은 모두 수포로 돌아가고 말았다. 최종적으로 지주 보상액의 수준을 낮출 수 있었던 것은 혁신적 성향을 가진 국회 내 소장파 의원들의 활약 덕분이기도 하지만 농지개혁법 기초위원회가 만든 농림부 안의 영향도 컸다. 농지가격이 일제 강점기에는 평년작 생산량의 50할 정도, 해방 후에는 30할 정도였음을 감안할 때 평년작 생산량의 15할이라는 수준은 보상가격으로는 매우 낮은 수준이었다. 토지를 지주로부터 몰수해 농민에게 분배하는 방식의 토지개혁에서 최대 난제는 토지를 확보하는 데 막대한 사회적 비용이 든다는 점이다. 초대 농림부 농지개혁팀은 바로 이 사회적 비용을 낮추는 데 결정적인 역할을 했던 것이다. 이처럼 낮아진 보상액조차도 보상 지체와 인플레이션 탓에 제대로 지급되지 못하고 크게 감액되었다는 사실은 앞에서 지적한 바 있다.

셋째, 농민의 지가 상환액은 더 낮추어서 12할(매년 2할씩 6년간 상환)로 하고 상환기간 중에는 국세 등을 면제해서 농민의 부담을 덜어주려고 했다. 이 12할 조항은 1949년 6월 공포된 농지개혁법에서는 12.5할로 조정되었다가, 정부의 재정 부담을 이유로 농지개혁법 개정 법률에서 15할로 상향 조정되었다. 그리고 상환기간 중에 국세 등을 면제해서 농민의 부담을 덜어주려고 했던 조항은 국회 심의과정에서 일부 의원들이 제안했지만 부결되고 말았다.

넷째, 정부가 농업기술의 발달과 영농 합리화를 위해 단체나 개인에게 집약적 공동경작을 권장하는 동시에 농민의 이주, 농지의 교환·분합·정리·지목변경 등 적절한 조치를 취할 수 있다고 규정했다. 초대 농림부 농지개혁팀은 단순히 농지를 분배하는 데만 관심을 둔 것이 아니라 개혁 후 농업경영의 방향까지 생각하고 있었음을 알 수 있다. 그들이 생각한 방향은 바로 농업협동화였다. 농지개혁 이후 예상되는 농지 소유의 영세성과 자본의 소농 지배를 극복하고 생산력 발전을 기하기 위해서는 농업협동조합의 지도 아래 경영의 집약화·기계화·협동화와 계획적인 농민 전업을 도모해야 한다고 보았던 것이다.[43] 초대 농림부 농지개혁팀이 토지 자체를 분배하는 방식의 개혁이 경영의 영세화를 초래할 것임을 인식하고 그에 대한 보완책을 그 나름대로 마련했다는 사실은 주목할 만하다. 하지만 이 조항은 실제 법률에서는 "정부는 농업경영의 능률화 및 합리화를 위하여 농지의 개량, 교환·분합·정리·용도 변경 등 수시 적절한 조치를 취할 수 있다"로 바뀌었다. 정부가 공동경작을 권장하고 농민의 이주에 관해 조치를 취할 수 있다는 내용이 빠져버린 것이다.

농림부 안의 친농민적·반지주적 성격은 실제 법률의 제정과정에서 많이 완화되었다. 이를 두고 조봉암과 초대 농림부 농지개혁팀의 역할을 평가절하하는 견해가 있다. "농림부 입법 주체의 경제관·농정이념은 궁극적으로 이승만과 주류 관료진, 국회 보수 우익세력 등 남한의 지배적 정치세력에 의해 배제되고 주변화되었다"[44]는 평가가 대표적이다. 그러나 이것은 농지개혁의 핵심이 할(割) 문제, 즉 보상액 수준의 결정이었음을 간과한 채 내린 잘못된 평가다. 실제로 농지개혁법 입법과정에서 대부분의 논쟁은 바로 이 할 문제에 집중되었다. 한민당(나중의 민주국민당)으로 대표되는 지주세력은 보상액을 30할로, 또 24할로 높이고자 집요하게 노력했지만 결국은 실패했다. 이는 조봉암과 초대 농림부 농지개혁팀이 제시한 15할이 얼마나 강력한 기준선으로 작용했는지 잘 보여준다. 초대 농림부 농지개혁팀은 단번에 그리고 단기간에 '지주의 나라'를 '소농의 나라'로 변모시키는 엄청난 개혁을 저렴한 사회적 비용으로 성공시키는 데 결정적인 역할을 수행했던 것이다.

조봉암이 농지개혁에 관해 쓴 글이 없어서 그의 농지개혁 사상을 직접 분석할 수는 없지만, 농림부 장관에서 물러난 뒤 국회에서 한 발언을 보면 농림부 안이 그의 생각을 그대로 반영한 것임을 확인할 수 있다.

소작제도란 수천 년 내려오는 이 제도를 고치자는 것이에요. 없애버리자는 것이에요. 이것이 개혁이에요. 개혁이란 그렇게 무서운 것도 아니고 어려운 것도 아니에요. (……) 그런 까닭에 소작제도를 없애고 우리나라의 봉건적인 사회조직을 근대적인 자본주의 제도로 발전시키기 위한 노력이올시다.[45]

지주에게 보상하는 액과 또 분배받는 사람에게 상환할 액에 대해서만 간단히 말하겠습니다. (……) 소작인은 지금 땅을 거저 준다고 하면 그 뒤에 세금을 안 받겠다고 하는 것을 조건으로 할 때에 기뻐할 것입니다마는 만일 20할, 30할 한다고 할 것 같으면 이 법을 우리가 제정한다고 하더라도 실시가 되지 않는다는 것을 여러분에게 확실히 말씀드립니다. (……) 무상으로 한다면 세금을 부과하지 않는다는 조건이어야 좋아할 것이로되 그렇지 아니한 이상 15할 이상 올라가서는 절대로 시행되지 않는 법이라는 것을 우리가 기억해야 되겠다는 것이올시다. (……) 물론 지주도 국민이니까 우리가 보호해야 된다는 것은 당연한 말씀입니다마는 가령 10원에도 팔리지 않는 물건을 우리 정부가, 우리 국회가 50원에 팔아주어야 되겠다는 법을 만들고 있으면 지주까지도 미친놈이라고 웃을 것입니다. (……) 그러니까 보상액에 대해서 적절하게 정해야 할 것이며, 15할 이상 되어 가지고는 (……) 받는 사람이나 주는 사람이나 말이 되지 않습니다.[46]

전자는 조봉암이 법률의 이름을 둘러싼 국회 논의과정에서 한 발언이고, 후자는 국회 산업위원회가 만든 국회 안에 대한 대체토론과정에서 한 발언이다. 조봉암은 농지개혁의 가장 중요한 목적이 지주제 해체라는 사실을 정확하게 파악하고 있었고, 무상분배하면서 세금을 부과하는 북한 방식과 유상분배하되 지주 보상액을 높이는 한민당 방식 모두 잘못이라는 점도 정확하게 꿰뚫고 있었음을 확인할 수 있다.

조봉암은 뛰어난 정무감각을 가진 사람이었다. 농지개혁팀이 만든 농림부 안을 아무런 사전조치 없이 조용히 국무회의와 국회로 보낼 경우 심한 논란에 휩싸여 중도에 좌초할 가능성이 크다고 보았다. 그는 국무회의에서도 논의되지 않은 농림부 안을 1948년 11월 22일 전국농업경제과장 회의에서 전격 발표해버렸고, 1949년 1월 4~28일에 시도별 공청회를 개최했다. 이를 두고 박명림은 정곡을 찌른 평가를 내렸다.

(조봉암은) 당시 남한 상황에서는 혁명적이라 할 토지개혁안을 제출, 대중에게 공개해버림으로써 이보다 더 보수적인 안이 나오는 것을 반동적·반농민적이라고 여론과 농민들이 인식하게끔 하여 커다란 대강과 범위를 의도적으로 미리 설정해버린 인물이었다. 체제가 수용할 수 있는 최대한의 개혁 노선을 미리 제시하여 자신의 좌쪽 노선의 비현실성을 지적하는 동시에 우쪽 노선의 등장 가능성을 봉쇄하였던 것이다.[47]

이런 행보는 지주층이 결집해 있던 한민당의 미움을 사기에 충분했다. 1949년 1월 감찰위원회는 관사를 치장하기 위해 공금을 유용하고 양곡매입비를 회의비로 썼다는 말도 안 되는 이유로 조봉암을 고발했다. 그는 1949년 2월 스스로 사의를 표하고 장관직에서 물러났다. 강정택 차관도 이때 함께 사임했다. 국민들은 조봉암 장관의 사임이 그가 마련한 농지개혁안 때문임을 잘 알고 있었다. 조봉암은 장관직에서 물러난 후에도 국회 토론과정에서 자신의 농지개혁 구상을 강력하게 주장하며 소장파 의원들에게 영향을 미쳤다. 이는 한민당의 후신 민국당이 주도한 국회 내 지주적 노선을 제압하고, 지주 보상액을 평년작 생산량의 150퍼센트로 규정한 개혁적 법안이 국회를 통과하는 데 결정적으로 기여했다. 농지개혁을 이승만의 작품이라고 우기는 〈신화 2〉는 명백한 역사 왜곡이다. 농지개혁의 주인공은 조봉암, 농림부 농지개혁팀, 그리고 개혁적 성향의 소장파 국회의원들이었다.

최근 보수 인사들이 이승만 우상화 작업을 벌이며 농지개혁을 그의 대표적인 치적으로 치켜세우는 것은 기괴한 일이다. 지주의 토지를 모두 몰수해서 농민에게 분배한 것은 그들의 이념과는 정반대되는 정책이니 말이다. 뉴라이트 그룹의 최고 이론가 이영훈 전 서울대 교수는 최근 한 동영상 강연에서 "흔히들 공산주의자 출신 조봉암 씨를 농림부 장관으로 앉혀서 이와 같은 개혁안을 만들게 했다고 하는데, 그것은 사실이 아닙니다. 이것을 밀어붙인 사람은 이승만 대통령이었고 농림부의 혁신관료들이고요. 국회 안에 있는 소장파 국회의원들이고, 이 사람들이 협조를 해서……"라고 주장했다. 뉴라이트 인사들이 이승만 우상화를 위해 서슴없이 사실을 왜곡한다는 것을 고스란히 보여준다. 만일 누군가 농지개혁과 유사한 개혁정책을 오늘날 실시해야 한다고 주장하면, 그들은 사생결단하고 반대할 것이다. 모든 정책을 정치공학 차원에서 접근했던 이승만의 실체를 은폐하는 것은 물론이고, 자기 정체성에 반하는 정책까지도 무작정 상찬하며 우상화에 몰두하는 모습은 처연하기까지 하다.

조봉암은 '설득과 조직의 달인'으로 불리며 점점 정치적 거물로 성장했다. 1952년과 1956년에는 대통령 선거에 나가서 두 번 다 이승만에 이어 2위를 차지했다. 무서운 속도로 성장하는 조봉암의 기세를 두려워하던 이승만은 갖은 정치적 탄압을 자행하다가 마침내 그를 간첩으로 몰아서 사형시켜버렸다. 비운의 개혁가 조봉암은 그렇게 형장의 이슬로 사라지고, 오랫동안 국민들의 기억 속에 '간첩'으로 남았다. 그에 앞서 강정택은 한국전쟁 당시 동서 집 마루 밑에 숨어 지내던 중 책을 가지러 집에 들렀다가 인민군에게 체포되어 납북당했다. 한국 농지개혁의 두 주역이 빛나는 업적에 합당한 대우를 받기는커녕 비극적 최후를 맞이했다는 사실 때문에 마음이 심히 아프다.

조봉암

강정택

조봉암의 딸 조호정을 비롯해서 사회 각계 인사들은 그를 신원하기 위해 끈질기게 노력했다. 2011년 마침내 대법원 재심이 이루어져 조봉암은 52년 만에 무죄 판결을 받았다. 이용훈 당시 대법원장이 읽어 내려간 판결문 속에는 다음과 같은 구절이 있다.

조봉암 선생은 독립운동가로서 건국에 참여했고 국회의원, 국회 부의장, 농림부 장관으로 재직하며 우리 경제체제의 기반을 다진 정치인임에도 잘못된 판결로 사형이 집행됐다. 재심 판결로 그 잘못을 바로잡는다. 피고인 조봉암. 원심 판결과 제1심 판결 중 유죄 부분을 각 파기한다. 이 사건 공소 사실 중 양이섭 관련 간첩의 죄는 무죄, 제1심 판결 중 진보당 관련 국가보안법 위반에 대한 검사의 항소는 기각한다.

그렇다. 조봉암은 농지개혁으로 우리 경제체제의 기반을 다졌다. 1391년 정도전이 과전법 개혁으로 이룩했던 평등지권 사회를 550여 년 만에 다시 실현했으니 어쩌면 '경제체제의 기반을 다졌다'는 정도로는 칭송이 부족할지 모른다. 그러나 '재주는 곰이 부리고 돈은 왕 서방이 챙긴다'고 했던가? 조봉암과 강정택, 그리고 국회 내 혁신적인 소장파 의원들이 간난신고 끝에 만들어낸 개혁정책이 어느 틈엔가 이승만의 치적으로 둔갑하고 있으니 이를 어찌해야 하는가?

한국의 농지개혁, 한계도 있었다

제2차 세계대전 후 한국·대만·일본이 실시한 농지개혁은 토지 자체를 농민들에게 균등하게 분배해 평등지권을 실현하는 방식이었다. 앞에서 지적했듯이, 이 방법은 대토지 소유의 폐해를 일거에 해소하고 사회의 기초를 안정시켜서 공평한 성장을 가능케 한다는 장점이 있지만, 모든 사람이 완전한 평등지권을 누릴 수 있도록 철저하게 시행하지 않으면, 또 개혁 이후 토지거래가 이루어져 토지 소유의 불평등이 재현하는 것을 방지할 제도적 장치를 마련하지 않으면 일시적으로 실현한 평등지권 사회가 얼마 못 가서 무너질 수밖에 없다는 한계도 갖는다. 이제 한국 농지개혁의 한계에 대해 좀더 자세히 살펴보자.

토지공개념의 시조로 불리는 헨리 조지는 토지 그 자체를 여러 사람에게 분배하는 토지개혁 방식의 한계를 다음과 같이 지적한 바 있다.[48]

첫째, 대규모 경작을 불가능하게 해서 생산의 증가를 억제하는 효과가 있다.

둘째, 모든 사람에게 토지를 분배하지 않는 한 토지를 갖지 못한 사람들은 존재하기 마련인데, 그들과 토지 소유자들 간의 불평등이 확대된다. 헨리 조지는 "이러한 제도를 실시하여 달라지는 점이 있다면 그것은 대지주 대신 새로 지주가 되는 종전의 소작인이 지대 상승의 이익을 챙긴다는 점"[49]이라고 지적하면서, "국가가 자작농에게 땅을 사준다고 하더라도 그 결과는 (……) 토지의 시장가격을 상승시켜 혜택을 입지 못하는 계층(농촌과 도시의 노동자들, 도시 빈민들—인용자)과 다음 세대의 사람들이 토지를 얻기가 더 어렵게 만들 것이 아닌가"[50]라고 말했다.

셋째, 토지사유제의 틀이 유지되는 상황에서는 토지를 분배한 개혁의 성과가 지속되지 못하고 다시 소수의 지주에게로 토지 집중이 일어난다. 헨리 조지는 소규모 토지 소유는 물질적 진보가 이루어지고 부가 증식되는 곳에서는 토지사유제와 공존할 수 없으며, 결국 토지는 부자의 소유로 넘어갈 수밖에 없다고 주장했다.[51]

헨리 조지가 지적한 것은 아니지만, 농지개혁의 네 번째 한계로서 도시토지, 임야, 초지草地 등이 개혁 대상에서 제외되었다는 사실을 추가로 지적해두어야 할 것 같다. 과문한 탓인지 모르지만, 한국 농지개혁에서 도시토지문제가 방치되었음을 지적하는 연구는 없다. 일본의 경우 최고의 경제사 개설서로 평가받는 이시이 간지石井寬治 도쿄대 교수의

『일본경제사日本經濟史』에서 이를 분명하게 지적하고 있는 것과는 대조를 이룬다.

흥미로운 사실은 농지개혁을 기획한 조봉암이 토지 자체를 분배하는 방식의 한계를 정확하게 인식하고 있었다는 점이다.

그가 농지개혁의 첫 번째 한계에 대해 정확하게 인식하고 있었다는 것은 농업개혁의 양대 사업으로 농지개혁과 함께 농업협동조합운동에 매진한 것을 보면 알 수 있다. 농업협동조합을 기반으로 영농개혁과 농업협동화를 추진하고자 했던 것이다. 사회민주주의적 경향을 띠고 있던 그가 이런 방향의 보완책을 생각한 것은 어쩌면 당연한 일인지도 모른다.

조봉암은 농지개혁의 세 번째 한계에 대해서도 인식하고 있었다. 농림부 안에 농지개혁 이후 모든 농지에 대해 자유매매, 증여, 기타 처분, 저당권·지상권·질권·담보권의 행사는 물론 소작과 임대차 행위를 금지하는 조항을 두었다는 데서 드러난다. 그는 농지개혁 후 토지가 다시 소수에게 집중될 수 있음을 인식하고 처분 금지를 통해 이에 대처하고자 한 것이다.

농지개혁의 네 번째 한계에 대해서도 그는 일찍부터 인식하고 있었다. 이는 제헌헌법 농지개혁 조항에 대한 국회 심의과정에서 산지山地 문제와 관련해 행한 다음의 발언에서 잘 드러난다. 조봉암은 임야가 토지개혁의 대상이 되어야 한다는 사실을 처음부터 알고 있었던 것이다.

산지문제가 얼마나 중대하다는 것은 여러분이 잘 아시는 것인데 (……) 면적으로 보더라도 농지와 같이 그렇게 경솔히 처리 못할 것입니다. 어떤 지방은 농지보다 더 중히 여기는 곳이 있습니다. 농촌에서 나무가 없는 곳에 어떤 지주가 혼자 차지하기 때문에 때지 못하는 그런 몇 가지 곤란이 있고 (……) 산림을 그대로 둔다면 완전히 독점하는 위험이 있습니다.[52]

농지개혁의 두 번째 한계, 즉 토지 소유자와 비소유자 간의 격차를 해소하지 못하는 것에 대해 조봉암이 어떤 생각을 갖고 있었는지 확인할 수 있는 자료는 발견하지 못했다. 하지만 전체적으로 볼 때 그는 토지 자체를 여러 사람에게 분배하는 방식의 개혁이 가진 한계를 거의 완벽하게 파악하고 있었고, 그에 대한 해결책도 그 나름대로 생각해두고 있었다. 조봉암은 농지개혁법 제정 당시 누구도 따라올 수 없는 탁견을 갖추고 있었던 것이다.

농지개혁 이후의 한국의 현실을 보면, 위에서 지적한 한계가 그대로 드러났음을 알 수 있다.[53]

첫째로, 농지개혁 실시 이후 한국 농촌은 소규모 농지를 소유하며 영세한 경영을 하는 농민들로 가득 찼다. 1945년에 전체 농민의 67.1퍼센트를 차지했던 1정보 미만 경작 농민의 비중이 농지개혁이 실시된 직후인 1951년에는 78.6퍼센트로 상승한 것은 농업경영의 영세성이 심화되었음을 보여준다. 반면 1정보 이상을 경작하는 농민의 비중은 32.9퍼센트에서 21.5퍼센트로 떨어졌다. 그 후에도 농지 소유 자격의 제한, 소유상한제, 소작과 임대차의 금지 등 농지개혁법 조항들에 의해 농지 유동화나 농업경영 규모 확대는 억제되었다. 오늘날 농지 유동화를 통한 경영 규모 확대가 농지정책의 최대 과제가 되기에 이른 것은 그동안 사태가 어떻게 진행되었는지 여실히 말해준다. 다만, 농지개혁 이후에 영세한 소농경영이 보편화되었다고 해서 농민의 지위가 열악해졌다든지, 농업생산성 향상이 지체되었다든지 하는 식의 논리를 전개해서는 곤란하다. 1930~1931년의 소작농과 1962~1964년의 경영 규모 1정보 미만 농민층의 경제 상태를 비교한 장시원의 연구에 의하면, 1960년대 초 농민의 경제 수준은 일제 강점기의 소작농에 비해 농가 수지, 부채율, 농업소득의 가계비 충족률 등 모든 면에서 크게 높았다.[54]

둘째로, 농지개혁 이후 한국에서는 토지 소유자와 비소유자 간의 격차가 확대되었다. 물론 흔히 강조하듯이 농지개혁 후 한국 농민들이 가격·금융·조세 등의 측면에서 불리한 위치에 놓인 것은 사실이다. 하지만 그들이 농지를 분배받은 이후 지금까지 지가 상승의 이익을 누려온 것도 사실이다. 와타나베 요조渡邊洋三 도쿄대 교수가 일본의 농지개혁과 전후 농지법을 분석한 논리[55]에 따라 설명하면, 좀더 분명하게 이해할 수 있다. 그는 농지개혁 후의 농지 소유권에는 '경작권 내지 농업경영의 기초로서의 토지 소유권'과 '상품 소유권으로서의 토지 소유권'이라는 서로 모순되는 두 가지 논리가 존재한다고 보고, 전후 농지제도의 기본 동향은 두 논리가 대항하는 가운데 점차 후자가 전자를 압도해가는 과정이었다고 파악한다. '상품 소유권으로서의 토지 소유권'의 성질이 전면에 나옴에 따라 농지는 도시토지까지 포함한 토지 일반의 시장가격의 영향을 강하게 받게 된다는 것이다.

개혁 대상에서 제외된 도시토지는 자유로 방임되어왔던 것이나 다름없고, 그로 말미암아 공업화와 도시화가 진행됨에 따라 도시의 지대와 지가는 눈부신 상승을 지속해왔다. 이와 같은 도시토지시장의 영향으로 1970년대 중반 이후 농지가격은 농업수익 지가를 넘어서 급격하게 올랐다.[56] 물론 농지가격의 상승이 도시지가의 상승에 미치지 못했기에 농민들이 상대적 박탈감을 느끼고 있는 것도 사실이지만, 그 과정에도 틀림없이 지가 상승의 이익이 존재했다. 오늘날 한국의 대도시 인근에는 오랫동안 농사를 짓다가 자기 땅이 택지개발지구에 포함되면서 거액의 토지 보상금을 받는 바람에 졸지에 수십억, 수백억 원대 부자가 되었다는 사람들이 제법 있다. 이들이 한 일이라곤 땅을 안 팔고 버틴 것밖에 없다. 헨리 조지의 말대로 농민을 포함한 토지 소유자와 토지를 갖지 못한 사람 간의 불평등이 꾸준히 확대되어온 것이다.

셋째로, 농지개혁 이후 한시적으로 실현되었던 평등지권의 상태는 후퇴하고 토지 소유 집중이 현저하게 심화되었다. 우선 토지 소유의 불평등도를 나타내는 지니계수를 보면 1960년에는 약 0.3이었지만(20쪽의 [그림 1] 참조), 2001년에는 0.764로 계산된다.[57] 1960~2001년 사이에 훌쩍 높아진 토지 소유 불평등도는 농지개혁 실시로 한시적이나마 실현되었던 평등지권 사회가 사실상 소멸했고 한국의 토지는 다시 소수의 지주에게 집중되고 말았음을 의미한다. 최근의 토지 소유 상황을 알려주는 통계를 보면, 2014년 현재 가액 기준으로 개인 토지 소유자 중 상위 10퍼센트가 전체 개인 소유지의 64.7퍼센트를, 또 법인 토지 소유자 중 상위 1퍼센트(10퍼센트가 아니다!)가 전체 법인 소유지의 75.2퍼센트를 소유하는 것으로 드러나 토지가 소수에게 집중된 정도가 극심함을 알 수 있다.[58] 다만 해방 직후에 비해 달라진 것은 대토지 소유자가 농업 부문의 지주가 아니라 재벌·대기업과 소수의 부동산 부자들이며, 그들이 소유한 토지의 중심이 농지가 아니라 도시토지와 임야라는 점이다. 농지의 경우 경자유전의 원칙 때문에 소유 집중 현상이 그보다는 두드러지지 않지만, 소작지가 늘어나고 비농민의 농지 소유가 증가하는 가운데 점차 소유 집중이 진행되어왔다. 헨리 조지의 말대로 물질적 진보가 이루어지고 부가 증식되어온 한국에서 농지개혁으로 창출된 소규모 토지 소유는 토지사유제와 공존하지 못하고 대규모 토지 소유에 자리를 양보할 수밖에 없었던 것이다.

토지 소유자와 비소유자 간 격차의 확대와 토지 소유의 집중은 농지개혁으로 농지를 분배했으면서도 토지사유제의 틀을 유지했기 때문에 발생한 문제들이다. 이런 문제들을 방지하려 했다면 대만처럼 토지가치를 공적으로 환수하는 제도적 장치를 확실하게 마련했어야 한다. 대만은 농지는 유상몰수·유상분배 방식으로 농민에게 평등하게 나누어 주고, 도시토지는 토지가치세와 토지증치세土地增值稅를 도입해 토지가치의 상당 부분을 공적으로 징수하는 투 트랙 방식의 개혁을 추진했다. 도시토지를 제외할 경우 나타날 수 있는 문제를 일찌감치 예상했던 것이다. 대만이 얼마나 철저하게 토지개혁을 추진했는지는 헌법에서부터 확연히 드러난다.

〈제142조〉 국민경제는 민생주의를 기본 원칙으로 해야 하고, 평균지권平均地權과 절제자본節制資本을 실시하여 국부와 민생의 균형 있는 충족을 도모한다.

〈제143조〉 중화민국 영토 내의 토지는 전체 국민에게 속한다. 인민은 법에 따라 토지 소유권을 취득하며 법률의 보장과 제한을 받아야 한다. 사유토지는 가격에 상응하여 납세해야 하며, 정부는 사유토지를 가격에 상응하여 매수할 수 있다. 토지에 부속된 광물과 경제적으로 공중公衆이 이용할 수 있는 천연자원은 국가 소유에 속하며, 인민의 토지 소유권 취득에 영향을 받지 아니한다. 토지가치의 증가가 노동과 자본의 투입에 의하지 아니하는 경우, 국가는 토지증치세를 징수하여 인민이 공동으로 향유할 수 있게 해야 한다. 국가는 토지의 분배와 정리에 대해서는 자경농과 자기 토지를 스스로 사용하는 자가 뿌리를 내리도록 지원하는 것을 원칙으로 하며, 적정한 경영 면적도 규정해야 한다.[59]

대만 헌법은 우선 평균지권과 절제자본[60]을 실시한다고 선언한다. 아울러 그 정신이 쑨원孫文[61]의 민생주의에 기초를 두고 있으며, 국부와 민생을 충족하되 형평성 있게 하는 것이 목적임을 분명히 밝힌다. 또 제143조에서는 국토가 국민 전체에게 속한다고 선언하면서, 인민은 토지 소유권을 취득할 수 있지만 법률의 보장과 제한을 수용해야 한다고 규정한다. 그 외에도 토지가치의 공적 징수를 위해 토지가치세와 토지증치세를 부과한다는 내용을 명기하고 노동과 자본에 의하지 않은 토지 가치 증가분은 조세로 징수해 인민이 함께 향유토록 한다고 천명한다. 지하자원을 비롯한 천연자원이 국유임을 천명한 것도 주목할 만하다.

한국이 토지 소유의 집중과 토지 불로소득을 방지하기 위해 토지공개념 조항을 헌법에 기록한 것은 1987년으로, 대만에 비해 시기적으로 30년 이상 늦었다. 게다가 한국 헌법의 토지공개념 조항은 내용이 추상적이고 애매해서 토지공개념 정신을 담은 법률을 시행할 때면 그것을 뒷받침하는 효력을 제대로 발휘하지 못했다. 그래서 토지공개념 정신을 담은 법률은 늘 반反헌법적이라는 비난에 시달려야만 했다.

추미애의 연설, 조봉암과 노무현이 보였다
'지대추구의 덫' 거론한 추 대표, 평등 실현하는 정치가 될까?[62]

두 사람(조봉암과 노무현)은 비슷한 점이 많다. 조봉암은 농지를 농민들에게 분배하여 평등지권을 실현하고자 했다면 노무현은 토지보유세를 강화하여 좀더 높은 차원에서 평등지권을 실현하고자 했다. 두 사람 모두 진보적 가치와 이상을 이 땅 위에 실현하기 위해 고민하고 헌신한 사상가이자 뛰어난 정치가였다.

그리고 두 사람 모두 그 진보성과 헌신성 때문에 대중으로부터 커다란 지지를 받았지만, 평등지권을 추구했다는 이유로 이 땅의 부동산 권력으로부터 엄청난 공격을 받았고 정치적으로 큰 피해를 입었다. 평등지권을 실현함으로써, 지주가 위세를 부리는 '사이비 자본주의'를 자본이 자유롭게 제 역할을 감당하는 공정한 자본주의로 만들려고 했음에도, 두 사람은 똑같이 '좌파 빨갱이'로 매도당했다.

그리고 마침내 한 사람은 권력에 의해 직접, 그리고 다른 한 사람은 권력의 압박에 의해 간접적으로 죽임을 당했다. (……) 조봉암과 노무현의 뒤를 이어 평등지권의 이상을 추구하는 정치인과 정치세력을 기대하는 것은 지나친 꿈인가.

위의 글은 내가 2010년 여름 『역사비평』에 기고한 「평등지권과 농지개혁 그리고 조봉암」이라는 논문에 썼던 내용이다. 2017년 9월 4일 추미애 더불어민주당 대표의 국회 교섭단체 대표 연설을 들으면서 나는 예전에 품었던 나의 '지나친'(?) 꿈이 현실이 되는 듯한 느낌을 받았다. 추미애 대표는 1950년 조봉암 선생이 추진했던 농지개혁에 버금가는 지대개혁이 오늘날 대한민국에 필요하다고 역설하며, 이 개혁으로 대한민국의 멈춰진 심장을 다시 뛰게 하는 '가장 위대한 도전'에 나서자고 촉구했다.

사실 의외였다. 평소에 추 대표가 토지정의 문제에 관심이 있다는 이야기를 들은 적도 없고, 조봉암과 노무현으로 이어지는 장대한 개혁정치의 바통을 문재인 대통령 같은 정통 친노 정치인이 아닌 추 대표가 이어받으리라고는 전혀 예상하지 못했기 때문이다.

처음에는 추 대표 주변에 토지문제를 근본적으로 해결하기 위해 애쓰는 뛰어난 참모가 포진하고 있고, 추 대표는 그가 써주는 연설문을 그냥 읽었으려니 했다. 그런데 그게 아니었던 모양이다. 정통한 소식통을 통해 확인한 바로는, 추 대표는 헨리 조지와 그의 명저 『진보와 빈곤』, 그리고 우리나라 '헨리조지연구회'에 대해 잘 알고 있을 뿐 아니라 본인의 확신과 의지로 이번 연설문의 방향을 잡았다고 한다.

추 대표의 이번 연설은 큰 의미가 있다. 그는 한국 사회 불평등과 양극화의 핵심에 지대추구의 특권이 존재하며, 이를 그냥 두고는 소득주도성장도 불가능함을 분명히 지적했다. '지대추구의 덫'을 걷어내기 위해서는 부동산보유세 강화가 불가피하다는 것도 제대로 인식하고 있었다.

정치인 중에 이 정도의 인식을 가졌던 인물은 헨리 조지(조지도 뉴욕시장 선거에 출마하는 등 정치활동을 했다), 중화민국 초대 총통 쑨원, 영국 수상을 지낸 로이드 조지Lloyd George, 한국 농지개혁을 진두지휘했던 조봉암, 종합부동산세를 도입한 노무현 전 대통령 정도다. 이들은 모두 자본주의 사회의 발목을 잡는 최대의 덫은 토지 불로소득이라고 인식했던 인물들이다. 토지 불로소득을 차단하거나 환수하는 제도를 도입하지 않으면 자본주의를 정의롭고 활력 있게 만들 수 없다는 것이 이들의 공통된 생각이었다.

추 대표가 말한 대로, 대한민국은 지금 지대추구의 덫에 걸렸다. 임대소득과 자본이득을 합친 부동산소득만 해도 매년 400조 원 이상(GDP의 30퍼센트 이상) 발생하며, 그 소득의 상당 부분을 소수의 부동산 부자들과 토지 투기에 몰두한 재벌·대기업이 차지한다. 기업은 생산적 투자로 이윤을 얻기보다 투기로 토지 불로소득을 얻는 일에 더 관심을 쏟고, 직장인은 월급을 알뜰하게 저축해서 노후를 대비하기보다 대출금으로 부동산을 사서 값이 오르기만을 기다린다.

반면, 경제 활력이 떨어져서 일자리가 새로 생기지 않으니 청년들은 안정적인 직장에 취업하지 못하고 아르바이트를 전전한다. 직장을 그만두고 퇴직금을 받아서 자영업에 뛰어드는 사람들은 과당경쟁과 높은 임대료 때문에 가게를 연 지 얼마 되지 않아서 가진 돈 다 날리고 사업을 접는다. 어떤 사람은 아무리 열심히 일해도 제대로 먹고살지 못하고, 다른 사람은 아무리 빈둥빈둥 놀아도 날이 갈수록 재산이 늘어나는 부조리한 세상, 그것이 바로 오늘의 대한민국이다.

토지 소유와 각종 특권에서 기인하는 불로소득, 즉 지대를 차단하지 않으면 이런 부조리한 상태에서 벗어날 수 없다. 단지 최저임금 좀 올려주고 복지 지출 늘리는 정도로는 턱도 없다. 지대추구의 특권을 그대로 두고는 소득주도성장도 불가능하다고 한 추 대표의 말은 정곡을 찌른 것이다.

추 대표가 헨리 조지의 이론과 조봉암의 개혁과 자신의 구상을 연결시키는 것도 무척 인상적이다. 헨리 조지의 토지가치세 사상, 조봉암의 농지 유상몰수·유상분배, 자신의 지대개혁이 모두 동일한 정신에 입각해 있음을 이해하니 말이다.

이 셋을 관통하는 정신은, 천부자원으로 거저 주어진 토지와 자연에 대해서는 모든 사회 구성원이 똑같은 권리를 누리게 하자는 평등지권 사상이다. 평등지권이 모든 사람에게 보장되어야만 자본주의는 땀 흘려 일하고 노력하는 사람이 잘사는, 정의롭고 활력 넘치는 사회가 될 수 있다. 국공유지 비율이 높고 그것을 잘 관리해온 싱가포르와 핀란드가 이를 증명하며, 제2차 세계대전 이후 농지개혁을 단행해 상당 기간 고도성장을 구가한 대만과 일본과 한국도 대표적인 사례다.

문제를 근본적으로 해결할 방법이 보유세 강화를 중심으로 한 세제개혁에 있다는 점도 잘 알고 있으니 기대하지 않으려야 않을 수 없다. 다만 그 개혁의 세부 내용을 밝히지는 않았고, 또 개혁과정의 어려움에 대한 깊은 고민의 흔적도 드러내지 않아서 약간 우려되기는 한다. 하지만 그건 지금부터 고민하고 연구해서 채워나가도 된다. 모든 개혁에서 가장 중요한 것은 철학과 방향이니 말이다. 부디 추 대표는 귀한 연설을 통해 천명한 입장을 쉽게 포기하지 말고, 더 깊이 천착해서 조봉암과 노무현에 못지않은 걸출한 정치가로 이름을 남기기 바란다.

2부

대한민국,
'부동산공화국'으로
추락하다

3장

박정희가 열어젖힌
부동산공화국의 문[63]

대한민국은 농지개혁으로 일단 평등지권 사회를 실현했지만, 그 상태를 유지하는 데 필요한 제도적 장치를 갖추지는 못했다. 공업화와 도시화가 급속하게 진행되면서 토지문제의 중심은 농지에서 도시토지로 이동했는데, 문제는 1960년대 후반부터 이와 관련한 대비책이 마련되지 않은 상태에서 무분별한 부동산 개발이 이루어졌다는 사실이다.

　무분별한 부동산 개발의 주범은 박정희였다. 강남개발이 그 출발점이었는데, 이는 사실 국토개발의 청사진을 구현한다는 식의 거창한 목적이 아니라 경부고속도로 용지 확보와 정치자금 마련이라는, 알고 보면 다소 엉뚱한 목적을 위해 추진한 것이었다. 그렇게 시작된 강남개발은 한강 연안 공유수면 매립사업과 함께 강남지역을 아파트 밀집 지역으로 만들면서 지가 폭등을 불러왔다. 이때부터 본격적으로 시작된 부동산 투기는 그 후에도 약 10년을 주기로 계속 일어났고, 부동산은 한국 정부와 국민들에게 최대 화두로 부상했다. 박정희의 강남개발 이후 한국 사회는 땀 흘려 일하는 사람이 잘사는 사회가 아니라 불로소득을 좇아 민첩하게 움직이는 사람이 잘사는 사회가 되고 말았다. 정치인·건설업자·유력자·재벌기업은 물론이고 중소기업·중산층·서민층에 이르기까지 모든 국민이 부동산으로 '대박'을 노리는 사회, 그것이 바로 오늘날 한국 사회의 자화상이다. 부동산공화국이라는 말 외에 이를 무엇으로 표현할 수 있을까?

박정희는 한국에서 고도성장을 가능케 했다는 이유로 발전국가론 지지자들과 뉴라이트 학자들, 그리고 보수 성향의 국민들에게서 온갖 칭송을 다 받는 인물이다. 하지만 토지·부동산과 관련한 그의 행적을 면밀히 살필 경우 상찬은커녕 비난을 받아야 마땅한 인물임이 드러난다. 박정희는 부동산공화국 형성에 결정적인 계기를 제공함으로써 한국 사회 내부에 지속적 성장을 어렵게 만드는 장애 요인을 심어놓았다. 이제 박정희가 부동산공화국의 문을 어떻게 열어젖혔는지 추적해보자.

강남개발의 배경

1960년대에 전국 각지에서 서울로 몰려드는 인구가 계속 늘어나면서 강남개발은 시대적 과제로 떠오르고 있었다. 이미 강북지역의 택지는 거의 다 개발된 상태였고 주택과 도시기반시설은 급증하는 인구를 수용하기에는 한계를 드러내고 있었다. 또 박정희 정권으로서는 휴전선에서 불과 40킬로미터밖에 떨어져 있지 않은 강북에 인구와 시설이 점

1969년 12월 26일에
개통된 제3한강교.

점 더 밀집하는 것을 원하지 않았다. 강북의 도시기능과 인구를 분산할
수 있는 최적의 대안은, 1963년에 서울에 편입되었으나 미개발 상태에
놓여 있었던 강남지역을 개발하는 것이었다.[64] 하지만 박정희 정권이
실제로 강남개발에 나서게 되고 대형 아파트단지 중심의 개발을 하게
된 데는 훨씬 더 현실적인 이유가 있었다.

박정희 정권이 강남개발을 추진하기 시작한 것은 1960년대 후반이
다. 제3한강교(현재의 한남대교) 건설과 경부고속도로 건설이 계기였다.
제3한강교는 1966년 1월에 착공해 1969년 12월에 준공했고, 경부고

1970년 7월 7일 경부고속도로 준공식 모습.

속도로는 1968년 2월에 착공해 1970년 7월에 준공했다. 물론 제3한강
교와 경부고속도로 자체는 도시개발과 직접적인 관련이 없었다. 제3한
강교는 강남개발이 아니라 유사시 도강용渡江用이라는 군사적 목적이
강했으며, 경부고속도로는 경제개발을 위한 인프라 건설의 일환이었을
뿐이다.

　하지만 경부고속도로 건설은 강남개발에 중요한 계기를 제공했다.
경부고속도로 건설이 추진되면서 제3한강교 건설은 그 일환이 되었으
므로 둘을 합쳐서 이야기하겠다. 경부고속도로 건설에서 박정희가 최
대의 난제로 여겼던 것은 건설비 문제였다. 고속도로 건설을 바로 실행
에 옮기지 못하고 2년 넘게 구상단계에 머무른 것은 그 때문이었다. 정

주영의 회상에 따르면, 박정희는 고속도로 인터체인지를 손수 그리며 건설비 절감 방법을 연구했다고 한다.[65] '영동지구 구획정리사업'은 경부고속도로 건설 재원이 부족했던 박정희 정권이 동원한 고육지책의 성격이 강하다. 영동永東이라는 단어가 생소하게 들릴 수도 있는데, 오늘날의 강남을 가리키는 말이다. 영등포의 동쪽이라는 뜻이라고도 하고 영등포와 성동의 중간이라는 뜻이라고도 하는데, 어느 쪽인지는 확실치 않다.

구획정리사업이란 일정한 지역을 대상으로 무질서하게 존재하는 토지들을 묶어서 합리적으로 구획하고 도로·학교·공원 등의 기반시설을 설치함으로써 기존 토지를 좀더 이용가치가 높은 토지로 전환하는 사업을 가리킨다. 토지 소유자들과 지방정부가 합작해서 추진하는 경우가 많은데, 토지가치 상승의 이익을 누리게 되는 토지 소유자들이 소유 토지 중에서 기반시설 용지와 사업비 조달용 토지를 현물 출자 형식으로 내놓기 때문에 정부는 재정투입 없이 지역개발을 할 수 있다는 이점을 누린다. 박정희 정권은 경부고속도로 기점인 제3한강교 남단에서 양재동에 이르는 구간의 도로 용지를 무상으로 확보하기 위해 바로 이 구획정리 방식을 활용했다. 제3한강교 남단에서 양재동에 이르는 구간의 거리는 7.6킬로미터였다.

애초에 영동지구 구획정리사업은 도시개발 자체가 아니라 도로 용지 확보가 목적이었기 때문에, 구획정리에 반드시 필요한 면밀한 계획과 설계가 이루어지지 않은 상태에서 추진되었다. 처음에 약 1,033만 제곱미터(약 313만 평)로 잡혔던 구역 면적이 1969년 11월에 1,417만 제곱미터(약 429만 평)로 확장된 것은 그 때문이다. 고속도로 용지로 30만

4,000제곱미터(9만 2,000평)를 떼고 나면 구획정리지구에 필요한 공공용지가 나오기 어렵다는 사실이 나중에 판명되었던 것이다. 1,417만 제곱미터든 1,033만 제곱미터든, 우리나라는 물론이고 전 세계 구획정리사업의 역사에서 유례가 없는 실로 엄청난 면적이었다. 이런 초대형 구획정리사업이 처음에는 그저 고속도로 용지를 확보하기 위한 수단으로 취급되었다는 사실이 놀라울 따름이다.

경부고속도로 용지를 확보하기 위해 구획정리사업을 추진한 곳은 영동1지구였다. 그런데 영동1지구와 별도로 또 다른 구획정리사업이 강남에서 추진되었다. 새로운 구획정리사업은 영동1지구와는 전혀 다른 배경에서 시작되었다.

『서울 도시계획 이야기』(전 5권)를 비롯해 『한국 도시 60년의 이야기』(전 2권), 『일제 강점기 도시계획 연구』 등 한국 도시계획사 분야에서 여러 권의 역작을 남긴 손정목은 서울시립대 교수로 자리를 옮기기 전까지 서울시에서 도시계획 분야 핵심 요직에 있었다. 그는 1970년부터 1977년까지 서울특별시 기획관리관, 도시계획국장, 내무국장을 지냈기 때문에 누구보다도 그때의 사정을 잘 알았다. 그런 그가 『서울 도시계획 이야기』 제3권에서 놀라운 사실을 폭로하고 있다.

박정희 정권이 정치자금을 마련하기 위해 강남에서 토지 투기 행각을 벌였으며, 그 일을 성공시킬 목적으로 영동지역에 기존 사업 외에 또 다른 대규모(1,207만 제곱미터, 즉 365만 평 규모) 구획정리사업을 추진했다는 것이다.

기존의 구획정리지구는 영동1지구, 새로운 구획정리지구는 영동2지구라 불렸다. 새로운 구획정리지구에는 상공부와 산하기관, 그리고 그

1970년 영동지구의 풍경.

1970년 영동지구 개발 공사 현장에 세워진 사업계획 조감도.

소속 공무원과 임직원이 거주할 주택단지를 배치한다는 계획까지 발표되었는데, 이 모든 것은 당시 서울시 도시계획국장 윤진우가 청와대 정치자금으로 구입해둔 땅의 가격을 하루 빨리, 더 많이 끌어올려서 땅을 조기에 처분하려는 의도에서 행해졌다는 것이 손정목의 주장이다. 윤진우에게서 직접 관련 자료를 건네받아 정리했다는 사실을 밝히고 있을 뿐만 아니라 제시하는 근거와 서술 내용이 매우 구체적이어서 그의 주장은 신빙성이 높아 보인다.

윤진우는 1970년 2~8월 사이에 총 24만 8,368평의 땅을 평당 평균 5,100원에 사들인 후, 1971년 5월까지 약 18만 평을 평당 평균 1만 6,000원에 팔아 약 20억 원의 정치자금을 조성했다고 한다. 1년 정도의 짧은 기간에 엄청난 면적의 땅을 사고팔아서 거액의 정치자금을 마련한 것인데, 만일 서울시가 영동2지구 구획정리사업 계획을 발표하지 않았다면 아마도 이런 식의 토지 매각과 자금 조성은 불가능했을 것이다. 손정목은 윤진우 외에 이 일에 직간접으로 관련된 사람으로 박정희 대통령, 김정렴 비서실장, 박종규 경호실장, 이낙선 상공부 장관, 김현옥·양택식 서울시장, 김성곤 공화당 재정위원장을 꼽았다.[66] 이 내용은 2004년에 MBC TV 다큐멘터리 〈이제는 말할 수 있다〉에서 보도한 적이 있고 황석영이 소설 『강남몽』에서 소개하기도 했지만, 사안의 중대성에 비추어 별로 큰 사회적 관심을 끌지는 못했다.

영동1지구의 면적이 1,562만 제곱미터(472만 평), 영동2지구의 면적이 1,207만 제곱미터(365만 평), 합해서 약 2,768만 제곱미터(837만 평)였으니, 당시 통상적인 구획정리사업 면적이 15만~30만 평이었음을 생각할 때 상상을 초월하는 규모였다. 영동1지구의 면적은 위에서 말한 것보다 더 넓은데, 그것은 1969년 11월의 1차 확장 이후에 몇 차례 더 구역 확장이 이루어졌기 때문이다. 문제는 이런 초대형 구획정리사업이 도시개발이 아니라 경부고속도로 용지 확보나 정치자금 마련 같은 사업 외적 목적을 위해 기획되고 추진되었다는 점이다. 그러니 도시개발 시에 반드시 선행되어야 할 지가대책 같은 것을 마련했을 리가 없다. 설계나 지가대책 같은, 정상적인 도시개발이라면 반드시 요구되는 사전준비는 전혀 갖추지 않은 채 엄청난 광역개발을 시도했다는 것, 그것이 초기 강남개발의 본질이다. 그런 상태에서 1970년대 초 세계 경제불황의 여파가 덮치자, 1970년대 중반까지 강남지역에서 주택 건설은 별 진척이 없었고 주거이동도 극히 부진해서 계획상 유치인구 목표 70만 명의 10퍼센트에도 미치지 못했다.[67]

이처럼 박정희 정권의 강남개발은 결코 인구대책이나 국토방위 같은 애국적 충정에서 시작된 것이 아니다. 그것이 박정희의 우국충정에서 비롯됐다고 보는 〈신화 4〉는 거짓이다.

본격화하는 강남개발

사업 외적 목적으로 시작된 강남개발사업이 명실상부한 도시개발의 면모를 갖추기 시작한 것은 1970년대 중반부터다. 영동지구와 잠실지구의 토지 구획정리가 상당히 진척되어 시가지의 틀이 갖춰졌고 정부가 개발을 촉진하기 위해 파격적인 대책들을 쏟아냈기 때문이다. 1972년에 잠실대교, 1973년에 영동대교, 1976년에 잠수교와 천호대교, 1978년에 남산 3호 터널, 1979년에 성수대교가 속속 준공되면서 도심 접근성과 교통 여건이 크게 좋아진 것도 중요한 변수였다.

강남에서 아파트단지 건설이 시작된 것은 한강변에서 공유수면 매립 열풍이 분 것과 때를 같이한다. 바다나 강처럼 땅 위에 물이 차 있을 때 법률 용어로는 그것을 공유수면이라 부른다. 공유수면은 모두 국유지만, 바다의 일부를 막거나 하천에 제방을 쌓아서 흙으로 메우면 사유 토지로 전환할 수 있다. 1960년대 후반부터 1970년대 전반까지 약 10년간은 한강변 공유수면 매립의 전성기였다. 동부이촌동·반포·흑석동·서빙고동·압구정동·구의동·잠실 등의 지역이 공유수면 매립사업으로 개발되었다. 모두 한강 강변개발사업의 일환으로 추진되었는데, 반포·압구정동·잠실 등 오늘날 강남을 대표하는 지역이 여기에 포함되어 있다는 사실에 주목해야 한다.

그때는 지방자치제가 도입되기 전이었기 때문에 대통령이 서울시장을 임명했다. 박정희는 저돌적인 인물을 선호했다. 1966~1970년에 서울시장으로 재임했던 김현옥은 박정희의 입맛에 꼭 맞는 사람이었다. 그는 '불도저 시장'이라 불리며 재임기 내내 도로 건설에 몰두했다. 도로가 완공되면 대통령이 제일 먼저 통과하게 하고, 새 도로를 달려본 대통령에게서 칭찬 듣는 맛에 사는 인물이었다. 김현옥은 1967년 한강대교 남단에서 영등포에 이르는 제방도로를 건설하면서 한 가지 흥미로운 사실을 발견했다. 한강에 제방을 새로 쌓거나 종전보다 안쪽으로 들여서 쌓으면 새 제방과 기존 제방 사이에 푹 꺼진 토지가 대량으로 생긴다는 사실 말이다.[68] 여전히 공유수면으로 분류되던 그곳은 매립하기만 하면 근사한 건축 부지로 변모시킬 수 있었다. 그는 즉시 여의도 윤

1968년 한강개발계획 브리핑을 받고 있는 김현옥 서울시장 일행.

중제輪中堤 공사를 포함한 한강개발계획을 수립토록 했다. 그 후 한강 연안 곳곳에 제방도로가 건설되면서 공유수면 매립이 이루어졌고 매립된 토지 위에는 대형 아파트단지가 들어섰다.[69]

한강 연안 공유수면 매립사업은 실로 비리 복마전이었다. 매립 면허만 따내면 제방과 도로 용지를 제외한 나머지 땅이 통째로 공사업자의 수중에 떨어지고, 조성한 토지는 공기업 또는 정부 투자기관에서 일괄 매수해가거나 공사업자 자신이 아파트단지로 개발할 수 있었기 때문이다. 엄청난 이권이 걸린 이 사업에 국내 굴지의 건설업체들은 물론이고 공기업인 수자원개발공사, 종교단체, 고급 장성 출신자들까지 벌떼처럼 달려들었다. 손정목의 이야기를 직접 들어보자.

대규모 건설회사들에게 공유수면 매립공사라는 것은 정말 땅 짚고 헤엄치는 사업이었다. 국유 하천에 제방을 쌓고 폐천이 된 하천 부지를 택지로 조성한다. 그것도 건설업 비수기인 겨울철, 12월부터 4월까지 놀고 있는 중장비와 노동력을 이용하여 우선 첫 해에는 제방만 쌓아놓고 쉬었다가 다음 해 건설 비수기에 모래를 갖다 퍼부어 택지를 조성한다. 이렇게 조성한 땅은 국영 기업체나 정부 투자기관에서 일괄 매수해간다. 일괄 매수해가지 않으면 자기들이 아파트단지를 조성해서 일반에게 분양한다. 절대로 손해를 보는 일이 없는 이권사업이었다. 이 나라 굴지의 건설회사들은 이런 장사를 되풀이하여 정권이 바뀔 때마다 몇십 억, 몇백 억 원의 정치자금을 뿌리면서 비대해졌고, 그룹이 되고 재벌이 되어 마침내 국가경제 전반을 좌지우지하게 된 것이다.[70]

강남개발과 관련해서 한강 연안 공유수면 매립사업이 중요한 이유는 강남의 요지를 개발했기 때문이기도 하지만, 강남이 아파트단지로 채워지는 과정을 선도했기 때문이다. 1975년에 아파트지구 제도가 도입되기 전까지 영동 구획정리지구에는 아파트단지가 들어서기 어려웠다. 원래 농지였던지라 토지 소유자들의 소유 규모가 작았고, 구획정리를 거치면서 소유 규모가 더 줄어들었을 뿐 아니라,[71] 토지 투기꾼들이 들락날락하면서 토지 분할이 이루어지다 보니 100평, 200평 정도의 땅을 가진 군소 지주가 많았기 때문이다.[72] 그러니 건설업체가 아파트단지를 건설할 만한 집단택지를 확보하기가 어려울 수밖에 없었다.

하지만 공유수면 매립지구는 그 자체가 바로 집단택지였기 때문에, 그곳에 아파트단지를 건설하는 것은 쉬운 일이었다. 실제로 경인개발이 매립한 반포지구는 대한주택공사가 일괄 매입해서 1974년에 강남 최초의 아파트단지인 반포아파트 대단지를 건설했고, 현대건설이 매립한 압구정지구에는 1975~1977년 사이에 현대건설이 직접 현대아파트단지를 건설했다. 처음에 23개 동 1,562가구였던 현대아파트단지는 그 후 더욱 확장되어 76개 동 5,909가구의 거대 단지로 발전했다. 동부이촌동은 강남은 아니지만 수자원개발공사가 일찌감치 공유수면을 매립한 후 1968~1969년에 공무원아파트단지, 1970년에 한강맨션아파트단지와 외국인아파트단지가 들어서서 강남의 아파트단지 건설 붐을 선도했다.[73]

초기에 강남개발 자체에는 큰 관심이 없었던 박정희 정권은 1970년대 중반부터 대대적인 강남개발 촉진 정책을 펼치기 시작했다.

첫째, 1973년에 영동 구획정리지구를 개발촉진지구로 지정했다. 이 조처로 영동지구에서는 부동산투기억제세, 부동산 매매에 관한 영업세 등의 국세와 취득세·등록세·재산세·도시계획세·면허세 등의 지방세가 면제되었다. 오늘날의 양도소득세에 해당하는 부동산투기억제세, 부동산 매입 시에 부과되는 취득세·등록세, 그리고 부동산보유세인 재산세와 도시계획세를 면제하기로 한 것은 이 지역에서는 마음 놓고 부동산 투기를 하라는 이야기와 다를 바 없었다. 1976년에는 영동지구에 이어 잠실지구도 개발촉진지구로 지정되었다. 박정희 정권도 이 조처가 과하다고 판단했는지 면세 혜택을 받는 토지의 범위를 축소했지만 아파트지구에 대해서만큼은 계속 혜택을 부여했다.[74] 대량으로 건축되기 시작한 강남지역 아파트가 문제없이 분양될 수 있었던 데는 이와 같은 투기수요 조장 정책의 영향이 컸다.

둘째, 아파트지구 제도를 도입했다. 1975년에 당시 서울시장 구자춘의 제안으로 도입된 아파트지구 제도는 강남 일대에 대규모 아파트단지들이 들어설 수 있게 만든 결정적인 계기였다. 영동지구 내에 군소 지주가 많았다는 사실은 앞에서 언급했다. 이들이 자기 권리를 100퍼센트 행사할 수 있도록 허용하는 한, 강남지역에 아파트단지가 들어서기는 어려웠다. 그래서 고안해낸 것이 아파트지구였다. 대규모 아파트단지가 들어서야 할 곳을 아파트지구로 지정해서 그 안에 아파트 외에는 짓지 못하도록 제한한 것이다. 그렇게 해서 드디어 공유수면 매립지구가 아닌 곳에서도 대단위 아파트단지를 건설할 수 있게 되었다. 이를 계기로 원래 저밀로 주거지로 계획되었던 강남지역의 성격이 고밀도 주거지로 바뀌고 말았다.[75]

아파트지구 제도는 강남개발이라는 명분 아래 도입되었지만, 성격상 아파트 건설업체의 이익을 위해 지주들의 권리를 심각하게 침해하는 것이었다. 다시 말해 건설업체들이 집단택지를 손쉽게 마련하도록 해주기 위해 지주들의 토지 사용권 전부와 토지 처분권 일부를 제한한 것이다. 자기 땅에 아파트밖에 못 짓게 되어 토지의 개인적 이용이 불가능해졌고, 매각은 사실상 건설업자에게만 할 수밖에 없게 되었으니 말이다. 게다가 1977년 10월에는 아파트지구 내 지주들이 땅값을 올릴 목적으로 땅을 장기간 방치하는 행위를 바로잡기 위해 일정 기간이 지난 토지에 대해서는 정부, 주택공사와 함께 민간 우량 건설업자도 강제

개발할 수 있게 한다는 방침까지 세웠다.[76] 단, 1977년 말까지 영동지구와 잠실지구 내의 아파트지구는 개발촉진지구에 주어지는 면세 혜택을 누리고 있었기 때문에 지주들이 건설업체에 토지를 매각할 때 양도소득세는 면제되었다. 이는 사용권·처분권 제한에 대한 지주들의 불만을 누그러뜨리는 작용을 했을 것이다.

1975년 서울시의 가지정假指定을 거쳐 1976년에 건설부가 공식 지정한 아파트지구는 모두 11곳이었는데, 그중 4곳(반포지구·압구정지구·청담지구·도곡지구)이 영동지구에 속했고, 잠실지구와 이수지구를 합하면 6곳이 강남지역이었다. 6곳의 면적은 1,034만 제곱미터(313만 평)로 전체 아파트지구 면적 1,229만 제곱미터(372만 평)의 84퍼센트를 차지했다. 이는 아파트지구 제도가 강남지역을 타깃으로 한 것이었음을 말해준다. 영동지구만 가지고 계산하면 전체 면적의 25퍼센트에 해당하는 779만 제곱미터(236만 평)가 아파트지구로 지정되었다.

셋째, 인프라 건설과 공공기관·학교 이전을 대대적으로 추진했다. 고속버스터미널 건설, 지하철 순환선(2호선) 건설, 대법원·검찰청 이전, 잠실종합운동장 건설, 명문 고등학교 이전 등의 조처가 이어졌다. 모두 구자춘 서울시장이 3핵도시 구상을 실행에 옮기면서 추진한 일이다. 이 구상은 구자춘이 국민대 김형만 교수의 도움을 받아서 만든 것인데, 강북 도심을 중심으로 방사상으로 뻗어나가는 단핵형 구조를 갖고 있던 서울을 도심이 3개인 다핵도시로 발전시킨다는 것이 핵심이었다. 강북 구도심은 중앙행정기능을 하는 도심으로, 영등포와 여의도는 상업기능을 하는 도심으로, 그리고 영동지구와 잠실지구는 2차 행정기능과 중추 금융업무기능을 하는 도심으로 개발하려는 계획이었다. 원래

1983년 서울 지하철 2호선 서울대 입구~서울교대 앞 구간 개통식.

3핵도시 구상에는 서울시청을 비롯한 총 112개 공공기관을 강남으로 이전하려는 계획도 들어 있었으나 중앙정부 관련 부처들의 반대에 부딪혀 대부분 무산되고, 대법원과 검찰청, 관세청을 비롯한 2차 행정관서의 일부만 강남으로 이전했다. 3핵도시 구상은 원안대로 실현되지는 않았지만 적지 않은 내용이 실행에 옮겨졌고, 그것만으로도 강남개발은 큰 자극을 받았다.

특히 고속버스터미널의 강남 이전은 그 주변 반포동·잠원동 일대 공지에 대규모 아파트단지가 들어서게 만든 직접적인 계기였다. 구자춘에게는 강북 주민을 터미널 주위에 대거 이주시켜 고속버스 이용객을 창출하려는 생각이 있었다. 그래서 그는 고속버스터미널 배치 계획을 작성하라고 지시하면서 주변 지역 아파트단지 조성 계획까지 세우라고 했던 것이다.[77] 손정목의 증언에 따르면, 구자춘은 연필 한 자루를 들고 20분도 안 되는 시간에 원래 직선(왕십리-을지로-마포-여의도-영등포)으로 계획되어 있던 지하철 2호선을 강남을 통과하는 순환선으로 변경해 버렸다.[78] 구도심과 영등포와 영동, 3핵을 연결하고자 한 것이다. 지하철 2호선의 노선 변경은 당시에 이미 강남개발을 촉진하는 작용을 했을 뿐만 아니라 그 이후 지금까지 영동지구를 오늘날의 '강남'으로 만든 최대 요인이었다.

사대문 안에 있었던 명문 고등학교들을 강남으로 이전하는 조처도 영동지구를 오늘날의 강남으로 만든 중요한 요인이었다. 그것은 강남 8학군이라는 교육특구를 탄생시킨 신호탄이었다. 1976년에 경기고가 삼성동으로 이전한 것을 출발점으로 1977년 휘문고, 1978년 정신여고, 1979년 서울고가 강남으로 이전했다. 그 후 1980년대에도 강북 소재 고등학교의 강남 이전은 멈추지 않았다. 새로 지은 대단지 아파트에 이주해온 것은 주로 고위 공무원·변호사·의사·기업 임원 등 고소득층이었다. 자기 자신이 교육을 통해 계층 상승에 성공한 만큼, 이들은 남다른 교육열을 갖고 있었다. 자녀로 하여금 자신과 같은 계층, 아니 자신보다 더 나은 계층으로 살아가도록 만드는 것이 그들의 최대 관심사였다. 공교육·사교육을 막론하고 교육환경은 이들에 의해 급속하게 개선되었고, 이때부터 강남 교육특구가 조성되기 시작했다.[79]

넷째, 강북 인구의 강남 이주를 촉진하기 위해 강북지역 개발억제책을 실시했다. 1972년 기존 도심부를 포함해 강북지역 일부를 특정시설 제한구역으로 지정해서 백화점·도매시장·공장·각종 유흥시설 등의 신설을 불허하기로 했으며, 1972~1973년에는 도심 일대 넓은 지역을 재개발지구로 지정해서 일반 건축물의 신축·개축·증축을 금지했고, 1975년에는 한강 이북의 전답이나 임야의 택지 전환을 금지하는 조치까지 단행했다.[80] 이 조치로 상계동·공릉동·성산동 등지의 400만 평이 택지로 전환하지 못하는 땅으로 묶여버렸다. '도심=강북'이라는 등식이 '강북=낙후지역'이라는 인식으로 사람들에게 통용된 데는 정부의 적극적인 강북 개발억제책 탓이 컸다는 사실을 기억할 필요가 있다.[81] 그것은 결코 강남의 눈부신 발전에 따른 강북의 상대적 지체 때문에 생긴 자연스러운 현상이 아니다.

다섯째, 개발촉진책을 쓰는 것을 넘어서 정부가 대한주택공사를 통해 직접 대단위 아파트단지를 건설했다. 주택공사가 반포 공유수면 매립지구를 일괄 매입해서 반포 아파트단지를 건설했다는 것은 앞에서 언급했다. 주택공사는 이미 동부이촌동에서 1968년에 공무원아파트 34개 동 1,313호, 1970년에 한강맨션아파트 23개 동 700호와 외국인아파트 18개 동 500호를 건설했지만 반포아파트는 이와는 차원을 달리하는 대단위였다. 무려 99개 동 3,650호를 건설한 것이다. 그런데 1975년, 주택공사는 반포아파트의 네 배에 달하는 초대형 아파트단지를 잠실지구에 건설하기 시작했다. 3년 9개월 만인 1978년 11월에 종합준공식을 거행한 잠실아파트 1~5단지의 가구 수는 무려 364개 동 1만 9,180호였다. 입주계획 인구는 무려 10만 명이었다. 그 외에도 주택공사는 1977년 도곡동에 51개 동 2,450호, 1978년 반포에 46개 동

1976년 11월 강남대로 주변 서초동과 역삼동 일대의 풍경. 사거리가 현재의 강남역이다.

1,720호(2단지)를 준공했다. 1970년대 강남에서 이루어진 아파트단지 건설은 주택공사가 초대형 아파트단지를 건설하며 선봉에 서고 민간 건설업체들이 그 뒤를 따르는 형국이었다.

　박정희 정권의 개발촉진책과 주택 공급은 큰 효과를 발휘해 강남지역은 아파트 숲으로 뒤덮이기 시작했다. 1970~1980년 사이에 서울시에서는 아파트가 총 21만 3,947호가 건설되었는데, 같은 시기에 강남구(서초구 포함)에서는 6만 4,458호, 강동구(송파구 포함)에서는 5만 8,979호, 합해서 12만 3,437호가 지어져 서울시 전체 건설 물량의 58퍼센트에 달했다.[82] 이런 경향은 1980년대에도 계속되었고, 그 결과 강남 지역은 아파트공화국의 중심으로 우뚝 서게 되었다. 1995년 서대문·은평 지역은 전체 주택 가운데 아파트가 차지하는 비중이 10퍼센트에 불과했지만, 강남·서초 지역은 그 비율이 무려 57.6퍼센트에 달했다. 또한 1980년 강남·서초 지역 내 전체 아파트 중에서 방 4개 이상을 가진 아파트가 차지하는 비중은 60퍼센트에 달했는데, 이는 1970년대 그 지역에 건설된 아파트의 다수가 중대형 고급 아파트였음을 보여준다.[83] 박정희 정권의 주도로 이루어진 1970년대의 강남개발은 바로 아파트공화국, 부동산공화국의 원형이 만들어지는 과정이었다.

박정희식 주택 공급의 특징

잠실아파트 건설은 한국은 물론이고 전 세계에서도 유례를 찾아보기 어려운 대역사大役事였다. 게다가 유신시대 박정희식 주택 공급의 특징이 고스란히 담겨 있기도 해서 주목할 필요가 있다.

잠실지구는 공유수면 매립과 구획정리사업이 함께 이루어진 곳이다. 손정목의 증언에 의하면, 애초에 잠실지구 공유수면 매립사업은 1969년 당시 부총리 겸 경제기획원 장관이었던 김학렬이 현대건설·대림산업·극동건설·삼부토건·동아건설 등 5개 건설회사에 거액의 정치자금을 요구하면서 제시한 이권사업이었다.[84] 1969~1971년 사이에 3선 개헌 찬반 투표, 대통령 선거, 국회의원 선거를 치러야 했던 박정희 정권이 경제기획원 장관으로 하여금 자기 관할이 아닌 기업들에까지 정치자금을 요구하게 했던 것이다. 5개 회사는 그 제의를 선뜻 받아들였다. 잠실지구 공유수면 매립공사는 이 5개 회사가 공동으로 출자해서 설립한 잠실개발주식회사가 맡았다.

한강 물을 막아 잠실 섬을 육지와 연결한 후 저지대를 매립하는 공사를 통해 248만 제곱미터(약 75만 평)의 택지가 조성되자, 박정희 정권은 그곳을 포함하는 그 일대 1,122만 제곱미터(약 340만 평)를 구획정리지구로 지정했다. 이 구획정리사업에서는 대담한 비환지飛換地, 과도한 감보減步, 집단체비지 조성 등 그때까지 한 번도 행해지지 않았던 새로운 일들이 시도되었고, 그만큼 토지 소유자의 권리는 침해당할 수밖에 없었다. 구획정리사업에서는 기존 면적에서 공공용지와 체비지를 빼고 나머지 토지를 토지 소유자에게 돌려주는데, 정리된 토지를 소유자에게 돌려주는 행위를 환지라고 하고, 그때 소유 면적이 줄어드는 것을 감보라고 한다. 감보되는 면적의 비율을 의미하는 감보율은 영동1지구가 39.1퍼센트, 영동2지구가 36.8퍼센트였던 데 비해 잠실지구는 무려 52.9퍼센트였다.[85] 잠실지구 토지 소유자는 영동지구 토지 소유자에 비해 훨씬 많은 토지를 내놓아야만 했던 것이다. 게다가 근접 환지라는 종전의 원칙을 깨고 원래 토지에서 멀리 떨어진 곳에 환지하는 비환지 방식을 적용했다. 한곳에 넓은 면적의 집단체비지를 확보하기 위해서였다. 그런 방법으로 서울시는 지구 전체 면적의 14.4퍼센트에 해당하는 206만 제곱미터(약 62만 평)의 광대한 토지를 집단체비지로 확보했고, 그중 116만 제곱미터(약 35만 평)를 주택공사에 일괄 양도해 초대형 아파트단지를 짓게 했다.[86]

한마디로 유신독재 시절이 아니었다면 어림도 없는 횡포가 저질러진 셈이다. 물론 국가가 토지의 공공성을 구현하기 위해 노력하는 것은 옳은 일이다. 하지만 그렇다고 국가가 개인의 토지를 마음대로 빼앗거나 위치를 바꾸어도 좋다는 뜻은 아니다. 잠실아파트단지는 이런 국가의 횡포 위에 세워졌다는 사실을 기억할 필요가 있다.

박정희 정권의 개발이 군사작전식이었다는 것은 잘 알려진 사실이다. 박정희는 초월적 목표를 제시하고 그것을 달성하도록 밀어붙이는 군사령관과도 같은 인물이었다. 그의 청와대 집무실은 목표달성을 지휘하는 작전사령부 같았다. 그는 교통·건설·개발 분야에는 자신의 명령을 받아 불도저처럼 밀어붙일 사람들을 배치했다.[87] 박정희의 낙점을 받은 '인간 불도저'들은 다른 누구의 눈치도 보지 않고 오로지 박정희의 마음에 들기 위해, 그의 명령을 이행하기 위해 혼신의 힘을 기울였다. 김현옥, 양택식, 구자춘 등 1960년대 후반에서 1970년대 말 사이에 서울시장을 맡았던 사람들이 대표적으로 그런 인물들이었다.

서울시장으로 일하는 동안 잠실아파트단지를 계획한 양택식은 서울시장에서 물러난 후에는 주택공사 사장이 되어 건설을 주도했다. 그는 취임 후 한 달이 지난 1975년 5월에 잠실단지 건설본부를 설치하고 180일 작전을 선포했다. 1975년 안에 1~4단지에 13~17평형 258개 동 1만 1,660호를 준공하겠다는 것이었다. 말 그대로 총력전, 속도전이었다. 1976년에는 2단지에 19평형 730호를 건설했는데 그때도 180일 작전을 전개했고, 1단지에 7.5~10평의 소형 아파트 1,100호를 건설했을 때는 심지어 공사기간을 더 단축해서 150일 작전을 전개했다. 양택식이 벌인 작전들은 모두 '성공'했다. 정점에 박정희가 있고 그 아래 박정희 '아바타'들이 있어서 마치 군사작전을 전개하듯이 초월적 목표

1975년 잠실아파트 공사 현장.

1976년 잠실시영아파트 준공식.

를 달성해가는 방식이 전형적으로 드러난 곳이 바로 잠실지구였다. 양택식 사장의 작전으로 시중에서는 노임 파동, 자재 파동이 일어났으며 1973년 오일쇼크 이후 불황에 빠져 있던 국내 경기가 단번에 호전되었다.[88] 우리나라 관료들은 거시경제가 침체할 때면 늘 부동산 경기부양이라는 정책 수단을 활용하려는 생각을 품는다. 일종의 관성이라 여겨지는데, 그들이 이렇게 된 데는 이때의 '부양의 추억'이 큰 영향을 미치지 않았을까 추측한다.

주택공사는 잠실지구 5단지에 15층짜리 대형 아파트를 건설하면서 고층 아파트 시대를 열었다. 하지만 잠실지구 1~4단지에는 중소형 아파트들이 대량으로 건설되었다는 사실을 눈여겨봐야 한다. 원래 이곳에는 반포 1단지처럼 대형 아파트를 건설하기로 계획되어 있었으나 박정희가 여러 소득계층이 골고루 입주하게 하라는 지시를 내리는 바람에 7.5~19평형의 소형 아파트를 건설하는 것으로 방향이 급선회했다. 13평형이 50퍼센트로 주축을 이루었다. 박정희는 갑자기 왜 이런 지시를 내렸을까? 그 무렵 서울시가 무허가건물 철거에 속도를 내고 있었기 때문에 철거민들이 살 집을 마련해주지 않으면 사회적 불안을 야기할 수 있다는 판단을 했을 것이다. 실제로 13평형 이하 아파트는 무허가건물 철거민에게 배정한다는 원칙이 서 있었다.

소형 아파트의 대량 공급은 저소득층에게 안정적인 주거를 제공했다. 그러나 여기서 한 가지 의문이 생긴다. 왜 잠실지구 소형 아파트를 임대주택으로 하지 않았을까? 당시 무허가건물 철거민들의 형편으로는 아무리 소형이라 할지라도 분양주택을 구입하기 어려웠다. 실제로 입주권을 받은 철거민 중 상당수가 프리미엄을 받고 그것을 매각했다

1975년 8월 잠실아파트 분양 신청을 위해 몰려든 시민들.

고 한다. 당시 주택공사가 임대주택을 충분히 공급할 만한 자금력이 없었다는 사실을 지적할 수도 있겠다. 실제로 주택공사는 공공성보다는 사업성을 앞세워 주택을 공급한다는 비판을 받아왔다.

하지만 여기서는 한 가지 정치적 요인에 주목하고 싶다. 박정희는 '내 집'에 대한 열망을 갖고 있는 철거민과 서민들에게 자가 소유 주택을 마련해주려고 했던 것은 아닐까?[89] 그 열망은 공공임대주택으로는 채워질 수 없는 것이었다. 중산층에게는 주택공사가 선봉에 서고 민간 건설회사가 뒤를 따르면서 중대형 분양 아파트를 공급하고, 서민층에게는 초소형(7.5평형)을 필두로 한 소형 분양 아파트를 공급해 계층을 불문하고 자기 집을 갖게 함으로써, 유신독재에 대한 사회적 불만을 잠재우고 지지층을 광범위하게 확보하려는 의도가 있지 않았을까? 잠실 1~4단지의 소형 아파트에 입주한 서민들은 잠실 5단지와 영동지구의 중대형 민간 아파트를 바라보면서 자신도 언젠가는 그리로 옮겨갈 것이라는 꿈을 꾸게 되었을 것이다. 온 국민이 집에 목을 매게 만듦으로써 그 꿈을 가시적으로 실현시켜주는 자신을 지지하게 만들려는 정치적 의도가 박정희에게 있었다고 추론하면 지나칠까?

부동산공화국, 박정희식 개발의 유산

박정희 정권의 강남개발은 토건국가 시스템과 토건족, 부동산 불패신화와 지대추구 경향 등 우리 사회의 틀에 각인될 만한 뼈아픈 유산을 남겼다. 한마디로 박정희 정권은 부동산공화국으로 들어가는 문을 열어젖힌 셈이다.

토건국가 시스템은 소위 토건족과 정권이 결탁해 국토 곳곳에서 재정을 투입하는 부동산 개발을 추진함으로써 정권은 경제성장과 함께 정치자금 등의 사적 이익을 꾀하고, 토건족은 막대한 개발이익, 즉 토지자본이득을 도모하는 체제를 일컫는 말이다. 이 체제의 특징은 다음 몇 가지로 요약할 수 있다.

첫째, 전체 산업구조에서 건설업의 비중이 기형적으로 크다. 둘째, 경제정책이 토건족의 이해관계에 좌우된다. 특히 거시경제와 부동산 시장이 침체 조짐을 보일 때면, 토건족은 부동산 경기부양 정책을 강력하게 요구하고 정권은 그것을 수용한다. 정권은 성장이나 경기조절과 같은 중대한 경제문제를 토건사업 추진으로 해결하려는 경향이 강하다. 셋째, 건설업체는 생산적 이윤에 기초해서 성장하기보다는 토지 자본 이득에 기대어 성장하기 때문에 단기간에 대기업으로 성장할 수도 있지만, 부침이 심하고 매우 취약하다. 넷째, 토건국가 시스템은 산업구조와 정책의 방향을 규정할 뿐 아니라 토건국가 이데올로기에 사로잡힌 인물들을 도처에 만들어낸다.

현재의 한국은 이 네 가지 특징을 모두 갖고 있는 전형적인 토건국가다. 건설업의 비중은 OECD 국가들 가운데 최상위권을 차지해왔고, 경기침체기에 부동산을 불쏘시개로 삼아 경기부양을 하는 것은 경제관료들의 고질병이 되고 말았다. 1995~2006년에 한국의 건설업 비중은 GDP 대비 부가가치의 비율로 보나 GDP 대비 투자의 비율로 보나 OECD 국가 중에서 가장 높았다. 당시 20퍼센트를 넘어섰던 GDP 대비 건설투자 비율은 글로벌 금융위기를 거치는 사이에 14.5퍼센트(2015년 기준)로 떨어졌지만, 프랑스(11.6퍼센트), 독일(9.7퍼센트), 일본(8.3퍼센트), 이탈리아(10.4퍼센트), 영국(9.2퍼센트), 미국(7.6퍼센트) 등 주요 국가들에 비해 훨씬 높은 수준이고, OECD 국가 평균치(10.5퍼센트)를 한참 웃돈다.[90] 이명박 정부가 벌인 4대강 사업이나 박근혜 정부가 펼친 '빚내서 집 사라'는 식의 부동산 경기부양책은 한국의 정책 입안자들이 토건국가의 정신에 얼마나 깊이 물들어 있었는지 유감없이 보여준다.

건설업이 기형적으로 성장하기 시작하고 관료들이 토건국가 이데올로기를 깊이 받아들이게 된 계기는 바로 박정희의 강남개발이다. 벽돌제조업자·보일러 제조업자·소규모의 건설업자 등이 강남지역 아파트단지 건설을 통해 유력 대기업으로 초고속 성장을 했다. 기존 건설 대기업들은 아파트 건설은 물론이고 공유수면 매립사업 같은 대형 이권 사업에 참여하면서 재벌급 기업으로 성장했다. 우성건설·한신공영·한양주택·삼호·삼익주택·경남기업·진흥기업·삼풍·극동건설·라이프주택·신동아건설·대한종합건설·한국도시개발 등이 그런 경우다. 이들의 행태에 대해서는 손정목이 다음과 같이 적나라하게 묘사하고 있다.

> 1970년대 후반부터 1980년대 말까지 15년간, 우리나라 아파트 건설업자는 땅 짚고 헤엄치는 장사를 했다. 건축허가를 받고 입주자를 모집했다. 분양 계약금으로 정지공사·기초공사를 할 수 있었고, 분양 계약서를 담보로 막대한 자금을 융자받을 수 있었다. 아파트 골조공사가 시작되면서 다달이 납부금이 들어왔다. 입주가 시작되면서부터는 잔금이 들어왔다. (……) 입주자로부터 떼돈이 들어왔고 은행돈을 마구 빌렸다. 그렇게 생긴 돈으로 땅을 샀고 그 땅 위에 또 아파트를 지었다. 분양 공고를 내면 신바람 나게 팔려나갔다. 외제 고급 승용차를 몰고 다녔고 사장실·회장실은 궁전같이 꾸밀 수 있었다. 골프 회원권 여러 개를 가질 수 있었고 고급요정·룸살롱에서 주지육림의 향응을 벌일 수 있었다.[91]

하지만 이 기업들은 늦어도 1990년대 전반기까지 대부분 몰락하고 만다. 초고속 성장을 해서 그런지 몰락도 빨리 찾아온 것이다. 이유는 간단하다. 건설업체들이 생산적인 건설 이윤이 아니라 토지 자본이득과 정권의 비호에 기대어 사업을 하는 바람에 기업 체질이 매우 취약해졌기 때문이다. 이들 기업은 거의 아무런 규제도 받지 않고 땅을 사들

1977년 8월 도곡동 개나리아파트 분양 현장.

1981년 11월 안양천 왼쪽에 조성될 예정이었던 목동지구의 풍경.

이고 그것을 담보로 은행자금을 빌려서 땅을 더 사들였다. 지가는 계속 오르고 아파트를 지으면 짓는 대로 불티나게 팔렸으니, 미래의 불확실성을 감안한 사업성 예측을 제대로 했을 리가 없다.[92] 건설업체들은 부동산 투기 바람이 불 때는 욱일승천의 기세로 확장했지만, 시장 침체기가 시작되면서 토지 자본이득의 획득 가능성이 사라지자 줄줄이 도산했다.

토건국가 시스템의 네 번째 특징과 관련해 한 가지 사실을 밝혀둘 필요가 있다. 박정희 정권이 강남개발을 통해 한창 토건국가 시스템을 구축해가고 있을 때, 토건족 진영의 핵심에서 토건국가 이데올로기를 열심히 학습·적용하면서 초고속으로 성장한 인물이 있었다는 점이다. 바로 이명박이다. 그는 한마디로 토건국가 시스템에 의해 '잘' 양육된 박정희의 후계자였다. 그의 자서전을 보면, 현대건설 중기공장 관리부장 시절에 한 민간 아파트 견본주택을 방문했다가 그곳에 찾아온 부인들(복부인들이다!)의 반응이 뜨거운 것을 보고 조바심이 났다고 한다. 그래서 정주영 사장에게 중기공장 자리에 아파트를 지을 것을 제안하고는, 마뜩찮아 하는 그를 설득해 결국 아파트를 짓게 했다. 아파트 건설을 직접 담당할 별도의 회사(한국도시개발)를 차리도록 권한 것도 이명박 자신이었다고 한다.[93]

같은 책 다른 곳에서 그는 자신이 서빙고동 시절부터 현대그룹의 아파트사업을 주도했다고 고백하고 있으며, 1978년 여름 세상을 떠들썩하게 했던 압구정동 현대아파트 특혜분양사건에서도 정주영 회장과 함께 특혜분양과정에 깊숙이 개입했음을 의도치 않게 밝히고 있다.[94] 이명박으로 하여금 많은 국민의 격렬한 반대에도 불구하고 끝까지 4대강

사업을 밀어붙이게 만든 것은 다름 아닌 박정희가 심어준 토건국가 이데올로기였다.

박정희 정권의 무분별한 개발은 산업구조에만 영향을 미친 것이 아니다. 일반 국민의 경제관념과 경제행위의 목표에도 지우기 어려운 흔적을 남겨, 땀 흘려 일해서 부를 축적하기보다는 부동산 투기로 대박을 노리는 경향이 사회를 지배하게 되었다.

어느 나라건 도시화가 진행되면 지가와 부동산 가격은 상승한다. 유동성이 크게 늘기라도 하면 지가는 폭등한다. 한 나라 안의 특정 지역에서 개발이 이루어지면 그곳의 지가가 올라간다. 이를 본 사람들이 대거 부동산 매입에 나서면 그 지역에 투기 열풍이 불게 된다. 정상적인 정부라면 개발에 따르는 부작용을 우려해서, 개발을 추진하기 전에 미리 투기대책을 수립한다. 좀더 성숙한 정부라면 투기의 근본 원인인 부동산 불로소득을 차단하거나 상시적으로 환수할 수 있는 제도를 구비해둔다.

앞에서 이미 언급한 바와 같이, 제2차 세계대전 후 대만 정부가 바로 그렇게 했다. 대만과 한국은 농지를 지주에게서 몰수해 소작농에게 분배하는 농지개혁을 단행함으로써 지주제를 타파했다는 점에서는 동일하다. 하지만 한국은 도시토지와 임야, 잡종지에 대해 아무런 대비책도 세우지 않은 반면, 대만은 부동산 불로소득 차단·환수 효과가 큰 토지가치세와 토지증치세를 중과하는 제도를 1950년대에 도입했다는 점에서 뚜렷한 차이가 있었다. 박정희와 장제스蔣介石는 둘 다 독재자였지만 토지정책에서는 확연히 달랐다. 장제스는 쑨원의 후계자로 쑨원 사후 중국 국민당의 1인자가 되었고, 1949년 공산당과의 싸움에서 패

쑨원

장제스

해 대만으로 쫓겨난 후에는 중화민국 총통 겸 국민당 총재로서 27년 동안 대만을 철권통치했다. 이병천 교수는 박정희 개발독재와 장제스 개발독재의 차이에 주목했다. 그는 두 나라의 토지정책이 달라진 원인을, 전자가 일본의 파시즘적 국가주의에 원류를 두고 있는 반면 후자가 쑨원의 삼민주의三民主義를 계승한 데서 찾았다.[95] 쑨원이 토지가치의 공적 징수를 주창한 헨리 조지를 신봉해서 그의 정책 처방을 삼민주의의 핵심 내용으로 포함시켰다는 사실을 생각하면, 이병천 교수의 주장에는 상당한 근거가 있음을 알 수 있다. 제2차 세계대전 후 대만처럼 정부가 책무를 다하는 나라에서는 부동산공화국이 형성될 틈이 없다.

반면 박정희 정권은 부동산 투기를 막고 불로소득을 차단하기 위한 제도적 장치를 마련하려고 노력하기는커녕, 오히려 정권 담당자들이 정치자금을 조달할 목적으로 개발사업을 활용해 직접 투기를 저지르기까지 했다. 박정희 정권은 1967년에야 부동산투기억제세라는 이름의 자본이득세를 도입했다. 1973년 말부터는 토지의 투기적 보유나 과다 보유를 억제하기 위해 재산세를 중과하려는 시도를 하기도 했다. 그러나 주거용 토지에 대해서는 세율이 낮았고 조세 중과 대상 토지의 범위

1968년 한강 택지 분양을 알리는 안내판. 당시 분양 예정가는 평당 2만 8,000원이었다.

가 매우 제한적이어서 그 시도가 효과를 발휘하기는 어려웠다. 1974년 1·14경제안정화조치(대통령 긴급조치 제3호)로 재산세 세율을 인상한 것과 1978년 '부동산 투기억제 및 지가 안정을 위한 종합대책'(8·8조치)의 일환으로 공한지와 비업무용 토지에 대한 재산세 과세를 강화한 것이 주목되기는 하지만, 이미 토지 투기의 광풍이 온 나라를 휩쓸고 간 뒤에 취해진 사후약방문에 불과했다.

부동산 투기 제어장치가 마련되지 않은 상태에서, 정부가 앞장서서 개발을 밀어붙이고 투기에 가담하기까지 했으니 지가 폭등이 일어나는 것은 당연한 일이었다. 한국감정원의 조사에 따르면, 1963~1977년 사이에 주거지역 지가는 서울시 전역에서 87배 수준으로 상승했고, 특히 강남지역에서는 176배 수준으로 폭등했다. 같은 기간 서울의 소비자 물가지수가 약 6.4배로 오른 것을 생각하면 강남지역 지가 상승세가 어느 정도였는지 충분히 짐작할 수 있다.[96] 손정목에 따르면, 강남지역의 지가 상승 양상은 이 조사에 나타난 것보다 훨씬 더 심했다. 중구 신당동과 용산구 후암동은 각각 25배 수준으로 상승한 데 비해 강남구 학동은 1,333배, 압구정동은 875배, 신사동은 1,000배 수준으로 폭등했다는 것이다.[97]

이 책 4장의 [그림 4](113쪽 참조)에서는 1970년대 후반에 특정 지역이 아닌 전국의 평균 지가 상승률이 70퍼센트에 육박했음을 확인할 수 있다. 이는 박정희 정권 당시의 지가 폭등이 가공할 양상으로 진행되었음을 웅변으로 말해준다. 이정우의 계산에 의하면, 1953~2007년까지 우리나라의 지가 총액은 1만 배 넘게 폭등했는데, 각 정권이 지가 폭등에 얼마나 책임이 있는지 분석해본 결과 55퍼센트 정도가 박정희 정권의 책임인 것으로 드러났다.[98]

1960년 이전까지는 우리나라에서 부동산 투기가 발생하지 않았다고 한다. 일제 강점기에 지주들은 토지매매를 통한 자본이득보다는 소작료 수취에 몰두했고, 해방 후에도 토지는 이용의 대상이었지 투기의 대상은 아니었다. 강남개발 이전에 그 지역에서 땅을 사 모은 이들은 있었지만 극소수였다. 농지개혁 후 1960년대 전반기까지만 해도 한국 국민의 대다수를 차지했던 수많은 소농과 그 후예들에게서 발견할 수 있는 특징은 자발적인 근로의욕과 창의력, 높은 저축열, 뜨거운 교육열과 학습열, 이윤을 추구하는 모험적 기업가 정신과 같은 것들이었다. 그들

2부 대한민국, '부동산공화국'으로 추락하다

에게서 투기를 통해 불로소득을 얻으려는 경향은 찾아보기 어려웠다. 박정희 정권은 강남개발로 이런 땅을 국민 대다수가 주기적으로 부동산 투기 열풍에 휩쓸리며 부동산 불패신화를 신봉하고 강남을 부러워하는 몹쓸 탐욕의 땅으로 바꾸어버렸다. 한국은 땀 흘려 일하는 사람과 모험심을 발휘하며 열심히 사업하는 사람이 잘사는 사회가 아니라 불로소득을 좇아 민첩하게 움직이는 사람이 잘사는 사회로 점차 변해갔다. 마침내 부동산은 대한민국에서 소득과 부의 양극화, 주기적 불황, 지역 격차의 주요 원인으로 자리 잡았다. '평등지권' 국가가 '부동산공화국'으로 전락한 것이다.

한 사회에서 다수의 사람이 노력소득에는 관심이 없고 불로소득을 통해 부를 축적하려 든다면, 또 기업들이 생산적 투자가 아니라 가만히 있어도 생기는 토지 자본이득으로 수익을 챙기려 한다면, 그리고 정책을 만드는 정치인이 토건족과 투기꾼에게 막대한 토지 자본이득 획득 기회를 준 대가로 정치자금 받는 것을 당연하게 여긴다면, 그런 사회에는 미래가 있을 수 없다. 학자들은 이런 사회를 지대추구 사회rent-seeking society라 부른다. 한국 사회는 1970년대부터 대략 10년을 주기로 부동산 투기 열풍을 겪으면서 지대추구 사회로 변질되고 말았다. 박정희는 한국 국민에게 처음으로 지대추구의 짜릿함을 맛보게 했다는 점에서 과오가 크다. 이런 면을 보지 않고 임기 중 경제성장률이 높았다는 사실만으로 그를 추앙하는 것은 어처구니없는 일이다.

4장

자꾸 부는 투기 광풍,
어설픈 정부 정책

부동산을 '마약'으로 여긴 한국 정부들

박정희 정권이 부동산공화국의 문을 열어젖힌 이후 한국의 부동산 시장에서는 어떤 일이 벌어졌을까? 부동산 시장에서 문제가 생겼을 때 한국 정부들은 어떤 정책으로 대처했을까?

[그림 4]는 1965~2017년의 연간 전국 평균 지가 변동률의 추이를 그린 것이다. 최근 한국은행이 추정·발표한 1965~2013년 지가 통계와 2016년, 2017년 국민대차대조표상의 지가 통계를 활용해 작성했다. 이 통계는 지금까지 나온 지가 통계 중에서 가장 과학적인 방법으로 작성한 것으로 평가된다. 단, 2018년 통계는 아직 발표되지 않아서 최근의 부동산 시장 상황은 반영되어 있지 않다. 이 그림에서는 1965년 이후 50여 년 동안 광풍이라 부를 만한 부동산 시장 과열이 네 차례(2017년

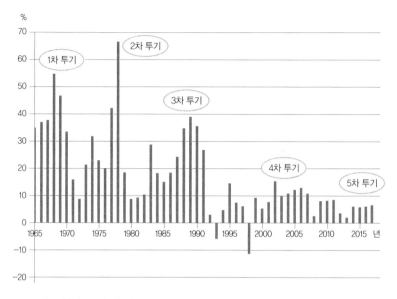

[그림 4] 1965~2017년 평균 지가 변동률

출처: 조태형 외, 2015, "우리나라의 토지자산 장기 시계열 추정", 『BOK 경제리뷰』 2015-6, 〈부록 2〉;
"2016년 국민대차대조표", "2017년 국민대차대조표".

주: 1) 1994년까지는 조태형 외(2015)의 추정치이며, 1995년 이후는 국민대차대조표 통계다.
　　2) 평균 지가는 지가 총액을 토지 면적으로 나눈 값(원/m²)이다.
　　3) 2014년 이후는 국민대차대조표상 지가 총액을 2013년 토지 면적으로 나누어 구했다.

이후의 가격 폭등을 포함할 경우 다섯 차례), 그보다는 규모가 작은 시장 과열
이 두 차례 발생했음을 확인할 수 있다. 현재로 올수록 지가 상승의 정
도가 약해지는데, 이는 과열된 시장에서 지가 상승의 정도가 약해져서
라기보다는 시장 과열의 패턴이 변해서 생긴 결과로 보인다. 2000년 이
전에는 가격 폭등이 전국적으로 또 부동산 유형을 가리지 않고 발생한
반면, 2000년 이후의 가격 폭등은 국지적으로 또 아파트를 중심으로 발
생했기 때문이다. 2000년대 전반과 2017년 이후 사이에도 양상의 변화

가 보이는데, 앞의 시기에는 수도권 버블세븐 지역의 아파트를 중심으로 가격이 폭등했고, 뒤의 시장 과열은 서울의 아파트 시장을 중심으로 발생했다. 그래프에서 2000년 이후 부동산 가격 폭등기의 지가 상승률이 그 이전에 비해 낮아진 것은 특정 지역에서 지가가 아무리 올라도 다른 지역의 지가에 큰 변화가 없다면 전국 평균치는 크게 오르지 않은 것으로 계산되기 때문이다.

지금까지의 정부 가운데 부동산 투기에 선제적으로 대응한 정부는 소수다. 대부분은 투기 바람이 불고 부동산 가격이 폭등하고 나서야 사후약방문식으로 투기억제 정책을 펼쳤다. 이와 같은 투기억제 정책은 투기 광풍을 잠재우고 부동산 가격을 안정시키는 데 일정한 효과를 발휘한 것으로 보인다.

1960년대 후반은 내내 전국 평균 지가 상승률이 30퍼센트를 넘을 정도로 투기 광풍이 기승을 부렸다. 마침내 1968년에는 무려 55퍼센트라는 놀라운 상승률을 기록했다. 급속한 도시화와 공업화로 서울과 부산 등 대도시를 중심으로 지가가 폭등한 것이 주요 요인이었다. 화들짝 놀란 박정희 정부는 "대대적인 조사를 시작하겠다", "관련자는 엄벌에 처하겠다", "세금포탈로 입건하겠다"고 엄포를 놓는 동시에[99] 1967년 '부동산 투기억제에 관한 특별조치법'을 제정해서 1968년부터 부동산 투기억제세를 부과했다. 그러자 투기 광풍은 급격히 잦아들었다.

그러다 1970년대 후반에 부동산 투기가 다시 불붙었다. 박정희 정권이 중화학공업을 지원하기 위해 통화팽창 정책을 펼치고 중동 건설 붐으로 외화가 유입되면서 유동성이 급속히 증가한 것이 직접적인 원인이었다.[100] 1977년 42퍼센트로 올라간 평균 지가 상승률은 1978년에는 급기야 66.7퍼센트라는 가공할 수치를 기록했다. 이번에는 투기가 대도시뿐만 아니라 중화학 공업지대, 새로 개발된 동남 해안지역으로 확산되었다.[101] 하지만 경이적인 수치를 기록했던 지가 상승률도 그해 '부동산 투기억제 및 지가 안정을 위한 종합대책'이 발표되고 나서는 급격히 떨어졌다. 또한 1980년대 초의 지가 상승도 1983년 2월 '부동산 투기억제 대책', 4월 '토지 및 주택 문제 종합대책'이 발표된 이후 크게 완화되었다.

1980년대 말 다시 한번 엄청난 시장 과열이 발생했다. 1986년부터 이어진 국제수지 흑자가 1988년에 절정에 달하고 그해 3월에 제13대 국회의원 선거, 9월에 서울올림픽이 치러지면서 시중에 막대한 자금이 풀리자,[102] 1989년 전국 평균 지가 상승률은 39퍼센트를 기록했다. 그러나 그 또한 1988년의 '부동산 종합대책', 1989년의 토지공개념 입법화, 1990년의 '부동산 투기억제 대책' 등 일련의 강도 높은 대책이 마련되면서 해소되었다.

2000년대 전반 수도권 버블세븐 지역을 중심으로 투기 광풍이 불 때, 노무현 정부는 강도 높은 대책을 쏟아내며 시장 안정화를 위해 노력했지만, 2006년까지도 가격 폭등세가 이어져서 노무현 정부의 부동산 정책은 완전히 실패했다는 인식이 퍼졌다. 그러나 2007년 이후 부동산 가격은 뚜렷한 하향 안정화 양상을 보이며 노무현 정부의 정책이 효과가 있었음을 입증했다. 그 이전과 달라진 점은 정책이 효과를 발휘하기까지 시간이 비교적 많이 걸렸다는 것이다.

그렇다면 지금까지 한국 정부는 부동산 정책을 제대로 펼쳤다고 평가해도 좋을까? 답은 '아니오!'다. 역대 정부의 투기억제 대책으로 가격 폭등은 매번 완화되었지만, 얼마 지나지 않아 부동산 투기가 재발했다는 점이 문제다. 여기에는 여러 가지 원인이 있겠지만 정책 요인도 분명히 작용했다. 나는 두 가지 요인에 주목하고 싶다.

하나는 부동산 가격이 폭등할 때는 중구난방으로 투기억제 대책을 쏟아내다가도 거시경제와 부동산 시장이 침체하는 기미가 보이면 바로 이전의 대책들을 후퇴시키고 적극적인 부동산 경기부양책을 펼쳤다는 점이다. 전두환 정권은 부동산 경기부양과 투기억제를 오락가락했던 대표적인 정부다. 1978년 8·8조치 이후 부동산 시장이 안정되고 1979년 제2차 오일쇼크의 영향으로 경기가 침체하자 전두환 정권은 3년 동안 부동산 경기부양책을 펼쳤다. 하지만 1983년 경기가 호황으로 돌아서면서 부동산 시장이 과열되자 정부의 정책 방향은 투기억제로 선회했고, 1985년 하반기에는 다시 부동산 경기부양으로 선회했다.

2000년대 초반까지는 정부가 부동산 경기부양책을 펼치면 얼마 후 부동산 시장은 다시 과열되었다. 1983년, 1980년대 말, 2002년 세 차례의 투기는 그렇게 일어났다. 그 점에서 김영삼 정부와 노무현 정부는 매우 높은 점수를 받을 만하다. 1980년대 말 노태우 정부가 단행한 투기억제 대책으로 부동산 투기 열풍이 잠잠해진 후 상당 기간 동안, 어찌 보면 부동산 시장이 침체 양상을 보이는 중에도 김영삼 정부는 부동산 경기부양책을 시도하지 않았다. 그 덕분에 부동산 시장은 1990년대 내내 안정세를 유지할 수 있었다. 노무현 대통령도 역대 정부가 애용한 부동산 경기부양책을 '마약'으로 규정하고 경기 활성화를 위해 부동산 정책을 활용하는 것은 한사코 마다했다.

그와는 대조적으로 김대중 정부와 이명박 정부는 직전 정부의 정책

방향을 완전히 뒤집고는 전방위적인 부동산 경기부양책을 펼쳤다는 점에서, 그리고 박근혜 정부는 이명박 정부의 경기부양책을 극단까지 밀고 나갔다는 점에서 최악의 정부로 기록되어야 한다.

김대중 정부는 1998~2001년에 외환위기를 극복한다는 명분 아래 그때까지 부동산 정책의 근간을 이루던 토지공개념 제도를 폐지했으며, 토지거래 허가구역 해제, 아파트 재당첨 금지기간 단축 또는 폐지, 분양가 자율화, 토지거래 신고제 폐지, 분양권 전매제한 폐지, 무주택 세대주 우선분양 폐지, 신축 주택 구입 시 양도세 면제, 취득세·등록세 감면 등을 추진하면서 부동산 경기부양을 적극적으로 도모했다. 김대중 정부의 경기부양 정책은 전두환 정부 때의 그것과는 비교도 안 될 정도로 전면적이었다. 이때의 부동산 경기부양 정책으로 1990년대 내내 지속되었던 부동산 가격 안정세는 종언을 고했고, 2001년경부터 또다시 부동산 투기 바람이 불기 시작했다. 김대중 정부는 2001년 하반기에 정책기조를 투기억제로 급하게 전환했지만 한번 불붙은 투기를 잠재우기에는 역부족이었다. IMF 경제위기 극복이 절체절명의 과제였다는 것을 감안하더라도, 모든 투기억제 장치를 무장해제한 것은 결정적인 실책이었다. 국민임대주택을 도입해서 우리나라 공공임대주택 정책의 신기원을 열었던 김대중 정부가 어떻게 이런 어처구니없는 정책을 펼쳤는지 이해하기 어렵다.

이명박 정부도 김대중 정부 못지않은 부동산 경기부양 정책을 펼쳤다. 보유세 강화와 양도세 중과를 무력화했고, 거래 규제·가격 규제·재건축 규제 등 대부분의 규제장치를 무차별적·급진적으로 완화했다. 주요 내용을 꼽아보자면, 수도권 민간택지 전매제한 완화, 주택 재당첨

제한 폐지, 재건축 아파트 후분양제 폐지와 안전진단 간소화, 재건축 조합원 지위 양도 금지 폐지, 재건축 소형 의무 비율과 임대주택 의무 건축 비율 완화, 강남 3구를 제외한 투기과열지구 해제, 두 차례에 걸친 토지거래 허가구역 해제 등 이루 헤아릴 수 없다. 게다가 4대강 사업과 도심·그린벨트 내 주택 공급 정책을 통해 노골적으로 건설업체에 일감을 제공하기도 했다.

이명박 정부가 이렇게 대대적인 부동산 경기부양책을 펼쳤음에도 결과는 별로 신통치 않았다. 부양책을 펼치면 곧바로 시장이 상승세로 바뀌던 과거의 경험과 맞지 않는 현상이 처음 나타난 것이다. 정책의 효과는 제주도와 지방 광역시에서 나타났을 뿐, 수도권의 부동산 시장은 줄곧 침체 양상을 보였다. 2008년 글로벌 금융위기의 영향이 컸을 수도 있고, 부동산 경기부양을 위해 실시한 규제 완화 정책에 2퍼센트 부족한 부분이 있었을 수도 있다. 박근혜 정부는 후자로 판단한 것 같다.

박근혜 정부는 임기 첫해에 2013년 세법 개정안을 통해 이명박 정부가 법안 통과까지는 성사시키지 못했던 양도세 중과 폐지 방안을 실행에 옮겼다. 2014년 최경환이 경제부총리로 취임한 후에는 '규제 완화의 끝판왕'이라 불린 부동산 경기부양책이 등장했다. 대통령도 아닌 경제부총리의 성을 딴 '초이노믹스Choinomics'라는 신조어가 언론에 등장할 정도로 그 정책은 위세를 떨쳤다. 최경환은 2014년 6월 장관 내정 직후 "현재의 부동산 규제는 한여름 옷을 한겨울에 입고 있는 격"이라고 말하며 화끈한 규제 완화를 예고했다. 그의 발언이 타깃으로 삼은 것은 금융 규제, 즉 LTV·DTI 규제였다. LTV는 담보대출 인정 비율을, DTI는 총부채 상환 비율을 의미한다. 최경환은 취임 직후 7·24대책을 발표하면서 DTI를 50퍼센트에서 60퍼센트로, LTV를 50~70퍼센트에서 70퍼센트로 각각 올려 금융 규제를 완화하겠다는 방침을 밝혔다. 두 비율이 올라가면 같은 가액의 부동산으로 더 많은 대출을 받을 수 있게 되어 주택 수요가 증가한다. 이명박 정부가 대대적인 부동산 경기부양 정책을 펼치면서도 가계부채 증가라는 부작용을 우려해서 마지막까지 결행하지 못했던 방안이다.

한국은행은 최 전 부총리 재임기간 중에 기준금리를 0.25퍼센트씩 모두 네 차례, 1퍼센트를 인하해서 금융 규제 완화 정책에 화답했다. 국토교통부도 9·1대책을 통해 재건축 규제 완화를 중심 내용으로 하는 '주택시장 회복' 방안을 내놓았다. 재건축의 연한 규제와 안전진단 기준을 크게 완화하고 재개발·재건축의 임대주택·소형주택 의무건설 비율도 대폭 완화해서 재건축 대상 주택 밀집 지역에 매입 수요가 집중되도록 유도하는 내용이었다. 이 대책은 다주택자의 분양시장 진입을 용이하게 하는 청약제도 개편과, 그린벨트 해제로 조성하는 공공택지에서의 전매제한 완화 같은 방안을 포함하고 있었다.

그러자 2007년 하반기 이후 계속 침체 양상을 보였던 서울의 부동산 시장이 마침내 반응했다. 2014년 하반기부터 서울의 부동산 시장이 불붙기 시작한 것이다. 정책의 시차는 길어졌지만, 정부가 경기부양책을 쓰고 나면 부동산 시장은 과열로 치닫는다는 법칙은 이번에도 작동한 셈이다. 문재인 정부가 물려받은 정책 환경은 수구 정권이 9년 동안 매진했던 부동산 경기부양책의 결과물이었다.

정부가 투기억제 정책으로 부동산 투기를 잠재우고 난 후 얼마 지나지 않아 다시 투기가 재연되었던 데는 이유가 하나 더 있다. 역대 정부가 주로 행정 규제나 양도소득세의 강화와 완화를 반복하면서 단기 시장조절에 몰두했을 뿐 부동산 불로소득을 원천적으로 차단하는 법과 제도를 마련하는 일에는 등한했다는 점이다. 부동산 불로소득을 차단하는 제도적 장치가 제대로 구비되지 않은 경우, 부동산 가격을 올리는 작은 요인만 발생해도 그것이 투기 수요를 유발해 가격을 폭등시키기 쉽고, 그 결과 부동산 시장은 극히 불안정한 양상을 드러낸다.

토지보유세 강화가 정답이다

부동산 소유에서 나오는 이익이 다른 투자에서 생기는 이익보다 클 경우, 돈이 부동산으로 몰리는 것은 당연한 이치다. 기업들은 공장을 더 짓고 기계를 더 설치하는 데 돈을 쓰기보다는 땅을 사 모으는 데 더 많은 관심을 기울인다. 그러니 기업 수중에 돈이 넘쳐나도 그것이 일자리 증가로 이어지지 않는다. 직장인들도 마찬가지다. 예전 조부모·부모 세대처럼 '내 집 마련 10년 계획'을 세우는 사람은 거의 없다. 일단 대출을 받아서라도 서울 강남 같은 곳에 아파트 한 채 사는 것이 로망이다. 이제 한국 사회에서 부동산을 사고팔고 하지 않고서 목돈을 모으는 길은 거의 사라진 듯하다. 중학생들의 장래 희망 1순위가 건물주라는 이야기는 인구에 회자된 지 벌써 오래됐다. 남녀노소를 막론하고 국민 대다수가 부동산만이 살 길이라고 믿는 나라에는 미래가 있을 수 없다.

평등지권 국가가 부동산공화국으로 전락한 이유도, 부동산공화국이 흔들림 없이 지속되는 이유도 따지고 보면 부동산 소유에서 나오는 불로소득에 있다. 부동산 불로소득이 생기지 않는다면, 어느 누가 이용할 생각 없이 토지와 부동산을 매입·소유하려고 할 것이며, 무엇 때문에 부동산 가격이 주기적으로 폭등하고 토지와 부동산이 소수에게 집중되는 현상이 발생하겠는가? 그러니 한국 사회의 발목을 잡고 있는 부동산 공화국을 해체하기 위해서는 부동산 불로소득을 차단하고 환수하는 일이 급선무다.

부동산 불로소득의 정의는 사람에 따라 다르다. 어떤 사람은 시세차액, 즉 자본이득capital gain을 부동산 불로소득으로 생각한다. 많은 사람이 부동산 불로소득에 대한 대책으로 자본이득세(한국에서는 양도소득세)를 떠올리는 것은 그 때문이다. 하지만 고전학파 경제학자들은 토지 사용료, 즉 지대까지도 불로소득으로 간주했다. 토지 소유자가 토지를 만드는 데 아무런 희생이나 기여를 하지 않았음에도 가만히 앉아서 소득을 얻는다는 점 때문이다. 고전학파의 생각대로 하면 부동산 불로소득은 다음과 같이 표현할 수 있다.

부동산 불로소득 = (매각가격 − 매입가격) + (보유기간 중의 지대)

또 어떤 사람은 토지와 부동산이 이미 합법적 자산으로 인정된 지 오래됐기 때문에 거기에 평균적인 수익을 인정하는 것이 옳다는 생각에서 부동산 불로소득을 약간 달리 정의한다. 매입가격에 대한 이자를 빼는 것이다.

부동산 불로소득 = (매각가격 − 매입가격)
+ (보유기간 중의 지대 − 보유기간 중의 매입가격 이자)

부동산 불로소득을 어떻게 정의하건 이를 차단·환수하는 것이 중요한데, 그러려면 어떻게 해야 할까? 아예 토지를 국가나 공공기관이 소유하는 것이 가장 확실한 방법이다. 하지만 거기에는 막대한 자금이 소요되고, 따라서 시간이 많이 걸린다. 현재 상황에서 시행할 수 있는 최선의 방안은 조세를 활용하는 것이다. 한국에서 부동산 불로소득 차단·환수에 활용할 수 있는 세금은 양도소득세와 토지보유세 두 가지다. 그 외에 개발부담금·기반시설부담금·과밀부담금 등 각종 부담금이 있지만 일단 논외로 하자.

많은 사람이 부동산 불로소득 환수 효과가 크다고 믿는 양도소득세는 알고 보면 결정적인 결함을 갖고 있다. 우선, 양도소득세는 동결효과와 조세전가 등의 부작용을 수반한다. 이 세금은 부동산을 팔아 자본이득이 생겼을 때만 부과되기 때문에, 이를 강화할 경우 부동산 소유자들이 부동산 매각을 꺼리게 된다. 경제학자들은 이런 현상을 동결효과라 부른다. 게다가 매도자가 우위에 서는 가격 상승기에는 세금 부담을 매수자에게 전가하기도 쉽다. 정부는 부동산 투기와 가격 폭등을 억제할 목적으로 양도소득세를 강화하지만 이런 동결효과와 조세전가 때문에 정책 효과가 반감된다. 또한 양도소득세는 부동산 보유기간 중에 발생하는 지대소득을 전혀 환수하지 못한다는 한계를 내포한다. 부동산 소유자들은 양도소득세가 가벼울 때는 시세차액으로 불로소득을 얻고,

양도소득세가 무거워지면 지대소득을 향유하는 방법으로 불로소득을 얻는다. 이런 결함들을 감안할 때 양도소득세는 부동산 불로소득 차단·환수에 효과적인 수단으로 보기 어렵다. 그것보다 훨씬 좋은 세금은 토지보유세다.

토지보유세는 부동산 불로소득 차단·환수 효과가 큰 것은 물론이고 다른 장점도 갖고 있다. 이 세금은 올바로 부과할 경우 토지 소유자가 차지하는 지대소득을 줄일 뿐 아니라 부동산 가격을 안정시켜서 자본이득도 감소시킨다. 더욱이 제대로 설계할 경우 토지보유세는 양도소득세의 결함인 동결효과나 조세전가를 유발하지도 않는다. 이 세금은 보유 중에 부과되기 때문에, 부동산 소유자는 매각을 꺼리기는커녕 오히려 불필요한 부동산을 매각하는 쪽으로 움직인다. 또 토지는 공급이 고정되어 있어서 토지보유세가 강화되더라도 세금 부담이 사용자(임차인)에게 전가되지 않고 온전히 소유자에게 귀착된다. 애덤 스미스Adam Smith, 존 스튜어트 밀John Stuart Mill, 레옹 발라Leon Walras, 앨프레드 마셜Alfred Marshall, 아서 피구Arthur Pigou, 존 커먼스John R. Commons, 콜린 클라크Colin Clark, 밀턴 프리드먼Milton Friedman, 윌리엄 비크리William Vickrey 등 쟁쟁한 경제학자들이 이 세금의 우수성을 인정한 것은 이런 장점 때문이었다.

1879년 『진보와 빈곤』을 출간해 일약 세계적인 경제학자의 반열에 오른 헨리 조지는 토지보유세의 원형이라 할 수 있는 토지가치세Land Value Tax를 주창했다. 토지가치세는 지대세Rent Tax라고도 불리는데, 토지지대의 대부분을 징수하는 세금이다. 헨리 조지는 『진보와 빈곤』 제8권('권'은 요즘 용어로는 '장'을 의미한다)에서 조세원칙에 의거해 토지가치세를 스스로 평가한 바 있다. 그가 기준으로 삼은 조세원칙은 중립성·경제성·투명성(확실성)·공평성 네 가지로, 애덤 스미스의 조세원칙과도 유사하다. 중립성은 조세가 경제활동을 위축시키지 않아야 한다는 원칙이고, 경제성은 조세의 부과와 징수에 따르는 행정비용과 사회적 비용이 적어야 한다는 원칙이다. 투명성(확실성)은 세원이나 조세징수과정이 투명해야 한다는 원칙이고, 공평성은 사회로부터 혜택을 많이 받을수록 부담도 많이 지게 해야 한다는 원칙이다. 헨리 조지는 토지가치세가 네 기준 모두에서 A⁺를 받는다는 것을 명쾌하게 논증했다. 세금을 혐오하는 시카고학파의 거두 밀턴 프리드먼조차 "모든 세금 가운데 가장 덜 나쁜 세금은 헨리 조지가 주창한 토지가치세"라고 말한 것을 보면 헨리 조지의 토지가치세 평가가 객관적인 근거를 가진 것이었음을 알 수 있다.

최근에는 경제협력개발기구OECD나 국제통화기금IMF 등 국제기구도 토지보유세가 모든 세금 중 가장 성장친화적이라거나,[103] 효율성과 형평성 양면에서 보유세 강화를 강력하게 추진할 필요가 있다는 견해를 피력한다.[104] 특히 IMF 경제학자 노레가드John Norregaard는 선진국의 경우 부동산보유세를 GDP의 2퍼센트 이상으로 강화할 필요가 있다고 주장한다. 이들이 부동산보유세를 상찬하며 제시하는 논거는 그 옛날 헨리 조지가 주장했던 것과 크게 다를 바 없다.

단, 토지와 건물의 결합체인 부동산에 부과하는 보유세는 가장 좋은 세금인 토지보유세와 가장 나쁜 세금의 하나인 건물보유세가 결합된 것이라는 점에 유의할 필요가 있다. 건물보유세가 나쁜 세금인 이유는 건축행위를 위축시킬 뿐 아니라 조세전가가 크게 일어나기 때문이다.

건물보유세를 부과하면 사람들이 건물 보유를 꺼리게 되므로 건물의 신축과 개축改築이 위축된다. 그 결과 건물 공급이 줄어들면 건물 임대료가 올라갈 수밖에 없다. 따라서 건물 소유자는 자신에게 부과되는 건물보유세를 임차인에게 전가할 수 있다. 그러므로 가능한 한 부동산보유세는 토지 중심으로 부과하는 것이 바람직하다. 현실에서는 토지보유세 중심의 과세보다는 토지·건물 통합과세를 시행하는 경우가 많은데, 그렇더라도 토지보유세의 장점이 어느 정도 유지되고 건물보유세의 악영향이 나타나는 데 시간이 많이 걸리기 때문에, 최선은 아니더라도 차선책 정도는 된다고 볼 수 있다. 건물보유세의 영향이 나타나는 데 시간이 많이 걸리는 것은 과세 후 건물 공급량이 변화하기까지의 시차가 길기 때문이다.

노무현 정부 이전의 부동산보유세[105]

해방 후 한국에서는 얼마 동안 일제 강점기의 조세체계가 그대로 유지되었는데, 당시 토지보유세로는 국세인 지세와 지방세인 지세 부가세가 있었다. 정부 수립 후 1950년에는 지세법을 제정해 전답田畓에 대해서는 수입 금액을 과세표준으로 해서 4퍼센트의 세금을, 대지 등 기타 토지에 대해서는 임대가격을 과세표준으로 해서 8퍼센트의 세금을 부과했다.

1951년에는 통화팽창을 억제하고 전쟁 수행에 필요한 양곡을 확보할 목적으로 임시토지수득세법을 제정해 지세법의 시행을 중지하고 지세 대신 물납세인 토지수득세를 도입했다. 전답에 대해서는 제1종 토지수득세, 기타 토지에 대해서는 제2종 토지수득세를 부과했다. 토지수득세의 중심이었던 제1종 토지수득세의 세율은 그 이전 지세의 세율에 비해 매우 높은 수준이었고, 따라서 세금 부담도 무거웠다. 대지 등 기타 토지에 부과되는 제2종 토지수득세의 세율도 지세의 세율보다 4퍼센트포인트나 높았다. 그 결과 토지수득세는 한국전쟁 당시 전시 과세의 중심으로 자리 잡았다. 그 세수는 1951~1953년 전체 세수에서 20퍼센트 이상을 차지했다.[106]

임시토지수득세법은 1960년에 폐지되었다. 그 대신 정부는 토지세법을 제정해 물납제를 폐지했고, 토지보유세는 농지세와 대지세로 나누어 부과했다. 이로써 토지수득세 도입으로 엄청나게 가중되었던 토지보유세 부담은 토지수득세 이전의 지세 때와 비슷한 수준으로 환원되었다. 전시 과세가 평시 과세로 다시 전환된 것이다. 이때 처음으로 농지에 대한 과세와 대지 등 다른 토지에 대한 과세가 별도의 세목으로 분리되었다.

지세, 토지수득세, 농지세·대지세 등 1960년까지의 토지보유세는 모두 국세였다. 1961년 12월 국세와 지방세의 세원을 재배분하고 그에 맞추어 지방세법을 전문 개정하면서, 토지보유세를 시·군 단위의 독립 지방세로 전환했다. 이때 농지세는 기존의 과세 방식을 그대로 유지한 채 지방세로 돌렸으나, 대지세는 기존의 광세鑛稅(광업권에 부과하던 세금), 가옥세, 선세船稅(선박 소유자에게 부과하던 세금)와 함께 재산세로 통합했다. 토지보유세의 성격과 농업소득세의 성격을 함께 갖고 있던 농지세는 그 세수가 1963~1964년에 전체 지방세 세수의 40퍼센트를 넘어설 정도로 중요한 세금이었으나, 그 이후 비중이 점점 떨어지다가 1984년 농업소득세로 개편되면서 유명무실한 세금으로 전락하고 말았다.

1973년 3월 12일에 이루어진 지방세법 개정을 계기로 재산세는 부동산 정책의 수단으로 활용되기 시작했다. 투기 목적의 토지 보유와 토지의 과다보유가 중과세의 대상이 된 것이다. 이는 1970년대 초 경부고속도로의 개통과 강남개발, 그리고 중화학공업화 정책 추진에 따른 포항·울산·마산 등 동남 해안권의 개발로 전국적으로 토지 투기가 일어날 조짐이 짙어진 데 대한 대응이었다. 법인의 비업무용 토지, 골프장·별장·고급오락장 등 사치성 토지, 공한지를 특별 분류해서 다른 토지에 비해 높은 세율을 적용했으며, 주거용 토지에는 누진세율을 적용했다. 그 이후 지방세법을 몇 차례 더 개정해 투기 목적의 토지 보유와 토지의 과다보유에 대한 과세를 좀더 강화했다. 1986년 12월에는 재산세와는 별도로 토지과다보유세를 도입해서 공한지와 비업무용 토지를 대상으로 사상 최초의 인별 합산과세를 실시했고, 주거용 토지의 과다보유에 대한 과세도 강화했다.

이처럼 1973년 이후 꾸준히 강화된 투기적 목적의 토지 보유와 토지의 과다보유에 대한 중과세 정책은, 당시 과표 현실화율이 매우 낮았고 중과세 대상 토지가 전체 토지 가운데 차지하는 비중이 미미했기 때문에 토지보유세의 평균 실효세율을 의미 있는 수준까지 끌어올리지 못했다. 과표 현실화율이란 토지가격 대비 과세표준 금액의 비율을 뜻하고, 토지보유세의 평균 실효세율은 전체 토지가액 대비 토지보유세액의 비율을 뜻한다. 과표 현실화율이 낮았다는 것은 법정 세율이 높더라도 세 부담은 그만큼 무겁지 않았다는 의미다. 투기 목적의 토지 보유와 토지의 과다보유에 대한 중과세 정책을 펼쳤음에도, 평균적인 토지보유세 부담은 크게 늘어나지 않았으리라 짐작할 수 있다.

실제로 1989년 현재 도시계획세와 방위세 등 부가세를 포함하는 토지보유세의 평균 실효세율은 0.023퍼센트에 불과했다.[107] 비슷한 시기에 호주·아일랜드·뉴질랜드·영국·미국 등 선진국의 토지보유세 평균 실효세율이 1퍼센트를 초과하고 있었고,[108] 2003년에 우리나라의 토지보유세 실효세율이 0.16퍼센트였다는 사실[109]에 비추어 보면, 1970~1980년대 투기적 목적의 토지 보유와 토지의 과다보유에 대한 중과세 정책의 효과가 얼마나 제한적이었는지 금방 알 수 있다.

1980년대 후반이 되면 부동산보유세를 제대로 강화하려는 움직임이 나타난다. 1986년까지 안정세를 보이던 토지가격이 '3저 호황'(금리, 유가, 환율 세 방면에서 나타난 호재 덕에 수출이 크게 늘어 경제성장이 지속된 현상)과 통화 증발, 그리고 88서울올림픽을 계기로 한 인플레이션 심리의 확산 등으로 1987년부터 폭등세를 나타내기 시작했다. 이에 불로소득을 차단해서 부동산 문제를 근본적으로 해결하라는 시민들의 요구가 분출하자 정치권에서도 이를 어떤 식으로든 반영하려는 노력을 하지 않을 수 없었다. 1989년 경제정의실천시민연합(이하 '경실련'으로 약칭)이 출범해서 토지보유세 강화를 강력하게 요구했던 것도 큰 영향을 미쳤다.

토지제도의 근본적 개혁을 위해 토지공개념 제도의 확대 도입이 본격적으로 논의되기 시작했다. 그 와중에 토지보유세 제도도 대폭 개편되어 1989년 6월 종합토지세가 도입되었다. 종합토지세는 특정 지역의 공한지와 비업무용 토지를 대상으로 제한적인 인별 합산과세를 했던 토지과다보유세[110]와 물건별 개별과세를 했던 토지분 재산세를 묶어서, 전국 모든 토지를 대상으로 한 인별 합산과세를 실현한 것이다. 종합토지세의 도입으로 한 사람이 보유한 토지는 어떤 토지건, 전국 어디에 있건, 모두 그 가액을 합산해 누진과세하게 되었다. 여기에는 종합합산과세라는 이름이 붙었다. 단, 종합토지세는 종합합산과세 외에 두 가지 범주의 예외를 두고 있었다.

하나는 분리과세로서 토지가액을 과세표준으로 해서 단일 비례세율을 적용하는 방식이었고, 다른 하나는 별도합산과세로서 영업용 건물의 부속토지에 대해 토지가액을 과세표준으로 해서 누진과세하는 방식이었다. 별도합산과세는 과표구간을 종합합산과세와 다르게 만들어서 누진과세를 하되 세 부담이 지나치게 높아지는 것을 방지하기 위해 마련한 장치였다. 영업용 건물의 부속토지를 많이 보유한 금융기관과 대기업의 토지보유세 부담이 과중해지지 않도록 배려한 것이다.[111] 게다가 애초의 별도합산과세 방식은 한번 시행해보기도 전에 대폭 개정되었다. 1990년 4월 지방세법 개정으로 과표구간이 조정되고 세율도 0.3~5퍼센트에서 0.3~2퍼센트로 낮아진 것이다. 이로써 영업용 건물 부속토지에 대한 세 부담은 크게 줄어들었다. 당시 경실련은 "시행도 안 한 상태에서 대폭 완화하기로 한 것은 일부 땅 재벌의 압력에 굴복했기 때문"이라고 이를 비난하는 성명을 발표했다.[112]

종합토지세의 인별 종합합산 누진과세 방식은 토지보유세 부담을 크게 늘릴 소지가 있는 과세 방식이었다. 그 때문에 종합토지세 부과 첫해에 노태우 정부가 세 부담 급증의 충격을 완화하기 위해 과표 현실화율을 15.1퍼센트로 매우 낮게 설정했음에도 토지보유세 수입은 1989년 2,072억 원에서 1990년 4,477억 원으로 두 배 이상 증가했다. 종합토지세의 도입으로 법률 개정 없이 행정적으로 통제 가능한 과표 현실화율을 높여서 손쉽게 토지보유세를 강화할 수 있는 제도적 틀이 마련된 셈이다. 그래서인지 종합토지세의 과세 유형과 세율구조는 1990년에 확정된 이후 부동산보유세 체계의 개편에 따라 종합토지세가 폐지되는 2004년까지 한 번도 변경되지 않았다.[113] 이 기간 중에 보유세에 관한 논의는 주로 과표 현실화 문제를 둘러싸고 이루어졌다.

하지만 노무현 정부가 출범하기 전까지 정부의 보유세 과표 현실화 시도는 순탄치 않았다. 노태우 정부는 1989년 종합토지세를 도입하면서 15퍼센트 수준에 머물렀던 과표 현실화율을 1994년까지 60퍼센트 수준으로 올리겠다는 내용의 '과표 현실화 5개년 계획'을 수립했지만, 1991년에 들어 갑자기 포기해버렸다. 또한 1993년 4월 김영삼 대통령은 "부동산을 가지고 있는 것이 고통이 되도록 하겠다"며 공시지가의 21퍼센트 수준이던 종합토지세의 과표를 올려서 1996년에는 아예 공시지가 그 자체로 전환하겠다는 계획을 발표했으나, 성공하지 못하고 약 30퍼센트로 끌어올리는 데 그쳤다. 김대중 정부도 초기에는 경제정의 실현을 주요 정책 목표로 제시하면서 그 일환으로 토지보유세를 강화해 불로소득을 공적으로 징수하겠다는 방침을 천명했지만, 경제위기를 극복한다는 명분 아래 그 방침을 무기한 연기하는 것으로 결정하고 말았다.

보유세를 강화하고 거래세를 완화해야 한다는 것, 그리고 보유세는 토지세를 중심으로 강화해야 한다는 것은 학계에서 오래전부터 거의 합의하고 있던 사항이었다. 국민의 요구도 강렬했고 정권 담당자의 의지도 있었다. 그럼에도 매번 과표 현실화 정책이 성공하지 못하고 후퇴한 것은 기득권층의 저항 때문이었다. 흔히 1990년대의 토지공개념 제도가 매우 강력한 부동산 정책이었다고 기억하지만, 당시 기득권층은 종합토지세의 도입과 과표 현실화를 훨씬 더 부담스럽게 받아들였다.[114] 1991년 노태우 정부 때 내무부가 '과표 현실화 5개년 계획'을 포기하면서 내세운 이유는 "토지 소유주들의 엄청난 조세저항이 우려된다"는 것이었다. 기득권층의 저항에 정면으로 대응하며 부동산 불로소득을 차단·환수하는 근본 정책이 도입되는 것을 보려면 노무현 대통령의 당선과 참여정부의 출범을 기다려야만 했다.

한국의 부동산자본이득세

노무현 정부의 보유세 정책으로 넘어가기 전에 부동산자본이득세에 관해 잠깐 살펴보자. 앞에서 지적한 대로, 부동산자본이득세는 결함은 있지만 부동산 불로소득을 환수하는 기능을 가진 세금이다.

보유세가 부동산 가격에 부과되는 세금이라면, 부동산자본이득세는 시세차액에 부과되는 세금이다. 양도소득세는 실현된 자본이득에 부과되는 세금으로 현재 한국의 부동산자본이득세를 대표한다. 우리나라에서 부동산자본이득세의 시초는 1967년의 대대적인 세제 개편에 의거해 도입된 부동산투기억제세였다. 대도시 지역의 토지 투기를 억제하기 위해 한시법으로 제정된 '부동산투기억제에 관한 특별조치세법'이

법적 근거였는데, 정부가 의도적으로 경제적 유인을 통해 시장에 개입하려고 시도한 최초의 제도라는 점에서 의의가 크다. 과세 대상 지역에서 토지를 양도한 사람과 공한지를 보유한 사람 모두가 납세 의무자였고 토지 양도차익 혹은 '공지차익空地差益'(2년간의 시가표준액 차이)을 과세표준으로 해서 50퍼센트의 비례세율을 적용했다. 이 세금은 실현된 자본이득뿐만 아니라 미실현 자본이득까지 과세 대상으로 삼았다는 점에서 이론적으로 주목할 만한 조세다.[115] 그러나 공한지 과세는 실시 후 2개월 만에 폐지되었고, 1974년 양도소득세의 신설과 함께 폐지되기까지 이 세금의 내국세 대비 세수 비중은 0.03~0.86퍼센트의 낮은 수준에 머물렀다. 이는 과세 대상 지역이 서울·부산, 그리고 경부고속도로 주변 지역으로 한정되었기 때문이다.[116]

1974년에는 부동산투기억제세가 폐지되고 대신에 양도소득세가 신설되었다. 법인의 양도소득에 대해서는 법인세와 법인세특별부가세를 신설해 부과하게 되었다. 과세 대상 지역의 토지 양도차익 혹은 공지차익에 대해 부과하던 부동산투기억제세와는 달리, 모든 토지의 실현된 자본이득에 대해 부과한다는 점이 양도소득세의 특징이다. 1974년 신설 이후 양도소득세는 여러 차례 강화와 완화를 반복하면서 오늘날까지 유지되고 있다.

역대 정부는 부동산 투기가 기승을 부릴 때는 어김없이 세율을 인상하거나 비과세 감면을 축소하면서 양도소득세 과세를 강화하고, 반대로 부동산 시장이 침체 양상을 보일 때는 즉각 세율을 인하하거나 비과세 감면을 확대하면서 양도소득세 과세를 완화하기를 반복해왔다. 국제적으로 매우 높은 수준의 법정 세율을 유지해왔음에도, 방만한 비과세 감면 제도와 부실한 세원 관리 탓에 양도소득세의 토지 자본이득 환수 기능은 미흡했다. 많은 사람에게 토지 불로소득 환수의 대표적 수단으로 인식되는 양도소득세가 실제로는 불로소득을 상시적으로 환수하는 제도적 장치가 아니라 부동산 경기조절 수단으로 적극 활용되어온 것이다.

양도소득세가 실현된 자본이득에 부과하는 세금이라면, 토지초과이득세는 미실현 자본이득에 부과한 세금이다. 이 세금의 법적 근거는 1989년 12월에 제정된 토지공개념 3법 중 하나인 토지초과이득세법이다. 토지초과이득세는 토지개발 시 개발지역 인근의 땅값이 올라 그 소유자가 토지 불로소득을 누리게 되는 것을 막기 위해 도입되었는데, 유휴지가 과세 대상이었다. 과세기간 중에 유휴지에서 발생하는 미실현 자본이득에서 정상 지가 상승분과 개량비 등 자본적 지출을 공제한 금액을 과세표준으로 해서 50퍼센트의 세율을 적용했다. 1993년 처음으로 6,466억 원의 과세실적을 올렸으나, 1994년 7월 29일 헌법재판소는 이 법률에 대해 부분적 헌법 불합치 판정을 내렸다. 정부는 그해 12월 22일 법률을 전면 개정해서 1998년까지 유지했으나, 김대중 정부가 '토지초과이득세법 폐지 법률'로 이 법률을 자진 폐지해버렸다.[117] 토지초과이득세는 과세 대상을 유휴지로 한정했기 때문에, 토지 소유자로 하여금 세금을 피하기 위해 건물을 급조하게 만드는 난개발·과잉개발 같은 부작용을 야기했다. 그뿐만 아니라 과세표준이 개발 인근 지역의 개발이익을 정확하게 반영하지 못한다는 문제점도 안고 있었다.[118] 자산재평가세나 간주취득세가 미실현 자본이득에 대한 과세의 성격을 일부 갖고 있다지만,[119] 자산재평가세는 폐지되었고 간주취득세는 미미하기 때문에, 토지초과이득세가 폐지되고 없는 지금, 미실현 자본이득에 대한 과세는 이루어지지 않고 있다고 봐야 한다.

토지 불로소득은 토지 관련 부담금으로 환수할 수도 있다. 이는 주로 단기간에 국지적으로 발생하는 불로소득을 환수할 때 쓰는 방법이다. 토지의 용도 변경이 일어나는 경우, 허용 용적률이 증가하는 경우, 주변에 좋은 시설이 들어서는 경우에(이런 일들은 대규모 개발사업이 추진되는 곳에서 종종 발생한다) 해당 지역의 땅값은 단기간에 급등한다. 흔히 개발이익이라고 불리는 토지 불로소득이 발생하는데, 양도소득세에 허점이 많고 토지보유세가 미약할 경우, 직접적인 환수 방법을 동원하지 않고서는 이런 불로소득을 효과적으로 환수하기 어렵다.[120]

개발지역 내 토지 불로소득을 환수하는 부담금으로는 개발부담금·개발제한구역 훼손 부담금·농지전용 부담금·산림전용 부담금·대체초지 조성비·수도권 과밀 부담금 등이 부과되었거나 부과되고 있는데, 이 중 대표적인 것은 역시 개발부담금이다. 개발부담금은 1989년 토지공개념 3법 중 하나인 '개발이익 환수에 관한 법률'의 제정으로 도입되었는데, 개발사업 시행자가 납부 의무를 지며, 개발이익의 50퍼센트(2000년 이후에는 25퍼센트)를 환수한다. 여기서 개발이익이란 사업 완료 시의 토지가액에서 사업 착수 시의 토지가액, 개발비용, 정상 지가 상승분 등을 공제한 금액이다. 2002년부터 국가 경제 회복과 기업 경쟁력 강화를 이유로 한시적으로 부과가 중지되기도 했지만, 2005년 8·31조치로 부활했으며 2006년에는 재건축사업에도 개발부담금 제도가 도입되었다. 그러나 개발부담금 같은 토지 관련 준조세도 양도소득세와 마찬가지로, 가격 폭등기에는 개발지역 부동산 구입자에게 전가되기 쉽고, 개발지역 내의 토지 불로소득만 환수할 뿐 개발사업의 간접 혜택을 받는 인근 지역의 불로소득은 환수하지 못한다는 한계를 갖는다.

양도소득세와 토지 관련 부담금이 부동산 불로소득을 상당히 많이 환수할 것 같지만, 사실 환수 비율은 매우 낮다. 1999~2008년의 개발이익 환수 규모를 추정한 안균오와 변창흠에 의하면, 개발이익의 크기는 2,130조 원, 국가에 의한 환수액은 최대 36조 9,000억 원으로 환수율은 1.7퍼센트에 불과했다.[121] 두 사람은 다음 해의 전체 지가에서 당해 연도의 전체 지가를 빼서 개발이익을 계산했는데, 이는 잠재 자본이득[122]과 동일한 개념이다. 개발이익 추계 방법이 초보적이라는 한계는 있지만, 양도소득세·상속세·증여세와 토지 관련 부담금 등의 부동산 불로소득 환수 효과가 미미하다는 것만큼은 명백히 보여준 연구다.

5장

———

슬픈 종부세[123]

부동산 불패신화와 정면대결을 펼친 노무현 정부[124]

종합부동산세는 노무현 정부를 상징하는 세금이다. 이 세금을 둘러싸고 노무현 정부와 기득권세력 사이에 뚜렷하고도 커다란 전선이 그어졌고, 2004년 이후 임기 말까지 치열한 공방이 계속되었다. 항간에는 노무현 전 대통령이 마지막에 그렇게 참담한 지경에 빠졌던 것은 종합부동산세 때문이라고 과잉 해석하는 사람까지 있다. 이명박 정부가 출범 후 ABR(Anything but Roh: 무조건 노무현과 반대로 한다) 정책을 추구하며 제일 먼저 손댔던 것도 바로 종합부동산세였다.

종합부동산세는 부동산보유세의 일종으로 2004년 12월에 도입되어 현재까지 존속하고 있다. 그전에도 부동산보유세는 존재했다. 재산세와 종합토지세인데, 둘 다 지방세로서 전자는 건물에, 후자는 토지에 부과되었다. 종합부동산세 이전의 재산세는 시가 상응 과세를 실현하지 못해서 값싼 주택 소유자가 비싼 주택 소유자보다 오히려 세금을 더 내는 불공평이 만연했다. 또한 재산세와 종합토지세 모두 조세 부담이 너무 가벼워 부동산에서 생기는 불로소득을 차단하기에는 역부족이라는 결함을 안고 있었다. 보유세 강화와 시가 상응 과세 실현은 우리나라 부동산 조세 정책의 중대 숙제였다. 보유세 강화는 학계에서도 그 필요성을 인정해 오래전부터 시행을 요구해오던 정책 방향이었다. 노태우 정부와 김영삼 정부가 과세표준 현실화를 시도했지만 소기의 성과를 거두지 못했다는 것은 앞에서 지적한 바와 같다. 김대중 정부는 초기에 경제정의 실현을 위한 주요 정책 수단으로 토지보유세 강화를 통한 불로소득 환수를 천명했지만, 실행에 옮기지는 않았다.

노무현 정부는 역대 정부와 달랐다. 청와대 내에 빈부격차·차별시정위원회까지 두면서 불평등 문제에 정면으로 대처하고자 했고 부동산 문제 해결에도 적극적으로 나섰다. 마침 유례없는 유동성 과잉과 김대중 정부의 정책 오류 때문에 10년 이상 잠잠했던 부동산 시장에 투기 열풍이 불기 시작했다. 노무현 정부는 강력한 투기억제 정책을 펼치면서 부동산보유세 제도의 오랜 숙제를 해결하는 일에 착수했다. 처음에는 기존 보유세 제도를 그대로 둔 채 과세표준 현실화를 통해 보유세 강화를 추진하는 방법을 활용했다. 과세표준 현실화는 부동산 과세표준이 실제 부동산 가치를 가능한 한 많이 반영하도록 조정하는 작업인데, 노태우 정부와 김영삼 정부는 주로 공시지가 대비 과세표준의 비율을 높이는 방식으로 과표 현실화를 꾀했다. 그러나 정부가 발표하는 공시지가 자체가 시가를 제대로 반영하지 못했기 때문에, 공시지가 대비

과세표준의 비율을 인상하는 방식은 시가 기준으로 볼 때 한계를 안고 있었다. 다음 식을 생각해보자.

$$\text{과표 현실화율} = \frac{\text{과세표준 금액}}{\text{부동산 시가}} = \frac{\text{과세표준 금액}}{\text{공시가격}} \text{(A)} \times \frac{\text{공시가격}}{\text{부동산 시가}} \text{(B)}$$

시가 대비 공시가격의 비율(B)이 낮은 상태에서는 공시가격 대비 과세표준(A)을 높이더라도 과표 현실화율은 크게 올라가지 않는다. 시가 대비 과세표준의 비율을 높이는 진정한 과표 현실화를 실현하기 위해서는, 공시지가 대비 과세표준의 비율과 함께 시가 대비 공시지가의 비율을 높여야만 했다.

노무현 정부의 과표 현실화 정책은 A와 B를 동시에 끌어올리는 방식이었다. 2002년에 33.3퍼센트였던 공시지가 대비 과표 현실화율을 2003년에는 36.1퍼센트, 2004년에는 39.1퍼센트로 끌어올렸고, 2005년에는 보유세 제도 개편과 아울러 이 비율을 50퍼센트로 끌어올렸으며, 2006년에는 아예 이 비율이 장기적으로 100퍼센트에 도달할 때까지 계속 인상되도록 설계해서 관련 법률에 명기했다. 그와 함께 노무현 정부는 시가 대비 공시지가의 비율도 인상했다. 즉 2000년에 54퍼센트에 불과했던 이 비율을 2003년에 67퍼센트, 2004년에 76퍼센트, 2005년에 91퍼센트로 끌어올린 것이다. 시가 대비 과세표준 금액의 비율을 높이는 진정한 과표 현실화를 본격적으로 추진했던 셈이다. 과표구간이나 세율에 변화가 없었다면 이는 보유세 부담을 엄청나게 증가시켰을 테지만, 2005년 보유세제 개편과 함께 과표구간이나 세율구조에 변화가 있었고 세 부담 증가 상한선을 설정했기 때문에 실제 보유세 부담의 증가는 엄청나다고 할 정도는 아니었다.

2005년에는 부동산보유세 체계에 근본적 변화가 있었다. 1990년 이후 15년 동안 유지되던 종합토지세를 폐지한 대신 종합부동산세가 도입되었고, 1961년 이래 계속 지방세로 부과되던 부동산보유세가 국세인 종합부동산세와 지방세인 재산세로 이원화되었다. 또한 주택에 대한 보유과세가 토지·건물 분리과세 방식에서 토지·건물 통합과세 방식으로 바뀌었다([표 1] 참조). 이때의 개편으로 마침내 보유세 시가 상응 과세가 가능해졌지만, 막상 노무현 정부 출범 이후 순조롭게 진행되던 보유세 강화에는 제동이 걸리는 일이 발생했다. 도입 첫해 종합부동산세의 과세기준 금액이 너무 높아서 대상자가 극소수의 부동산 부자로 한정되었고, 세 부담이 지나치게 증가하지 못하도록 설정한 전년 대비 증가폭 상한선이 너무 낮았으며, 과세표준 현실화도 미진했기 때문이다. 그 결과 보유세 체계 개편 첫해의 보유세 세수는 그 전년도보다 줄어들었다.

2003년과 2004년에 순항하던 노무현 정부 보유세 강화 정책이 종합부동산세 도입과 함께 주춤하게 된 이유는 무엇일까? 당시 청와대 비서관으로서 노무현 정부 부동산 정책 입안의 실무 책임을 맡고 있던 김수현의 증언에 따르면, 애초에 노무현 대통령과 청와대 참모들은 종합부동산세를 보유세 강화의 수단으로 삼으려는 의도를 갖고 있었다. 하지만 이헌재 휘하의 재정경제부와 여당(야당이 아니다!) 열린우리당이 경기침체를 빌미로 청와대의 종합부동산세 원안을 약화시키기 위해 열을 올렸다.[125] 그 결과 과세기준은 원안보다 올라가고(주택의 경우 공시

[표 1] 2005년 부동산보유세제 개편 내용

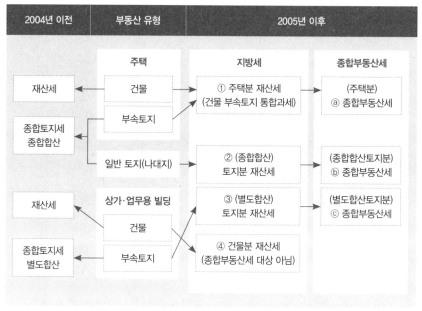

출처: 「공공성의 관점에서 본 한국 토지보유세의 역사와 의미」(2011a, 『역사비평』 94)에서 재인용.

주: 종합합산토지와 별도합산토지 외에 분리과세토지가 더 있지만, 그와 관련해서는 개정 내용이 없어서 생략한다.

가격 6억 원에서 9억 원으로 상향 조정), 세 부담의 전년 대비 증가폭 상한선은 50퍼센트로 낮게 책정되었다. 우여곡절 끝에 2004년 12월 말에 통과된 종합부동산세법에 대해서는 "호랑이를 그리려다 고양이를 그리고 말았다", "종합부동산세는 여기저기 구멍이 뚫린 종합구멍세다"라는 비판이 쏟아졌다.

그런데 2005년 들어 종합부동산세를 한번 걷기도 전에, 2004년 한해 동안 수그러들었던 부동산 투기가 재건축 아파트값 상승과 판교 신도시 개발을 계기로 다시 불붙기 시작했다. 종합부동산세를 약화시키면서 건설 경기 활성화 대책과 골프장 설립 규제 완화 등을 펼친 이헌재식 부동산 정책이 오류였음이 확연히 드러났다. 2005년 6월 노무현 대통령은 판교 택지분양 일정을 중지하고 부동산 정책을 전면 재검토하라는 지시를 내렸다. 그 결과 만들어진 것이 8·31대책이다. 이 8·31대책에 따라 종합부동산세 제도도 개편되었다. 소유 부동산 합산 방법을 개인별에서 세대별로 바꾸었고, 과세기준을 주택은 공시가격 9억 원에서 6억 원으로, 토지는 공시지가 6억 원에서 3억 원으로 낮췄다. 그와 함께 세 부담의 전년 대비 증가폭 상한선을 50퍼센트에서 200퍼센트로 높였으며, 과세표준 현실화 계획을 법률에 명기해 2006년에 70퍼센트를 적용한 후 매년 10퍼센트포인트씩 올려서 2009년에 100퍼센트로 만드는 방안을 확정했다. 이 비율은 앞의 식에서 A에 해당하는 것으로, 과표 적용률이라는 이름이 붙었다. 종합부동산세 세수는 거의 대부분 부동산교부세라는 이름으로 기초자치단체에 지원하게 했다.

다시 개편된 보유세 제도로 종부세 납부 대상은 2005년 7만 676명에서 2007년 48만 2,622명으로 대폭 늘었다. 2005년 6,400억 원에 불과했던 종부세 세수는 2006년 1조 7,200억 원, 2007년 2조 7,700억 원으로 증가했다. '세금폭탄'이라는 용어가 인구에 회자될 정도로 부동산 과다보유자의 세 부담도 무거워졌다. 종합부동산세가 보유세 강화 정책의 중심에 서게 된 것이다. 그 결과 김대중 정부 당시 2퍼센트대에 머물렀던 총 조세 대비 보유세 비율은 노무현 정부 보유세 강화 정책의 효과가 정점에 달한 2008년에는 4.95퍼센트까지 올라갔다. GDP 대비 보유세 비율도 김대중 정부 때 0.4퍼센트대였던 것이 2008년에는 0.95퍼센트로 두 배 가까이 상승했다. 2008년은 보유세 관련 비율들이 모두 역사상 최고치를 기록한 해였다.

게다가 이때의 개편이 일회성이 아니었다는 점이 중요하다. 노무현 정부는 2005년 5·4대책과 8·31대책을 만들면서 보유세 강화 정책의 장기 로드맵을 제시했는데, 그에 따르면 2005년 당시 0.15퍼센트였던 보유세 평균 실효세율은 2017년까지 1퍼센트로 올라가고, 3조 5,000억 원이었던 보유세 세수는 2017년에 34조 5,000억 원으로 증가하게 되어 있었다.

부동산 불로소득의 사후적 환수장치인 양도소득세와 개발이익 환수 제도도 노무현 정부 임기 중에 대폭 강화되었다. 양도소득세 강화는 다주택자와 비사업용 토지에 대한 중과를 중심으로 이루어졌다. 2주택자에게는 세율 50퍼센트, 3주택 이상 소유자에게는 세율 60퍼센트를 적용하고, 비사업용 토지에 대해서는 세율 60퍼센트를 적용하기로 했다. 더욱이 양도소득세를 종전의 기준시가가 아닌 실거래가를 기준으로 부과하는 제도가 도입되어 세 부담이 획기적으로 늘었다. 이 제도는 2006년에 일부 부동산을 대상으로 부분적으로 시행되다가 2007년에 모든 부동산으로 확대되었다.

이렇게 획기적으로 강화된 양도소득세도 광범위한 비과세 감면제도를 포함하고 있어서 부동산 불로소득 환수 기능을 충분히 발휘하지 못했다는 점은 지적해둘 필요가 있다. 세율 적용이나 세금 감면 등에서 보유 주택 수나 보유 주택 가액이라는 기준은 가급적 배제하고 양도차익의 크기만을 기준으로 과세하되 일정 한도까지 소득공제하는 방식으로 전환하는 것이 정공법이지만, 노무현 정부조차 이 정공법을 채택하는 데까지는 나아가지 못했다.

노무현 정부의 개발이익 환수 제도는 재건축 아파트의 임대주택 의무 건설, 개발부담금 부과 재개, 기반시설 부담금 부과, 재건축 초과이익 부담금 부과 등 다방면에 걸쳐 다양한 방식으로 강화되었다. 이로써 국지적으로 발생하는 부동산 불로소득을 환수할 수 있는 제도적 장치도 완성되었다.

요컨대 노무현 정부의 부동산 불로소득 대책은 보유세 강화를 중심축으로 하고 다주택자와 비사업용 토지에 대한 양도세 중과, 그리고 다양한 개발이익 환수 제도 시행을 보조 축으로 하는 전방위적 정책이었다. "강남이 불패면 대통령도 불패로 간다"며 부동산 불패신화와 정면대결을 펼쳤던 노무현의 남다른 자신감은 이처럼 막강한 불로소득 대책을 마련한 국정 책임자만이 가질 수 있는 것이었다.

노무현 정부의 부동산 정책에 대해서는 실패로 보는 견해가 많지만, 사실은 정반대다. 노무현 정부의 부동산 정책이 실패했다고 보는 사람들이 내세우는 이유는 오로지 집값을 못 잡았다는 것 하나인데, 당시 유례없는 유동성 확대로 전 세계 국가들에서 부동산값이 폭등했고 한국은 상대적으로 가격 상승 폭이 낮았다는 것을 고려하지 않은 비판이다 ([그림 5] 참조). 게다가 정책의 내용은 대한민국 어느 정부도 감히 시도하지 못한 뛰어난 것들이어서 노무현 정부의 부동산 정책을 실패로 규정한다는 것은 어불성설이다. 노무현 정부는 보유세 강화 정책을 본격적으로 추진한 것을 비롯해서 불황에도 부동산 경기부양책을 쓰지 않은 것, 부동산 과다보유자에 대해 양도소득세를 중과한 것, 실거래가 제도를 도입해서 부동산 거래의 투명성을 획기적으로 높인 것, 서민용 장

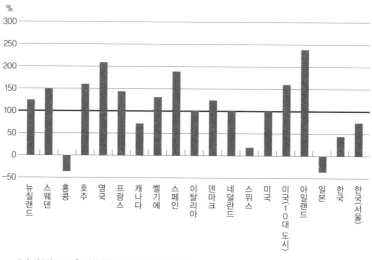

[그림 5] 1997~2006년 주요 선진국의 주택가격 변화

출처: 김수현, 2008, 『주택정책의 원칙과 쟁점』, 한울, 199쪽.

기 공공임대주택 공급을 확대한 것, 토지 소유 분포 통계를 사상 최초로 공개한 것 등 기념비적인 정책을 펼쳤다. 그럼에도 노무현 정부의 부동산 정책은 기득권층의 집요한 공격 앞에 무릎을 꿇고 말았으니 역사의 비극이라 하지 않을 수 없다. 일반 국민은 물론이고 학자들까지도 노무현 정부의 부동산 정책이 실패했다는 〈신화 5〉를 사실로 믿고 있다. 하지만 정책 내용을 꼼꼼히 살필 경우 평가는 정반대가 된다. 노무현 정부의 부동산 정책은 한국 부동산 정책의 수준을 한 단계 끌어올린 기념비적 업적이었다.

2부 대한민국, '부동산공화국'으로 추락하다

종부세의 장점

종부세는 4장에서 설명한 토지보유세의 변형이다. 토지뿐만 아니라 건물에도 부과하고, 전체 소유자가 아니라 소수의 고액 소유자를 대상으로 하며, 정률세율이 아니라 누진세율을 적용하는 등 이상적인 토지보유세와는 몇 가지 차이점이 있지만, 그래도 장점이 많은 세금이다. 이상적인 토지보유세에 비추어 한계도 안고 있는데, 이에 대해서는 뒤에서 다루기로 하자.

우선, 종부세는 부동산 고액 소유자의 불로소득 취득을 억제한다. 노무현 정부 때 종부세는 재산세와 함께 강화되었기 때문에 불로소득 차단 효과는 전체 부동산 소유자에게 미치게끔 되어 있었다. 노무현 정부가 설계하고 시행한 보유세 제도는 부동산공화국을 해체할 수 있는 근본 정책이었던 것이다.

또한 부동산 가격 안정이라는 면에서 그 어떤 규제보다도 효과적인 대책이다. 기본적으로 시장기구를 통해 투기억제 효과를 내기 때문에 사회적 비용을 적게 유발한다는 장점을 갖고 있다.[126]

한국 조세제도의 고질병 중 하나는 근로소득과 비근로소득 간 조세부담의 형평성이 결여되어 있다는 것이다. 근로소득은 마치 유리지갑 속에 든 돈처럼 훤히 드러나서 철저하게 과세되는 반면, 사업소득이나 부동산소득, 자유직업소득과 같은 비근로소득은 대거 과세 대상에서 빠져나가고 있다. 이런 비근로소득을 얻는 사람은 대개 근로소득자에 비해 소득이 많기 때문에 이들의 소득이 탈루되는 것은 과세 형평성을 심각하게 저해한다. 종부세는 이런 소득세 부담의 불공평성을 해소할 수 있는 좋은 대안이다. 부동산은 감추기가 어렵기 때문에 능력에 부합하는 세 부담 분배가 가능하고, 특히 한국 부유층은 부동산을 투자 대상으로 집중 소유하고 있기 때문에 그들에게 무거운 세금을 부담시키는데 적격이다.[127]

종부세의 또 다른 장점은 기초 지방자치단체 간 재정능력의 격차를 메워주는 장치로 활용된다는 점이다. 종부세 세수는 대부분 부동산교부세로 지자체에 배분되는데, 배분 금액은 지자체의 재정능력과 복지·교육 수요를 감안해서 결정하게 되어 있다. 지방 주민들은 대개 잘 인식하지 못했지만, 부동산교부세는 종부세 도입 후 그들이 누린 복지·교육 서비스의 중요한 재원이었다. 이명박 정부가 종부세를 무력화한 이후 부동산교부세가 줄어들어서 지방은 복지재원 고갈 문제로 몸살을 앓았으니, 내용도 모르고 종부세에 반대했던 지방 주민들은 자기 발등을 스스로 찍어버린 셈이다.

종부세를 무력화한 이명박 정부

보유세 강화가 필요하다는 견해를 피력하던 학자나 정치인들도, 또 그들의 주장을 별 생각 없이 소개하던 언론도 막상 노무현 정부가 진짜보유세 강화 정책을 실행하자 태도를 확 바꾸었다. 노무현 대통령은 임기 내내 조·중·동의 공격에 시달렸는데, 특히 종부세에 대한 공격은 매섭고 집요했다. 비판자들이 활용한 논거는 '세금폭탄론'이었다. 노무현 정부가 종부세를 도입해서 집 한 채 가진 서민들에게까지 막대한 세금을 부과하려 한다는 내용이었다. 종부세 과세 대상은 전체 소유자의 4퍼센트를 넘은 적이 없으니 세금폭탄론은 전형적인 '가짜뉴스'였다. 『오마이뉴스』에 따르면, 노무현 정부 출범 이후 '세금폭탄'이라는 용어를 처음 언급한 종합일간지는 『동아일보』(2003년 10월 28일자)였다.[128] 처음에는 별 관심을 끌지 못하던 이 용어가 조·중·동 지면에 급속히 퍼지면서 가공할 위력을 발휘하기 시작한 것은 2005년 8·31대책을 전후해서다. 조·중·동 지면에서 세금폭탄론을 적극 유포한 기사·사설·칼럼 중 대표적인 것들을 소개하면 다음과 같다.

『조선일보』

부동산을 잡아야지 경제까지 잡을 텐가(2005년 8월 13일자 사설)

8·31 부동산대책… 무차별 '세금폭탄' 터지나(2005년 8월 23일자 기사)

부동산 세금폭탄에 바닥 민심 최악, 여與 '추석 귀향이 무서워'(2005년 9월 16일자 기사)

40만 명에 '종부세 폭탄'(2006년 3월 22일자 기사)

'활빈당'식 조세정책?(2006년 3월 28일자 칼럼)

조세개혁의 적敵들(2006년 6월 17일자 칼럼)

종부세로 부자 혼내주려다…(2007년 3월 19일자 칼럼)

『중앙일보』

무한정한 정부개입, 부동산 시장 왜곡 뻔하다(2005년 9월 1일자 사설)

부메랑이 된 '세금 폭탄'(2006년 6월 14일자 칼럼)

부동산 정책 이제 와서 실패했다니(2006월 11월 4일자 사설)

내달 '종부세 폭탄' 터진다(2006년 11월 18일자 기사)

종합부동산세 이대론 안 된다(2006년 11월 22일자 사설)

종부세 대상자 1%는 우리 국민이 아닌가(2007년 5월 24일자 사설)

눈앞에서 터지는 종부세 폭탄(2007년 12월 1일자 사설)

『동아일보』

2% 죽이기(2005년 9월 8일자 칼럼)

부동산 세금폭탄 '2%만 때린다'는 거짓말(2005년 9월 22일자 사설)

'세금폭탄'의 피해자는 누구인가(2006년 4월 24일자 칼럼)

시장 제압하겠다는 좌파적 오만부터 버려야(2006년 11월 10일자 사설)

'집 한 채 달랑… 왜 투기꾼 취급하나'(2006년 11월 29일자 기사)

종부세 대란 오나(2006년 11월 27일자 사설)

시장에서 안 먹히는 정책 이제라도 U턴해야(2007년 1월 2일자 사설)

조·중·동을 비롯한 보수 신문과 각종 경제지에는 '세금폭탄', '세금 테러', '세금폭격', '세금으로 융단폭격', '세금 핵폭탄', '투기 잡자고 원자폭탄을', '모든 세금을 한꺼번에 올리는 무차별적 과세', '집 한 채뿐인 중산층에 징벌 같은 세금' 등의 자극적인 표현들이 속출했고, 보유세와 양도세의 세 부담과 관련한 사실을 왜곡·과장하거나 허위사실을 보도하는 기사들이 줄을 이었다. 예컨대 명백히 종부세 과세 대상이 아닌 아파트를 과세 대상으로 간주해서 보유세가 폭증할 것이라고 주장하는 기사, 또는 양도세를 내지 않거나 내더라도 소액만 납부하면 되는 경우를 놓고는 마치 엄청난 양도세를 부담해야 할 것처럼 과장하는 기사가 아무렇지도 않게 보도되었다.

종부세로 대표되는 보유세 강화 정책에 대한 보수 언론의 반발은 알레르기 반응에 가까웠다. 거짓말도 여러 번 들으면 진실로 여겨지는 법이다. 이 언론들이 연일 쏟아내는 세금폭탄론에 대중이 점점 세뇌되어 갔다. 조·중·동의 작전에 적극 동조한 세력도 있었다. 부동산 시장만능주의 학자들이었다. 이들은 1990년대 초반에 등장해 노무현 정부 부동산 정책을 둘러싼 논란이 벌어지는 과정에서 영향력을 크게 확대했다. 부동산 기득권층, 조·중·동 등 보수 언론, 부동산 시장만능주의 학자가 삼위일체가 되어 노무현 정부의 보유세 강화 정책을 물어뜯는 형국이 전개되었다. 그러자 종부세와 아무 관련이 없었던 중산층과 서민층, 지방 주민들이 마치 노무현 정부가 자신들에게 세금폭탄을 퍼붓는 것처럼 여기기 시작했다. 게다가 노무현 대통령이 장담했던 집값 안정도 기대하기 어려운 상황이 이어지자 대대적인 민심 이반이 일어났다. 그리하여 한때 노무현 정부의 경제정책 가운데 최고로 평가받았던 부동산 정책이 '최악의 정책'이라는 오명을 뒤집어쓰게 되었고, 마침내 노무현 대통령 본인도 '실패'를 인정할 수밖에 없었다.

대중이 기득권층의 선전·선동에 마음을 빼앗겼으니 이명박의 등장은 어쩌면 필연이었는지도 모른다. 노무현 정부에 대한 국민들의 반감을 등에 업은 이명박은 "아파트값을 세금으로 잡는 나라는 전 세계 어디에도 없다", "정권이 바뀌면 무슨 수를 내서라도 젊은 부부들에게 집 한 채를 줄 수 있을 것으로 생각한다", "1가구 1주택은 국가가 책임을 져야 한다"고 허세를 부리며 노무현 대통령을 조롱했다. 국민들은 이명박의 말이 진실인지 아닌지 따지지도 않고 그에게 몰표를 안겨주었다.

부동산 불패신화와 정면대결을 펼쳤던 승부사 노무현의 도전은 그렇게 막을 내렸다.

대선 후보 시절부터 보유세 강화를 중심으로 한 부동산 불로소득 환수 정책에 대해 강한 혐오감을 드러냈던 이명박은 집권 후 노골적으로 '반노무현 정책'을 표방했다. 취임 후 첫 사업으로 전봇대를 뽑더니 곧바로 종합부동산세 무력화 작업에 착수했다. 종부세를 노무현 정부가 설치해둔 전봇대쯤으로 여기는 듯했다.

이명박 정권에서 종부세 무력화의 총대를 멘 사람은 강만수 당시 기획재정부 장관이었다. 그는 야인 시절 한때 헨리 조지의 토지가치세를 알리고 지지하는 신문 칼럼까지 썼던 인물이다. 권력을 갖자마자 과거 자신의 입장과 정면으로 배치되는 정책을 앞장서서 밀어붙이는 돌격대장 역할을 했으니 참 특이한 인물이라고 하지 않을 수 없다. 권좌에서 물러난 지금 두 사람 다 감옥에 들어가 있다. 역사의 수레바퀴를 거꾸로 돌렸던 권력자들의 말로가 초라하기 이를 데 없다.

이명박 정부가 노골적으로 종부세 무력화 의지를 밝히던 당시에 때마침 헌법재판소가 종합부동산세법 일부 조항에 대해 위헌과 헌법 불합치 판정을 내려서 이명박 정부를 도왔다. 2008년 11월 13일 헌법재판소는 종부세 위헌 심판 판결에서 종부세 자체에 대해서는 합헌 판정을 내리면서도, 세대별 합산과세에 대해 위헌 판정을, 주거 목적으로 1주택을 장기 보유하는 자에 대한 무차별적 과세에 대해 헌법 불합치 판정을 내렸다. 이명박 정부는 '이게 웬 떡이냐!'는 듯이 즉각 종합부동산세법을 개정해 원하던 종부세 무력화 작업을 마무리 지었다.

개정 내용을 정리하면 [표 2]와 같다. 이명박 정부는 과세기준 금액

[표 2] 종부세 무력화의 내용

	노무현 정부		이명박 정부	
주택	과세표준 / 세율		과세표준 / 세율	
	3억 원 이하	1%	6억 원 이하	0.5%
	3억~14억 원	1.5%	6억~12억 원	0.75%
	14억~94억 원	2%	12억~50억 원	1%
	94억 원 초과	3%	50억~94억 원	1.5%
			94억 원 초과	2%
	세대별 합산		인별 합산	

	과세기준 금액: 공시가격 6억 원		과세기준 금액: 공시가격 6억 원
			• 1주택자의 과세기준 금액: 9억 원
			• 장기보유공제: 5년 이상(20%),
			  10년 이상(40%)
			• 고령자 공제: 60세 이상(10%),
			  65세 이상(20%), 70세 이상(30%)	

종합합산토지 (나대지)	과세표준 / 세율		과세표준 / 세율	
	17억 원 이하	1%	15억 원 이하	0.75%
	17억~97억 원	2%	15억~45억 원	1.5%
	97억 원 초과	4%	45억 원 초과	2%
	세대별 합산		인별 합산	
	과세기준 금액: 3억 원		과세기준 금액: 5억 원	
별도합산토지 (상가·빌딩 부속토지)	과세표준 / 세율		과세표준 / 세율	
	160억 원 이하	0.6%	200억 이하	0.5%
	160억~960억 원	1%	200억~400억 이하	0.6%
	960억 원 초과	1.6%	400억 초과	0.7%
	세대별 합산		인별 합산	
	과세기준 금액: 40억 원		과세기준 금액: 80억 원	

을 높여 과세 대상자를 줄이고 세율을 전반적으로 인하하는 동시에 과표구간을 조정해 세 부담을 경감했다. 그뿐만이 아니다. 소유 부동산 가액 계산 방식을 세대별 합산에서 인별 합산으로 변경하고, 2009년까지 100퍼센트로 올리도록 되어 있던 과표 현실화 계획을 중단해버렸다. 이 또한 과세 대상을 축소하고 세 부담을 경감하는 결과를 낳았다. 한마디로 이때 이명박 정부는 전방위적으로 종부세를 형해화하는 짓을 저지른 셈이다.

그 결과 2007년 48만 명에 달했던 종부세 납세자 수는 2008년에 41만 명으로 줄었고, 2009년에는 21만 명으로 격감했다. 그와 함께 2007년에 2조 7,671억 원에 달했던 종부세 세수는 2009년에 9,677억 원으로 줄었다. 그 과정에서 개별 납세자의 세 부담이 크게 줄어든 것은 말할 나위도 없다. 2007년 종부세 납세자를 기준으로 계산한 1인당 평균 납세액은 2007~2009년 사이에, 주택의 경우 330만 원에서 51만 원으로, 종합합산토지의 경우 814만 원에서 392만 원으로, 별도합산토지의 경우 4,033만 원에서 2,272만 원으로 크게 감소했다.

[그림 6]에 나타나 있듯이, 이명박 정부의 종부세법 개악으로 종부세 세수 구성도 크게 바뀌었다. 개정 전 종부세 세수의 중심은 주택이었고, 그다음 종합합산토지, 별도합산토지의 순이었다. 하지만 개정 이후 주택 종부세 세수는 셋 중 꼴찌로 밀려나고 만다. 한때 1조 2,000억 원을 초과했던 주택 종부세 세수의 크기도 2,000억~3,000억 원 수준으로 대폭 줄어들었다. 이는 주택 투기를 억제하던 종부세의 기능이 현저하게 약해졌음을 의미한다. 노무현 정부 때의 종부세법이 그대로 유지되었다면 2017년 강남에서 시작되어 마침내 서울 전체를 집어삼킨 부동산

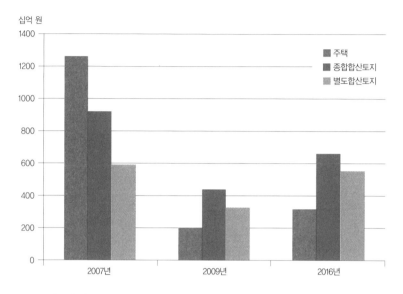

십억 원

출처: 국세통계(http://stats.nts.go.kr).

광풍을 막을 수 있었을지 모른다.

한 가지 흥미로운 사실은 이때 이명박 정부가 재산세에 대해서는 주택분을 제외하고는 감세조치를 취하지 않았다는 점이다. 단지 노무현 정부가 세웠던 장기 강화 계획을 중단시켰을 뿐이다. 주택분 재산세의 경우에도 세율을 낮추고 과표구간을 조정해 세 부담을 경감하기는 했지만, 그 정도는 종부세보다 훨씬 덜했다.

[그림 7]에 따르면, 종부세와 그 부가세인 농어촌특별세를 합한 중앙보유세 세수는 2009년에 급격히 감소한 다음 2016년까지 아주 완만하게 증가한 반면, 재산세와 그 부가세를 합한 지방보유세 세수는 한 번도

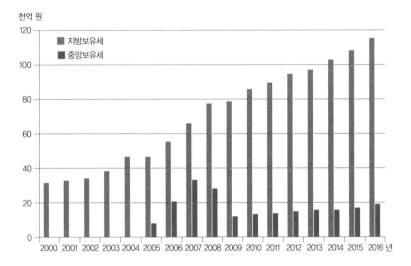

[그림 7] 지방보유세 세수와 중앙보유세 세수의 추이

천억 원

출처: 국세통계(http://stats.nts.go.kr); 국가통계포털(http://kosis.kr).

감소하지 않고 상대적으로 빠른 속도로 증가했다. 2009년 이후 두 세금의 세수가 증가한 것은 제도 변화가 아니라 부동산 가격 상승에 따른 자연적인 결과였다. 종부세는 소수의 부동산 과다소유자에게 부과되고 재산세는 모든 부동산 소유자에게 부과되는 만큼, 두 세금의 세수 변화에 이런 차이가 드러난다는 것은 이명박 정부 보유세 무력화 정책의 본질이 '부자 감세'였음을 여실히 보여준다.

더 큰 문제는 이때의 개정이 2007년 시점의 종부세만 후퇴시킨 것이 아니라 노무현 정부가 추진하던 중장기 보유세 강화 정책 전체를 무력화했다는 사실이다. 앞서 언급했듯이 부동산보유세는 2007년에 완성된 것이 아니라 2017년까지 계속 강화되도록 계획되어 있었다. 과표 적용률을 매년 올려서 최종적으로 100퍼센트로 만드는 계획이 주요 실행 수단 중 하나였다. 과표 적용률을 그렇게 올리면 과표 현실화율도 올라가서 세금이 자동으로 증가한다. 이명박 정부는 법률에까지 명기되어 있던 과표 현실화 계획을 폐지하고, 과표 적용률 대신 공정시장가액 비율이라는 새로운 개념을 도입해서 더는 과표가 늘어나지 않도록 못을 박아버렸다. 2005년 당시 3조 5,000억 원에 불과했던 보유세 세수를 2017년에 34조 5,000억 원으로 늘리고자 했던 담대한 계획이 이렇게 좌초하고 말았다.

노무현 정부의 보유세 강화 정책이 도중에 좌초하지 않고 2017년까지 지속되었다면, 한국에서 부동산 투기가 더는 발붙이기 어려웠을지도 모른다. 부동산 불로소득은 대폭 감소했을 것이고 토지와 집은 이용할 사람들만 구입하는 물건으로 바뀌었을 것이다. 기업들이 생산적 투자는 하지 않고 토지시장을 기웃거리는 일과, 노동자들이 힘에 넘치도록 대출을 받아서 무리하게 집이나 땅을 사는 일은 자취를 감추었을 것이다. 한마디로 부동산공화국은 해체되고, '기회는 평등하고, 과정은 공정하고, 결과는 정의로운 사회'도 벌써 실현되었을 것이다.

노무현 대통령 다음에 이명박이 집권한 것은 여러모로 역사의 비극이다. 이명박 정권은 '종부세를 죽이는' 것으로 만족하지 않았다. 종부세 도입과 보유세 강화의 선봉장이었던 노무현 대통령까지 죽음으로 몰고 갔다. 노무현의 죽음이 수많은 국민의 마음에 씻을 수 없는 상처로 남았다면, 종부세 무력화는 이 나라 경제제도의 골간에 심각한 손상을 입혔다.

어디 그뿐이겠는가? 이명박이 서울시장 시절부터 밀어붙인 뉴타운 사업은 전국 곳곳에서 흉물을 남기고 중단되었다. 서민이 거주하던 저렴한 주택들이 대량 멸실된 것은 그 대가였다. '보금자리주택'이라는 미명을 내걸고 공공주택 공급을 추진했지만, 실상은 공공분양주택 공급을 확대하는 정책이었을 뿐 장기 공공임대주택 공급량은 반 토막이 났다. 뉴타운 사업과 보금자리주택 정책의 결과는 박근혜 정부 임기 내내 지속된 살인적인 전월세난이었다. 거기다가 4대강 사업으로 국토에 씻을 수 없는 상처까지 남았으니, 무자격자 모리배를 대통령으로 뽑은 대가가 너무 가혹하다.

이명박 정부는 부동산 불로소득의 사후적 환수장치인 양도소득세도 크게 완화했다. 2008년 8·21대책으로 1주택자 양도세를 완화한 것을 기점으로, 같은 해 12월에는 2010년 12월까지 다주택자 양도세 중과를 한시적으로 완화하는 법안이 국회를 통과했다. 그리고 2009년 3월에는 다주택자 양도세 중과와 비사업용 토지 양도세 중과를 폐지한다는 세제 개편안을 발표했다.[129] 더욱이 이명박 정부는 노무현 정부가 완성했던 개발이익 환수 제도도 허물어뜨렸다. 기반시설 부담금 제도를 아예 폐지하고, 임대주택 의무건설 제도는 임대주택 건설 의무를 보금자리주택 건설 의무로 전환했다. 그 외에도 재건축 초과이익 부담금은 2년간 부과 중지, 개발부담금은 1년간 한시적으로 감면하는 조치를 취했다.

박근혜 정부의 부동산 세제 정책은 기본적으로 이명박 정부의 연장선상에 있었다. 종부세 무력화는 이미 이명박 정부가 완벽하게 실천했기 때문에 박근혜 정부는 손댈 필요조차 없었다. 남은 것은 양도소득세 중과 제도와 개발이익 환수 제도였다. 박근혜 정부는 2013년 세법 개정을 통해 이명박 정부가 세제 개편안으로 발표했다가 법안 통과까지는 성사시키지 못했던 양도소득세 중과 제도 폐지 방안을 실행에 옮겼다. 2주택 소유자에 대해 세율 50퍼센트, 3주택 이상 소유자에 대해 세율 60퍼센트를 적용하던 다주택자 양도소득세 중과 제도를 항구적으로 폐지했으며, 세율 60퍼센트를 적용하던 비사업용 토지 양도소득세 중과 제도는 기본세율에 10퍼센트의 가산세율을 더해 적용하는 정도로 완화했다. 그와 함께 법인이 보유한 주택과 비사업용 토지를 양도할 때 적용하던 법인세 추가과세와, 단기 보유 주택에 대한 양도소득세 중과 제도도 완화했다. 게다가 박근혜 정부는 재건축 초과이익 환수 제도를 2013~2017년 5년간 유예시키고, 개발부담금의 세 부담을 완화하는 동시에 한시적 감면조치를 다시 연장했으며, 임대주택 의무건설 비율을 낮췄다. 개발이익 환수 제도의 중심인 개발부담금 제도가 폐지되지 않은 것이 그나마 다행이라고 할까. 사실상 박근혜 정부에 와서 개발이익 환수 제도는 완전히 무장해제당하고 말았다.

이명박·박근혜 정권 9년을 지나는 사이에 노무현 정부가 달성한 부동산 정책의 주요 성과는 완전히 허사가 되고 말았다. 역사의 수레바퀴가 그렇게까지 거꾸로 돌아갈 수 있다니! 종부세와 노무현은 많이 닮았다. 둘 다 국민에게 외면당했고, 둘 다 이명박에게 죽임을 당했으니 말이다. 촛불혁명으로 박근혜 정권을 타도하고 문재인 정부를 출범시킴으로써 우리 국민은 노무현 정신을 되살려냈다. 그렇다면 이제 종부세를 되살릴 때가 되지 않았는가?

6장

부동산공화국의 실상

모노폴리Monopoly라는 이름을 가진 보드게임이 있다. 1930년대 대공황 때 찰스 대로우Charles B. Darrow라는 미국인이 개발해서 엄청난 성공을 거둔 게임이다. 한국인들도 한번쯤 안 해본 사람이 없을 정도다. 실업자였던 대로우는 이 게임으로 거부의 반열에 올랐다. 모노폴리 게임에서 플레이어들은 게임 속 화폐를 동일하게 나눠 받고, 그 돈으로 땅을 사서 건물을 지은 후 임대료를 받는다. 자신을 제외한 다른 플레이어들을 파산시키면 승리하게 되는데, 이를 위해서는 재빨리 높은 임대료가 책정된 땅과 건물을 선점하는 것이 중요하다. 이 게임을 하는 사람은 땅과 임대료의 위력이 얼마나 대단한지 경험으로 알게 된다.

　모노폴리 게임이 나오기 이전에 지주 게임Landlord's Game이라는 것이 있었다. 지주 게임은 1904년 엘리자베스 매기Elizabeth Magie가 헨리 조지의 토지공개념 사상을 알리기 위해 만든 교육용 게임이었다. 모노폴리 게임은 찰스 대로우가 지주 게임을 모방해서 만든 것으로 알려져 있다. 하지만 지주 게임의 룰은 모노폴리 게임과는 정반대다. 이 게임에서도 플레이어는 땅을 사고 건물을 지어서 임대료를 받지만, 이를 지주가 차지하지 못하고 정부가 세금으로 징수한다. 플레이어가 보드를 도는 횟수도 5회로 제한되어 있다. 게임이 진행될수록 세수가 늘어나서 정부가 전기회사나 철도회사를 사들이게 되고, 누구나 무료로 이용할 수 있는 공유지도 증가한다. 이 게임에서는 아무도 파산하는 사람이 없고 모두가 점점 더 윤택한 생활을 하게 된다.[130]

지주 게임을 하다가 모노폴리 게임을 하게 되면, 마치 평등지권 사회에 살다가 부동산공화국으로 이사 간 것과 비슷한 느낌을 받게 될 것이다. 평등지권 사회에서는 아무도 망하지 않고 모두가 더불어 잘살게 되지만, 부동산공화국에서는 부동산을 소유하고 불로소득을 챙기는 소수 외에는 대다수의 사람이 점차 빈곤의 나락으로 떨어지고 만다.

앞에서 농지개혁에 성공하여 평등지권 사회로 출발한 대한민국이 1970년대를 지나면서 부동산공화국으로 추락해갔다고 했다. 이제 그 실상을 살펴볼 차례다.

현행 부동산보유세제에는 큰 결함이 있다

한국은 부동산 불로소득의 규모가 엄청나서 부동산공화국이라는 별명이 붙었음에도 그에 대한 대책은 미흡하다. 양도소득세와 토지 관련 부담금의 불로소득 환수 비율이 매우 낮다는 것은 앞에서 언급했다. 하지만 그보다 더 큰 문제는 불로소득을 사전에 차단하는 효과가 큰 보유세 부담이 다른 선진국에 비해 훨씬 가볍다는 사실이다. 이는 전적으로 이명박 정부가 노무현 정부의 보유세 강화 정책을 무력화한 결과다. 2015년 한국의 GDP 대비 보유세 비율은 0.8퍼센트로 OECD 평균 1.12퍼센트에 비해 낮은 수준이다([표 3] 참조). 부동산보유세는 자산과세이므로, 그 부담의 경중은 GDP 대비 보유세 비율보다는 부동산가액 대비 보유세 비율, 즉 실효세율로 따지는 것이 옳다. 부동산보유세 실효세율로 보면, 현재 관련 통계가 공개되어 계산이 가능한 OECD 12개국 가운데 한국은 독일, 노르웨이와 함께 0.1퍼센트대로 최하위국가군에 속한다([그림 8] 참조).

부동산 조세구조에도 문제가 있다. 보유세와 거래세를 합한 전체 부동산세에서 보유세 비중이 너무 낮은 대신 거래세 비중이 지나치게 높기 때문이다. 보유세가 좋은 세금으로 평가받는 것과는 달리, 부동산거래세는 거래를 위축시킨다는 의미에서 나쁜 세금으로 분류된다. 2015년 한국의 거래세 비중은 71.3퍼센트로, OECD 35개국 중에서 라트비아(88.9퍼센트)와 터키(79.1퍼센트) 다음으로 높다. 참고로 미국·슬로바키아·에스토니아는 이 비율이 각각 0퍼센트, 뉴질랜드는 1.7퍼센트, 캐나다는 7.6퍼센트로 극히 낮은 수준이다([표 3]의 '보유세/재산과세' 항목에서 '100 − 해당 숫자'가 거래세 비중이다). 한국에서 주기적으로 투기가 발생하고 부동산이 치부의 주요 수단이 된 것은 부동산 세제의 결함과 무관하지 않다.

과세 기술의 측면에서도 큰 문제가 존재한다. 과세의 근거 자료로 활용되는 부동산 공시가격이 현저하게 형평성을 결여하고 있기 때문이

[표 3] OECD 국가의 보유세 부과 상황(2015년)

단위: %

	보유세/GDP	보유세/재산과세		보유세/GDP	보유세/재산과세
호주	1.63	54.6	한국	0.80	28.7
오스트리아	0.23	42.1	룩셈부르크	0.81	82.4
벨기에	1.32	55.1	라트비아	0.07	11.1
캐나다	3.06	92.4	멕시코	0.21	65.9
칠레	0.67	79.5	네덜란드	0.94	78.0
체코	0.22	47.0	뉴질랜드	2.01	98.3
덴마크	1.36	82.6	노르웨이	0.41	60.2
에스토니아	0.29	100.0	폴란드	1.23	91.0
핀란드	0.76	66.7	포르투갈	0.83	65.2
프랑스	2.60	80.0	슬로바키아	0.43	100.0
독일	0.43	54.1	슬로베니아	0.51	87.3
그리스	2.04	87.8	스페인	1.18	63.8
헝가리	0.59	68.3	스웨덴	0.77	74.0
아이슬란드	1.58	89.0	스위스	0.17	39.3
아일랜드	0.69	54.5	터키	0.25	20.9
이스라엘	2.04	78.0	영국	3.09	80.9
이탈리아	1.55	59.5	미국	2.53	100.0
일본	1.89	87.5	OECD 평균	2.53	69.8

출처: OECD, 2017, *Revenue Statistics 1965-2016*.

[그림 8] OECD 국가별 보유세 실효세율 추이

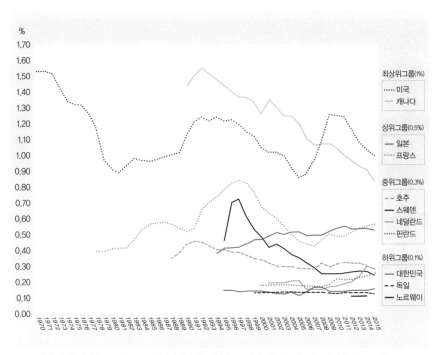

출처: 이진수·남기업, 2017, 「주요국의 부동산 세제 비교 연구 ① — 보유세 실효세율 비교」, 『토지+자유 리포트』 14호.

다. 보유세액은 '(공시가격−과세기준 금액)×공정시장가액 비율×세율'이라는 공식에 따라 계산하는데,[131] 공시가격의 실거래가 반영률이 부동산 유형별·지역별·가격대별로 큰 차이가 있어서 세 부담의 불균형을 낳고 있다. 같은 가액이라도 어떤 부동산을 어느 곳에 갖고 있느냐에 따라 세 부담이 크게 달라지는 것이다.

최근 이와 같은 공시가격의 결함이 고액 부동산 소유자, 건물주, 재벌·대기업에 유리하게 작용해왔다는 사실이 드러나서 사회에 충격을 주었다. 2018년 10월 22일 정동영 의원실이 국토교통부로부터 받은 자료를 분석해서 발표한 바에 따르면, 2017년 1억 1,000만 원에 거래된 서울 강북구 미아동의 단독주택 공시가격은 1억 400만 원으로 실거래가 반영률이 무려 94.5퍼센트였던 반면, 서울 강남구 역삼동의 고급 단독주택은 64억 5,000만 원에 거래됐지만 공시가격은 16억 원으로 실거래가 반영률이 24.8퍼센트에 불과했다. 주택이나 토지와 전혀 다른 과세 방식을 적용하는 상가나 건물의 경우, 공시가격의 실거래가 반영률이 특히 더 낮다.[132] 2018년 10월 17일 정동영 의원이 배포한 보도자료에 따르면, 2017년 1월 이후 서울에서 매매된 실거래가 2,000억 원 이상 대형 빌딩의 실거래가 반영률은 44.9퍼센트에 불과했다. 아파트, 단독주택, 토지의 전국 평균 실거래가 반영률이 2013년에 각각 71.5퍼센트, 59.2퍼센트, 61.2퍼센트였다는 점을 감안하면, 대형 빌딩의 실거래가 반영률은 지나치게 낮은 수준이다. 이는 그동안 건물주들이 공시가격의 결함에 힘입어 막대한 조세 특혜를 누려왔음을 의미한다.

높은 땅값은 부동산공화국의 상징

농지개혁 실시 이후 부동산 불로소득을 차단·환수할 제도적 장치를 마련하는 데 등한히 하는 바람에, 토지와 부동산은 엄청난 불로소득을 소유자들에게 안겨주었고 지가와 부동산값은 세계 최고 수준으로 올라갔다. 한때 항간에는 한국 땅을 전부 팔면 미국 땅 절반을 살 수 있고, 캐나다 땅을 여섯 번, 프랑스 땅을 여덟 번 살 수 있다는 이야기가 나돌았

[그림 9] GDP 대비 토지가액 비율의 국제 비교

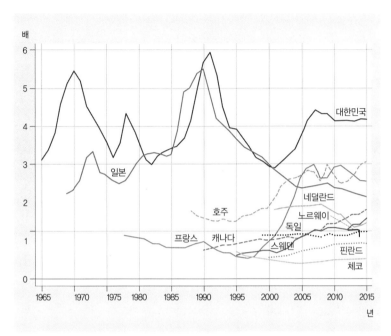

출처: 이진수, 2018, 「주요 국가별 토지가격 장기추이 비교」, 김윤상 외, 『헨리 조지와 지대개혁』, 경북대학교 출판부, 170쪽.

다.[133] 부동산 투기 열풍이 불던 시절에 회자되던 이야기지만 근거 없는 말은 아니었다. [그림 9]는 OECD 통계정보 시스템에 토지자산 통계를 제공하는 국가들을 대상으로 GDP 대비 토지자산의 배율을 계산한 것인데, 11개국 중 한국이 최고 수준이다. 2015년 기준으로 일본과 독일에 비해 각각 2배, 3.5배 높은 수준이고, 핀란드에 비해서는 4배 이상 높은 수준이며, 인구밀도가 한국과 비슷한 네덜란드에 비해서도 3배가량 높은 수준이다. [그림 10]을 보면 국가 전체 비금융자산[134]에서 토지

[그림 10] OECD 국가의 국부 구성(2014년 기준)

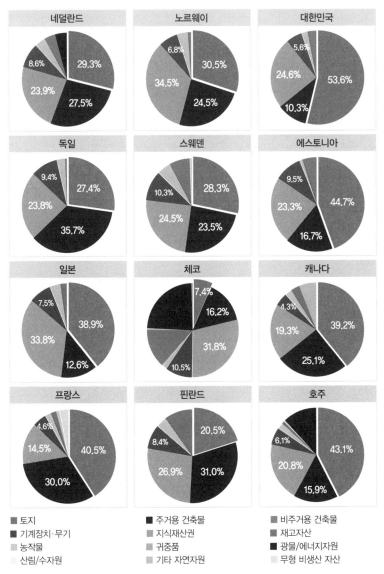

- ■ 토지
- ■ 기계장치·무기
- ■ 농작물
- ■ 산림/수자원
- ■ 주거용 건축물
- ■ 지식재산권
- ■ 귀중품
- ■ 기타 자연자원
- ■ 비주거용 건축물
- ■ 재고자산
- ■ 광물/에너지자원
- ■ 무형 비생산 자산

출처: 이진수, 2018, 「주요 국가별 토지가격 장기추이 비교」, 김윤상 외, 『헨리 조지와 지대개혁』, 경북대학교 출판부, 168쪽.

자산이 차지하는 비중도 53.6퍼센트로 최고 수준인데, 2위인 에스토니아(44.7퍼센트)에 비해서도 월등하게 높다.

지가와 부동산값이 장기적으로 상승하며 폭등을 거듭하는 곳에서는 부동산으로 말미암은 불평등·양극화 문제, 주거문제, 가계부채 문제, 기업가와 자영업자의 고비용 문제 등이 발생할 수밖에 없고 그에 따른 사회적 갈등과 불안이 불가피하다. 비싼 주거비 그리고 주택 마련 때문에 생기는 무거운 가계부채 부담은 내수 위축의 주요 원인이다. 부동산 불로소득을 얻을 수 있는 기회가 여기저기 수시로 생기면, 열심히 투자하고 땀을 흘리기보다 지대추구 행위에 매진하는 기업과 국민이 많아져서 자원의 효율적 배분이 어려워진다. 제때에 지대추구의 대열에 합류하지 못한 사람들은 창업을 하기도 어렵고, 장사에 성공하기도 어렵다. 이 모든 것이 경제성장을 둔화시키는 요인으로 작용한다. 더욱이 요즘 한국에서는 주거비 부담으로 경제적 압박을 심하게 받는 청년들이 결혼과 출산을 아예 포기하는 바람에 출생률이 사상 최저 수준으로 떨어져 국가의 장기 지속 가능성마저 의심해야 하는 상황까지 전개되고 있다. 이정우 교수는 한국 국민들이 부동산 때문에 겪는 애환을 절절히 대변한다.

땅과 집을 가진 사람들은 가만히 있어도 재산이 불어나는데 그 행렬에 끼지 못한 사람들은 살아가기 어렵고, 공장을 경영하기도 어려우며, 장사하기도 어렵다. 조그마한 가게를 운영하는 자영업자들은 새벽부터 밤중까지, 주말에도 쉬지 못하고 일에 매달려도 비싼 임대료 내고 나면 별로 남는 게 없다. 서민들은 집세 내느라 허리가 휠 지경이고, 집세 때문

[그림 11] 상위 1퍼센트 토지 소유자의 토지 보유 비중(가액 기준)

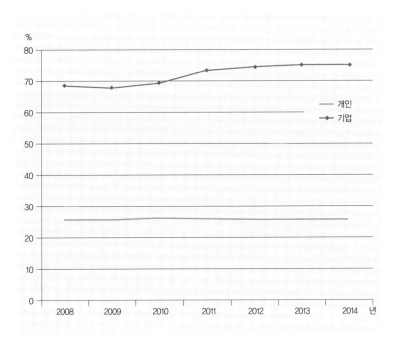

출처: 김영주 의원실, 2016, 보도자료, "1퍼센트 기업 부동산 보유액 966조원, 상위 10개 기업 부동산 보유액 6년 새 147퍼센트 폭증".

에 직장에서 멀고 먼 집에 살면서 통근에 고생이 여간 아니다. 최근에
는 사상 유례없는 전세대란으로 집 없는 서민의 고통은 더 커지고 있다.
(……) 비싼 땅값은 우리 국민에게 눈물의 씨앗이라 해도 결코 지나친 말
이 아니다.[135]

토지와 부동산은 한국 기업들이 생산적 투자를 등한히 하게 만드는
주요 요인이다. 이 사실은 [그림 11]에서 상징적으로 드러난다. 이 그래

프는 소유자 유형별로 상위 1퍼센트 토지 소유자의 토지 소유 비중을 나타낸 것인데, 2008년 이후 한국 대기업들이 토지 매입에 열을 올렸다는 사실을 분명히 확인할 수 있다. 부동산 투기에 몰두하는 기업들이 생산적 투자에 열심을 낼 리가 없다. 개인에 비해 기업의 토지 소유 집중도가 훨씬 높다는 사실도 주목되지만, 2008~2014년에 기업의 토지 소유 집중도가 현저하게 상승하는 것은 놀라운 현상으로 심층적인 조사·분석을 요한다. 이 기간 동안에 상위 1퍼센트 기업이 소유한 부동산의 비중은 68.5퍼센트에서 75.2퍼센트로 상승했다. 그래프에는 나타나 있지 않지만, 상위 1퍼센트 기업이 소유한 부동산 가액은 같은 기간에 546조 원에서 966조 원으로 77퍼센트 증가했고, 상위 10대 기업이 소유한 부동산은 180조 원에서 448조 원으로 무려 147퍼센트나 늘어났다. 종부세 감세로 보유세 부담이 줄어들고 법인세 감세로 사내유보금이 증가하자 대기업들이 대거 부동산 매입에 나선 결과다. 이는 한국 경제의 중추인 재벌과 대기업이 생산적 투자는 외면한 채 지대추구에 몰두했음을 보여주는 명백한 증거다. 최근 한국 경제에 저성장 기조가 고착되고 낙수효과가 작동하지 않은 것은 결코 우연이 아니다.

부동산은 불평등의 주요 원인

2014년 4월 하버드대 출판부가 프랑스 경제학자 토마 피케티Thomas Piketty의 『21세기 자본』 영어판(Capital in the 21st Century)을 출간한 이후 불평등은 세계 경제학계의 최대 화두로 떠올랐다. 이 책에서 피케티는 한 나라의 국민순자산을 국민소득으로 나눈 β값과 자산소득 분배율을 의미하는 α값을 중요한 변수로 취급한다. 국민순자산이란 한 나라의 국민이 갖고 있는 총자산에서 부채를 뺀 것이고, 자산소득 분배율이란 국민소득 중에서 노동이 아니라 자산 쪽으로 분배되는 부분의 비율이다. 그는 주요 선진국을 대상으로 β값 변동의 장기 추이를 집중적으로 분석했는데, 20세기 중반에 200~300퍼센트 수준으로 떨어졌던 β값이 1970년대 이후 급격히 올라가는 것을 밝혀냈다. 이 값이 올라간다는 것은 국민소득의 크기에 비해 자산의 크기가 커진다는 것을 뜻하며, 결국 자산의 힘이 커진다는 의미다. 피케티는, 그렇게 되면 자산소득 분배율 α값도 올라가서 결국 소득과 부의 불평등이 심화될 것이며, 그런 상태로 21세기가 지나가면 불평등이 극심했던 벨 에포크Belle Époque, 즉 세습자본주의 시대가 다시 찾아올 것이라 전망한다. 벨 에포크란 '아름다운 시대'라는 뜻으로 1871~1914년의 프랑스 사회를 지칭하는 용어다. 이 시대에는 경제적 풍요가 넘치고 문화가 융성했지만 소득과 부의 불평등은 사상 최고에 달했다. 당시 프랑스의 β값은 700퍼센트에 육박했다.

주상영 건국대 교수는 피케티의 방법을 활용해 한국의 β값이 주요 선진국 중에서 최고 수준에 도달했음을 밝혔다.[136] 한국의 β값이 이처럼 높은 것은 전체 자산 중에서 토지자산이 차지하는 비중이 다른 선진국에 비해 크기 때문이다. 2017년 현재 토지자산은 7,439조 원으로 국민순자산(1경 3,818조 원)의 53.8퍼센트를 차지하고 있고, 토지자산에다 건설자산을 합한 부동산자산은 1경 2,037억 원으로 국민순자산의 87.1퍼센트에 달한다.[137] 높은 β값은 소득·부의 불평등과 세습자본주의의 도래를 초래하는 중대 요인이라는 피케티의 논리를 받아들인다면, 한국은 높은 부동산값이 불평등으로 이어지는 대표 사례로 자리매김하는 것이 마땅하다. 한국 국민들은 이 사실을 정확하게 인식하고 있는 것으로 보인다. 한겨레경제사회연구원이 2018년 10월 6~7일 실시한 복지 의식 관련 여론조사에 따르면, 가장 심각한 불평등이 무엇인지 묻는 질문에 교육에 따른 불평등을 꼽은 사람이 6.3퍼센트, 직업에 따른 불평등을 꼽은 사람은 20.5퍼센트, 부모의 재력에 따른 불평등을 꼽은 사람은 24.4퍼센트, 부동산 등 자산 격차에 따른 불평등을 꼽은 사람은 48.9퍼센트였다.[138] 한국 국민 다수가 부동산을 불평등의 최대 원인으로 여기고 있음을 알 수 있다.

내가 몇 사람과 함께 공동 연구한 바에 따르면, 한국에서는 매년 GDP의 30퍼센트를 넘는 엄청난 규모의 부동산소득이 발생하고 있다.[139] 그런데 이상하게도 지금까지 부동산에서 발생하는 소득이 소득 불평등의 주된 원인임을 주장하는 연구는 거의 나오지 않았다. 이는 기존 연구가 대부분 부동산 자본이득과 자가 소유 부동산에서 발생하는 귀속 임대료의 상당 부분을 누락했을 뿐만 아니라 부동산 고소득자의 과소보고 가능성이 큰 표본조사 자료를 활용해 연구를 진행했기 때문이다. [표 4]는 헤이그Robert M. Haig와 사이먼스Henry C. Simons의 포괄소득comprehensive income 개념을 적용한 새로운 방식으로 부동산소득을 추산한 결과를 보여준다.[140] 실현 자본이득을 기준으로 계산할 때 한국에서는 2007~2016년 10년 동안 해마다 440조~520조 원의 부동산소득이 발생한 것으로 드러난다. GDP 대비 비율은 2008년에 42.6퍼센트로 가장 높았고 그 이후에는 경향적으로 하락하지만, 10년 내내 부

[표 4] 부동산소득(실현 자본이득 + 임대소득) 추산

단위: 조 원

연도	2007	2008	2009	2010	2011	2012	2013	2014	2015	2016
실현 자본이득	275.5	291.9	297.5	299.1	300.3	285.0	263.9	240.3	227.0	235.3
임대소득	167.9	178.6	189.0	201.9	214.6	221.9	230.4	242.4	255.1	270.3
합계	443.4	470.5	486.4	501.1	514.9	507.0	494.3	482.7	482.1	505.7
합계/GDP (%)	42.5	42.6	42.2	39.6	38.6	36.8	34.6	32.5	30.8	30.9

출처: 남기업·전강수·강남훈·이진수, 2017, 「부동산과 불평등 그리고 국토보유세」, 『사회경제평론』 54, 122쪽.

주: 2016년 수치는 남기업의 계산에 따라 새로 추가했다.

동산소득은 GDP의 30퍼센트를 초과했고, 10년 평균은 무려 37.1퍼센트에 달하는 어마어마한 규모였다. 현재 부동산은 자산의 일종으로 인정되고 있으므로, 매입가액에 대한 이자는 정당한 소득으로 인정해야한다는 견해가 나올 수 있다. 이를 감안해 [표 4]의 부동산소득에서 매입가액에 대한 이자를 빼면, 나머지는 명실상부한 불로소득이 될 것이다. 이런 방법으로 부동산 불로소득을 추산한 결과는 [표 5]에 나와 있다. 부동산소득에 비해 크기가 작지만 그래도 2009년 이후로는 매년 300조 원을 초과한 것으로 드러난다. 2016년 부동산 불로소득의 크기는 374조 6,000억 원으로 GDP의 22.9퍼센트였다.

부동산소득이 아무리 크다 할지라도 모든 국민에게 골고루 돌아간다면 큰 문제가 아니다. 하지만 그런 일은 부동산 소유가 평등하게 분포되어 있는 경우에나 일어나는 법이다. 한국은 농지개혁으로 한때 평등지권 사회를 구현했지만, 수십 년이 지나는 사이에 토지와 부동산은

[표 5] 부동산 불로소득 추산

단위: 조 원

연도	2007	2008	2009	2010	2011	2012	2013	2014	2015	2016
주택	151.3	144.1	180.2	184.5	176.4	172.4	177.8	176.1	181.0	197.8
비주거용 건물	97.5	93.7	107.6	115.8	117.4	113.7	115.1	111.3	125.7	135.8
토지	30.7	26.8	31.9	32.4	30.9	32.6	34.9	35.8	39.4	41.0
합계	279.6	264.6	319.7	332.7	324.6	318.7	327.7	323.2	346.2	374.6
합계/GDP (%)	26.8	24.0	27.8	26.3	24.4	23.1	22.9	21.7	22.1	22.9

출처 : [표 4]와 동일함.

주: 부동산 불로소득 = 실현 자본이득 + 순임대소득
　　순임대소득 = 부동산 임대가치 − 부동산 매입가액의 이자

다시 소수의 수중에 집중되었고 평등지권은 옛말이 되고 말았다. 농지 개혁 이전에 비해 달라진 점이라면 토지문제의 중심이 농지가 아니라 도시토지로 이동했다는 사실뿐이다. 더불어민주당 김영주 의원실에서 배포한 자료에 따르면, 2014년 현재 가액 기준으로 개인 토지 소유자 중 상위 10퍼센트가 전체 개인 소유지의 65퍼센트를, 법인 토지 소유자 중 상위 1퍼센트가 전체 법인 소유지의 75.2퍼센트를 소유하고 있다. 또한 경실련의 발표에 따르면, 2007~2017년 10년 사이에 다주택 보유자 상위 1퍼센트가 보유한 주택 수는 평균 3.2채에서 평균 6.7채로 2배 이상 증가했다. 이명박 정부에서 1.4채가 증가하고, 박근혜 정부에서 2.1채가 증가한 결과다.[141] 이는 지난 10년간 다주택자의 주택 사재기가 기승을 부렸다는 것을 보여주는 통계다. 이와 같이 토지와 주택의

[표6] 지니계수 분해를 통한 소득 원천별 불평등 기여도 계산

소득 원천	귀속임대소득·자본이득 미포함			귀속임대소득·자본이득 포함		
	절대기여도	상대기여도	한계효과(%)	절대기여도	상대기여도	한계효과(%)
근로소득	0.306	0.776	0.071	0.214	0.541	−0.001
사업소득	0.072	0.181	−0.022	0.053	0.135	−0.022
부동산소득	0.011	0.027	0.004	0.121	0.307	0.058
재산소득	0.002	0.006	0.001	0.002	0.005	0.002
이전소득	0.004	0.010	−0.054	0.005	0.013	−0.037
총소득	0.394	1.000	0.000	0.395	1.000	0.000

출처: "2016년 재정패널 조사" 데이터를 활용해서 계산했다.
통계분석은 이진수(고려대 행정학과 박사과정)의 도움을 받았다.

주: 모든 소득은 균등화 가처분소득으로 계산했다.

소유가 불평등하게 분포되어 있는 상황에서 막대한 규모의 부동산소득이 발생했다면, 그 상당 부분은 부동산을 과다하게 소유한 개인이나 법인에 돌아갔을 테고, 그것은 틀림없이 소득 불평등의 주요 원인으로 작용했을 것이다.

그렇다면 부동산소득이 소득 불평등에 미치는 영향을 좀더 구체적으로 파악할 수는 없을까? [표6]은 "2016년 재정패널 조사"상의 데이터를 그대로 활용해 각 개별소득(근로소득·사업소득·부동산소득 등)의 불평등 기여도를 계산한 결과를 왼쪽에 배치하고, 위에서 추산한 부동산소득을 포함시켜 각 가구의 소득을 다시 계산한 후 각 개별소득의 불

평등 기여도를 계산한 결과를 오른쪽에 배치해서 이 둘을 비교해본 표다.[142] 귀속임대소득과 자본이득을 포함시키지 않을 경우 부동산소득은 총소득의 지니계수에 2.7퍼센트밖에 기여하지 않는 반면, 양자를 포함시킬 경우 부동산소득의 기여도는 30.7퍼센트로 급등한다. 어느 쪽이 상식에 더 부합하는가? [표 6]에서 한계효과란 근로소득·사업소득·부동산소득 등 각 개별소득이 1퍼센트 변할 때 총소득의 지니계수가 몇 퍼센트 변하는지를 보여주는 지표다. 부동산소득의 한계효과는 귀속임대소득과 자본이득을 포함하지 않을 경우에는 0.004퍼센트에 그쳤지만, 그것들을 포함할 경우에는 0.058퍼센트로 값이 올라가 모든 개별소득 중 가장 높은 위치를 차지한다. 부동산소득의 변화가 총소득 지니계수의 변화에 제일 큰 영향을 미치는 것이다. 이상의 분석 결과는 항간에 회자되는 '부동산은 한국에서 소득 불평등의 주범'이라는 말이 진실에 부합함을 입증한다.

가벼운 보유세 부담, 선진국 최고 수준의 지가, 부동산 불로소득의 엄청난 규모와 그것이 소득 불평등에 미치는 강한 영향 등 이 모든 것이 대한민국이 부동산공화국임을 여지없이 폭로하고 있다. 자, 이제 우리는 어떻게 해야 할까?

서민경제를 강타한 이명박 정부의 부동산 정책[143]

이명박 정부의 부동산 정책은 부동산 시장만능주의자들의 주장을 충실히 이행했다는 것 외에도 두 가지 특징을 분명하게 드러냈다. 하나는 '건설업 프렌들리'로 표현되는 토건국가 이데올로기였고, 다른 하나는 반서민적 성격이었다.

사실 토건국가 이데올로기는 시장만능주의와는 충돌하는 정책 지향이다. 제대로 된 시장주의자라면, 부동산 정책을 건설경기부양의 수단으로 활용하고 건설산업을 정책적으로 지원하는 데 반대할 것이다. 하지만 이명박 정부는 건설경기부양론을 주창하면서 인위적인 부동산 경기부양, 건설산업 지원,[144] 4대강 사업을 중심으로 한 대대적인 SOC 투자를 적극적으로 추진했다. 또한 보유세를 무력화하고 부동산 규제를 완화하면서 시장주의를 실현한다고 주장했지만, 진정한 목적은 시장경제의 효율성을 높이는 것이 아니라 건설경기를 부양하고 건설업을 지원하는 데 두었다. 이정우 교수는 이명박 정부의 경제 철학을 두고 시장만능주의와 박정희식 개발주의가 혼재한다고 표현한 바 있다.[145] 적절한 표현이라고 생각되지만, 양자가 단순히 혼재했던 것이 아니라 후자가 전자를 포섭한 것, 다시 말해 '건설업 프렌들리'로 표현되는 토건국가 이데올로기가 시장만능주의 정책을 포섭한 것이라고 표현해야 더 정확할 것 같다.

부동산 시장 침체기는 과잉 팽창한 건설업의 군살을 빼서 체질을 강화하기에 적합한 시기다.[146] 감기 몸살이 사람 몸에 쌓인 피로를 근본적으로 해소해 건강을 회복시키듯이, 불황도 경제에 누적된 비효율 요인을 자연스럽게 제거해 경제를 건강하게 회복시키는 작용을 한다. 이때 비효율 요인의 해소가 신속하고 순조롭게 이루어지는 것이 매우 중요한데, 여기서 정부의 역할이 필요하다. 정부가 건설업체의 구조조정에 적극적으로 나서야 하는 것이다.

하지만 이명박 정부는 건설업체의 구조조정이 절실히 필요한 상황에서 거꾸로 건설업체를 지원하고 건설경기를 인위적으로 부양하는 정책을 펼쳤다. 이 모습은 1990년대 초 부동산 거품이 붕괴하기 시작한 이후 SOC 투자 중심으로 재정지출 확대 정책을 실시해 경기회복은커녕 엄청난 재정적자만 초래하고 만 일본의 사례를 상기시킨다. 일본 정부의 잘못된 건설경기부양 정책으로 일본에서는 장기침체에도 불구하고 과대 성장한 건설업이 구조조정되기는커녕 오히려 건설업체 숫자가 늘어나는 기현상이 나타났다.

건설업을 살리고자 했던 이명박 정부의 토건국가적·시장만
능주의 부동산 정책은 서민경제에 직격탄을 가했다.

가장 큰 타격은 '전세대란'이었다. 물론 전세값 상승은 주택
매매시장이 침체하기 시작할 때 나타나는 자연적인 현상이다.
매매시장 침체기에 전세값이 상승하는 이유는 미래 집값에 대
한 예상이 비관적으로 변하면서 매입 수요가 전세 수요로 바뀌
고, 부동산값 상승기에 금융 편의 등의 이유로 전세를 놓고 있
던 집주인들이 집을 월세로 전환하면서 전세 공급이 줄어들기
때문이다. 그러나 이 정도는 시간이 지나면서 금방 사라지는
마찰적 현상이다.

하지만 이명박 정부 때 촉발된 전세값 상승은 잘못된 부동
산 정책 탓에 증폭되고 장기화되었다는 점에서 단순한 마찰적
현상으로 치부하기가 어렵다. 그렇다면 이명박 정부가 어떤 잘
못을 저질렀기에 전세문제가 증폭되고 장기화되었을까?

이명박 정부는 투기 수요를 부추겨서 주택 매매시장을 부양
하는 정책을 펼쳤는데, 이것이 가계부채 등으로 말미암아 효과
를 발휘하지 못하면서 미래 집값에 대한 비관적인 전망이 계속
시장을 지배하게 되었다. 2007년 이래 순조롭게 연착륙하던
집값을 인위적으로 부양하지 않고 그냥 두었더라면, 얼마 지나
지 않아 집값 바닥론이 확산되면서 적어도 미래 집값이 계속
떨어질 것이라는 비관적 전망은 사라졌을 것이고 매입 수요는

늘어났을 것이다. 그렇게 되었다면, 매입 대기 수요가 누적됨에 따라 전세 수요 증가는 많이 해소되었을 것이다. 그러나 이명박 정부는 임기 내내 집값을 인위적으로 부양하는 정책을 펼쳤고, 심지어 그것을 전세대책의 하나로 포함시키기까지 했다. 주변 시세에 비해 저렴한 가격으로 분양한 보금자리주택 또한 매입 대기 수요를 증가시키는 한 요인으로 작용했다. 보금자리주택 당첨을 기대한 주택 수요자들이 선뜻 주택 매입에 나서지 않고 전세시장으로 몰린 것이 전세난을 자극한 것인데, 이 또한 이명박 정부의 정책 탓이다.

게다가 이명박 정부는 공공임대주택 공급 목표를 반 토막 내고, 급진적인 도시 재개발 정책으로 저렴한 주택을 대량 멸실시켜서 서민주택 공급을 위축시켰다. 노무현 정부의 장기 공공임대주택 공급량은 매년 약 10만 호에 달했다. 임기 마지막 해인 2007년에는 11만 310호까지 늘었다. 이와 대조적으로 이명박 정부의 장기 공공임대주택 공급량은 노무현 정부 정책결정의 영향이 남아 있던 2008년에 8만 4,882호를 반짝 기록한 이후 계속 줄어들어 임기 마지막 해인 2012년에는 겨우 3만 3,964호를 공급하는 데 그쳤다. 2010년 서울시가 민주당 이용섭 의원에게 제출한 자료에 따르면, 2009년 1만 1,000호였던 기존 주택 멸실량은 2010년에 3만 4,000호로 늘었고, 2011년 6만 7,000호, 2012년 5만 2,000호로 크게 증가할 것으로 예상되고 있었다.[147] 한 가지 유의할 점은 공급 부족 현상이 중산층 이상이 임차하는 고가 임대주택이 아니라 서민층이 임차하는 저가 임대주택을 중심으로 발생했다는 사실이다. 이명박 정부가 범한 정책 오류의 피해가 고스란히 서민들에게 돌아간 것이다.

이명박 정부의 토건국가적·시장만능주의적 부동산 정책이 서민경제에 가한 또 하나의 타격은 도시 재개발 정책을 급진적으로 추진하면서 원주민을 내쫓은 일이다. 이명박 전 대통령이 서울시장 시절에 시작한 뉴타운 사업은 이명박 정부의 재개발 규제 완화 정책과 맞물리면서 한층 더 탄력을 받았다. 전면철거 방식의 대단위 재개발이 이곳저곳에서 일시에 진행되는 바람에 기존 주택이 대량 멸실된 것은 물론이고, 원주민들이 대거 축출되는 사태가 발생했다.[148] 뉴타운 지역에서는 소형 주택이 사라지는 대신 중대형 아파트가 들어섰다. 서울시 주거환경개선정책 자문위원회 공청회(2009년 1월 15일 개최) 자료에 따르면, 당시 뉴타운 사업지구에서는 전용면적 60제곱미터 이하 주택의 비율이 사업 전에 63퍼센트이던 것이 30퍼센트로 줄어들고, 매매가 5억 원 미만 주택의 비율 역시 86퍼센트에서 30퍼센트로 줄어들었다. 특히 전세가 4,000만 원 미만의 서민용 주택은 완전히 사라졌다. 이렇게 서민용 주택이 대량 멸실하고 중대형 고가 아파트가 들어서면, 그곳에 원주민이 재정착하기는 무척 어려워진다. 당시 길음 4구역의 경우 전체 주민의 10.9퍼센트만이 그 지역에 다시 입주할 것으로 예상되었다. 무려 90퍼센트에 가까운 원주민들이 내쫓긴 것이다. 이런 사정은 다른 지역에서도 마찬가지였다. 원주민들은 집에서만 쫓겨난 것이 아니다. 사업장과 일터 건물이 사라지는 바람에 거기서도 쫓겨나는 사람이 많았다. 김수현과 정석은 이명박표 재개발 정책의 계급적 성격을 다음과 같이 적절히 묘사했다.

> 재개발, 재건축, 뉴타운 사업은 긍정적 효과보다 훨씬 더 많은 심각한 악영향과 병폐적인 도시문제를 가져오는 괴물과도 같다. 서민들을 삶터에서 몰아내고, 도시를 망가뜨리며, 중소 상인과 기업 그리고 작은 설계 사무소들을 도탄에 빠트리는 대신, 투기자본과 개발회사, 건설사에는 개발이익을 차지하게 하고 도시 관리에 뒷짐 지고 있는 행정당국에겐 무임승차식의 기반시설 정비효과와 중산층 유입에 따른 세수증대라고 하는 종합 선물세트를 안겨주고 있다.[149]

뉴타운 사업에 의한 원주민 축출은 근대 초기 인클로저 운동Enclosure Movement의 농민 추방을 연상케 한다. 인클로저 운동 당시 영국에서 농민을 토지에서 내몰아 이익을 누린 자들은 지주와 양모업자였지만, 뉴타운·재개발 지역에서 원주민을 내쫓아 이익을 누린 자들은 투기꾼·건설업자·개발업자였다.

3부

땅이 아닌
땀이 대우받는
세상을 향하여

7장

소득주도성장인가,
불로소득주도성장인가?

'촛불정부'의 소임을 외면한 문재인 정부 경제정책

많은 진보개혁 인사가 그랬듯이, 나는 '촛불혁명'과 박근혜 대통령 탄핵, 그리고 문재인 후보 집권을 적극 지지했다. 내가 문재인 후보를 지지한 이유는, 그가 집권하면 민주주의가 복원되고 경제정의가 실현되며 한반도 평화가 회복될 것이라는 믿음이 있었기 때문이다. 기대한 대로 문재인 정부는 이명박·박근혜 정권 시절에 심각하게 후퇴했던 민주주의와 남북대화를 성공적으로 복원했다. 그 성과가 국민들의 마음을 크게 움직여 문재인 대통령은 취임 후 1년이 지난 시기에도 80퍼센트가 넘는 역대 최고의 지지율을 기록했다. 2018년 6·13지방선거에서 더불어민주당이 광역자치단체장 17석 중 14석, 기초자치단체장 226석 중 151석을 차지하는 예상외의 압승을 거둔 것도 그 덕분이었다.

하지만 누군가 말했다. "화려한 시의 시절은 잠깐이요, 그다음에는 지루한 산문의 시대가 기다리고 있다"고. 나는 여기서 '지루한 산문'이란 국민이 매일매일 살아내야 할 일상과 먹고사는 문제를 지칭하는 비유라고 해석하고 싶다. 무능하고 부패한 거악을 무너뜨린 감격도, 남북 정상이 상봉하는 극적인 장면을 지켜본 감동도, 일상적으로 먹고사는 일에 문제가 생기면 언제 그런 일이 있었냐는 듯 금세 기억에서 사라져 버린다. 그래서 유능하고 정의로운 정부는 '화려한 시'로 국민의 마음을 얻으면서 동시에 '뛰어난 산문'으로 국민의 일상을 편하게 해준다.

나는 문재인 정부가 출범하면서 '소득주도성장, 혁신성장, 공정경제'를 경제정책의 캐치프레이즈로 내거는 것을 보고, 민주주의와 한반도 평화를 실현하는 일 못지않게 경제정책 분야에서도 뛰어난 성과를 거둘 것으로 기대했다. 사실 이명박·박근혜 전 대통령 치하에서 이 땅의 민초는 하루하루 먹고살기가 만만찮은 세월을 보냈다. 노동자의 절반 가까이가 비정규직으로 미래에 대해 아무런 희망도 갖지 못한 채 힘겨운 삶을 이어왔다. 자영업자들은 치솟는 상가 임대료와 재벌의 상권 침탈로 결국은 길바닥으로 내몰릴 것을 예감하면서도 자기 노임 깎아먹기와 적자운영으로 간신히 버텨왔다. 중소기업가들의 형편도 자영업자들과 별반 다를 바 없었다. 비싼 등록금 때문에 어렵게 대학을 다니는 젊은이들에게 주어지는 미래라고는 비정규직 노동이나 자영업일 따름이었다. 서민들은 전월세대란으로, 집 가진 이들은 가계부채로 고통을 겪었다.

그래서 나는 문재인 대통령이 김상조·홍장표 등 개혁 인사들을 정부와 청와대 요직에 임명했을 때, 그리고 정부가 소득주도성장의 첫 발걸

음으로 최저임금 인상을 추진했을 때 큰 기대를 걸었다. 그러나 결과는 기대에 크게 못 미쳤다. 소득주도성장은 복지지출 확대와 주거비·의료비·교통비·교육비 등 핵심 생계비 경감과 같은 정책이 최저임금 인상과 함께 시행될 경우에만 효과를 발휘할 수 있다. 발본적 재벌개혁과 영세 자영업자의 지불능력을 키워줄 경제민주화 정책도 중요했다. 하지만 그런 정책들은 지지부진했고 최저임금만 빠른 속도로 인상되었다. 그 결과 최저임금 인상이 소득주도성장 정책의 상징처럼 떠올라 보수 언론의 집중포화를 맞았고, '을'과 '병'이 대치하는 웃지 못할 상황까지 벌어졌다.

'노동 존중 사회'를 표방하며 출범한 문재인 정부는 국정과제 1호로 '공공 부문 비정규직 제로 시대'를 선언하고, 최저임금을 대폭 인상함으로써 기대에 부응하는 듯했다. 그러나 공공 부문 비정규직의 정규직 전환에서는 자회사 방식을 허용하고 다양한 예외를 두어 많은 비정규직을 온존시켰으며, 정규직화가 이루어진 경우에도 차별이 해소되지 않아 무늬만 정규직이라는 비판이 제기되었다. 게다가 2018년 9월까지 민간 부문 비정규직의 정규직화는 시작조차 하지 못했다. 최저임금 인상은 긍정적 성과지만 때마침 그 산입 범위를 확대함으로써 실제 효과는 반감되었다. 2018년 7월부터 시행된 연장근로 제한 정책도 탄력근로 확대니 처벌 유예니 하는 단서를 두어 정책의 당초 취지가 퇴색되었다. 노동자들이 조삼모사식 정책 행보에 반발한 것은 당연한 결과다. '태산명동 서일필泰山鳴動鼠一匹'이라는 고사성어는 문재인 정부의 노동 정책에 꼭 들어맞는 말인지도 모른다.

'소득주도성장, 혁신성장, 공정경제'를 실현하는 데 가장 중요한 전제

조건은 지대추구를 방지하는 일이다. 불로소득으로 부를 축적하는 일이 만연하는 곳에서 공정경제가 이루어질 리 없고, 기업들이 생산적 투자나 혁신보다 토지 투기에 몰두하는 곳에서 혁신성장이 가능할 리 없다. 높은 지가는 민간의 창업과 정부의 공공투자에 커다란 장애 요인으로 작용한다. 게다가 지대추구 경향이 만연해서 생기는 높은 주거비용과 무거운 임대료 부담은 노동자와 자영업자의 소비를 위축시킨다. 그러니 '지대추구의 덫'을 걷어내지 않고서는 소득주도성장도 불가능하다. 그러므로 '소득주도성장, 혁신성장, 공정경제'를 표방한 문재인 정부로서는 당연히 지대추구 방지 정책을 마련했어야 한다. 더욱이 보유세 강화 정책을 본격적으로 추진하면서 지대추구 경향과 정면대결을 펼쳤던 노무현 정부를 계승했음에랴. 문재인 정부가 이 문제에 어떻게 대처했는지에 대해서는 조금 뒤에 자세히 살펴보기로 하자.

때로는 경제학자 수백 명보다 시인이나 만화가 한 명이 경제 현실을 더 잘 묘사할 수 있다. 2018년 8월 28일자 『경향신문』 만화 '장도리'는 땅 투기로 누워서 떼돈을 버는 지주, '을'의 희생으로 가만히 앉아서 엄청난 수익을 얻는 재벌, 세입자들이 갖다 바치는 임대료로 배를 불리는 건물주가 함께 거대한 성을 구축하고서 소득주도성장을 비난하는 내용을 담았다. 지주·재벌·건물주 3자 동맹이 '불로소득주도성장 만세!'를 외치고 있는 것은 그들이 그만큼 문재인 정부의 소득주도성장 정책을 우습게 여긴다는 뜻이다.

문재인 정부의 조세정책과 재정정책도 기대에 못 미쳤다. 집권 1년 차에 소득세와 법인세를 강화했지만 세수 효과는 연 5조 3,000억 원에 불과했다. 2012년 대선 당시에 문재인 후보가 연 19조 원 증세를 약속

[그림 12] ⓒ 경향신문사

했던 사실에 비추어 보면, 연 5조 3,000억 원 증세는 복지 증세라고 부르기에는 초라한 금액이다. 2018년 7월 발표된 '2018년 세법 개정 방향'에는 2008년 이후 10년 만에 세수를 줄이는 감세안이 담겼다. 이런 조세정책으로 급속히 다가오는 저출생·고령화의 위험을 어떻게 막아내려는지 걱정스럽다. 자영업자가 아우성이고 청년 실업률이 10퍼센트를 넘을 정도로 심각한데 확장적 재정정책을 펼치지 않은 것도 큰 실책이다. 문재인 정부의 소득주도성장 정책이 옳은 방향임에도 효과를 거둘 수 없었던 것은 과감한 복지정책과 거시경제정책을 펼치지 않은 탓도 크다.

2018년 6·13지방선거 이전 항간에는 문재인 정부가 과감한 사회경제개혁에 나서고 싶지만 혹시라도 선거에 악영향을 미칠까봐 자제하고 있다는 소문이 퍼져 있었다. 그럴듯한 이야기 같아서 나도 문재인 정부의 소극적인 태도를 양해하고 있었다. 지방선거 압승 소식을 접하며 나는 문재인 정부가 드디어 그동안 참고 있었던 개혁조치를 발표하고 과감하게 추진하겠거니 짐작했다. 하지만 엉뚱하게도 상황은 정반대로 진행되었다.

2018년 6월 26일 소득주도성장의 입안자인 홍장표 청와대 경제수석을 경질한 것을 계기로 대대적인 경제정책 '우클릭'이 이루어진 것이다. 문재인 대통령은 연일 규제 개혁을 통한 혁신성장의 필요성을 역설했고, 윤종원 신임 경제수석은 소득주도성장을 포용성장으로 재포장하기 시작했다. 문 대통령은 관련 현장을 방문하며 규제 철폐의 의지를 다졌다. 7월 18일 의료 민영화로 이어질 가능성이 있는 의료기기 규제 혁신 방침을 밝혔고, 8월 7일에는 인터넷 전문은행에 한해 은산분리를 완화한다는 방침을 발표했다.

그 와중에 7월 9일 인도에서 문재인 대통령과 이재용 삼성전자 부회장의 회동이 있었고, 8월 6일에는 김동연 경제부총리가 삼성전자 평택 캠퍼스를 방문해 이재용 부회장과 함께 "혁신성장!"을 외치는 이벤트를 벌였다. 9월 18일 문재인 대통령 방북 시에는 최태원 SK그룹 회장, 구광모 LG그룹 회장과 함께 이재용 부회장을 방문단에 포함시켰다. 대통령과 경제정책 총수가 국정농단사건으로 재판을 받고 있는 인물을 직접 만나서 일자리 창출을 부탁하고, 심지어 남북정상회담에까지 대동한 것은 문재인 정부 경제정책의 우클릭을 상징적으로 보여주는 일대 사건이었다. 대통령이 남북정상회담을 마치고 돌아오는 날, 마침내 국회는 규제프리존법과 은산분리 완화를 내용으로 하는 인터넷 전문은행 특례법을 여야 합의로 통과시키고 말았다. 2017년 대선 당시 문재인 후보 측이 규제프리존법을 '대기업 청부 입법'으로 규정하고, 그 법안에 찬성 입장을 표명했다는 이유로 안철수 후보를 '이명박·박근혜 정권의 계승자'라고 맹비난했던 것을 생각하면, 어안이 벙벙할 따름이다. 은산

분리 완화는 더불어민주당이 야당 시절 당론으로 반대했던 내용이다.

소득주도성장을 본격적으로 추진하기를 포기하고, 공정경제 실현을 위한 정책의 추진에는 큰 관심이 없으며, 오로지 규제 완화를 핵심 내용으로 하는 혁신성장만을 밀어붙이는 문재인 정부의 모습에서 나는 일종의 기시감을 느낀다. 2012년 대선기간 중에 경제민주화와 복지 확대를 강조하며 선거에 승리한 후 막상 정책을 펼치면서부터는 그 둘을 내팽개치고 오로지 창조경제 하나만으로 경제정책을 밀고 나갔던 박근혜 정부가 떠오르니 말이다.

6·13지방선거 직후 80퍼센트를 넘나들었던 문재인 대통령의 지지율은 3개월여 만에 무려 30퍼센트포인트나 떨어졌다. 소득분배 지표와 고용 지표가 최악으로 나온 탓도 있지만, 재벌개혁·경제민주화·보유세 강화 등 핵심 경제개혁을 등한히 한 채 최저임금 인상에만 매달리다가 잘 안 된다 싶으니 갑자기 경제정책 기조를 우클릭한 영향도 크다.

문재인 정부의 부동산 정책이 참여정부 재판이라고?

사람이 건강한 삶을 영위하려면 인생관이 건전하고 기초체력이 튼튼해야 하는 것처럼, 좋은 경제정책을 시행하려면 올바른 정책 철학과 그 철학을 구현할 수 있는 근본적인 정책 수단을 갖추어야 한다. 부동산 정책은 토지라는 특수한 자원을 다루기 때문에 그 특수성을 충분히 감안하는 정책 철학에 입각하지 않으면 안 된다.

오래전부터 나는 부동산 정책은 시장친화적 토지공개념에 입각해서 수립해야 함을 강조해왔다. 토지 불로소득을 시장친화적인 방법으로 차단·환수하고 모든 국민에게 평등지권을 보장하는 것이 이 철학의 핵심인데, 이를 구현하기 위해서는 토지보유세를 강화하고 토지공공임대제를 도입할 필요가 있다. 이 두 정책은 시장친화적 토지공개념의 근본 정책에 해당한다. 많은 사람이 단기적으로 부동산 가격을 조절하고 주거복지를 확충하는 것을 부동산 정책의 핵심으로 여기는데, 이는 잘못된 생각이다. 단기 시장조절 정책과 주거복지 정책은 근본 정책을 보완하는 수단에 불과하다.

문재인 대통령은 2018년 3월 토지공개념을 명시한 대통령 개헌안을 발의함으로써 올바른 부동산 철학을 제시하는 듯 보였다. 하지만 야당의 보이콧으로 개헌안 심의가 불발된 다음에는 그에 대해 일절 언급하지 않았고, 또 토지공개념에 상응하는 부동산 근본 정책을 내놓지도 않았다. 토지공공임대제를 본격적으로 시행하려면 많은 시간과 돈이 필요하기 때문에, 이 정책을 시행했는지 여부를 가지고 문재인 정부 부동산 정책을 평가하기는 곤란하다. 반면 토지보유세 강화는 마음만 먹으면 바로 추진할 수 있는 정책이다. 따라서 아래에서는 토지보유세 강화의 관점에서 문재인 정부가 지금까지 펼친 부동산 정책을 평가해보자.

2017년 대선 후보 시절 문재인 대통령은 2012년 대선에 이어 다시 한번 '기회는 평등하고, 과정은 공정하고, 결과는 정의로운' 나라를 만들겠다고 약속했다. 하지만 부동산 불로소득 때문에 발생하는 투기와 불평등을 어떻게 다루겠다는 견해를 밝히지는 않았다. 대선 직전에 출간한 저서에서 부동산보유세를 OECD 평균 수준인 GDP 대비 1퍼센트 수준으로 올리겠다고 말한 것이 전부다. 그런데 대선 투표일 직전,

문재인 캠프 경제정책을 총괄하던 홍종학 정책본부 부본부장이 굳이 기자회견을 자청해 그 약속마저 백지화해버렸다. 그 이후 더불어민주당이 발표한 「제19대 대통령 선거 정책 공약집」에도, 정부 출범 후 국정기획자문위원회가 만든 '문재인 정부 국정운영 5개년 계획'에도 부동산 불로소득 때문에 발생하는 투기와 불평등에 대한 대책은 포함되지 않았다.

2017년 7월 기획재정부가 발표한 '새 정부 경제정책 방향'에서는 문재인 정부 경제정책의 기본 방향을 '소득주도성장, 혁신성장, 공정경제, 일자리 중심 경제'로 정식화하면서 '사람 중심 경제'로 경제 패러다임을 전환하겠다고 약속했지만, 거기에도 부동산 문제를 근본적으로 해결할 수 있는 정책은 들어 있지 않았다. 그 문건에서 부동산 정책이라고는 부동산 가격 안정 대책, 청년층과 신혼부부를 위한 주택 공급 대책, 주거급여 확대 정책이 고작이었다. '소득주도성장, 혁신성장, 공정경제'라는 레토릭만 봐서는 당연히 부동산 문제를 해결할 근본 정책을 마련했으리라고 예상할 만했지만, 실제 내용은 기대와 전혀 달랐다.

2018년 7월 이후 마치 장작불에 휘발유를 들이부은 듯 서울 아파트 시장이 부동산 투기로 불타오르고 그 탓에 대통령 지지율이 무려 30퍼센트포인트나 급락하는데도, 문재인 대통령은 침묵을 지켰다. 대통령의 섬세한 성격을 감안할 때 이례적인 일이었다. 언론에서는 부동산 문제에 대해 수위 높은 발언을 쏟아냈던 노무현 전 대통령과 달리 문재인 대통령이 극도로 말을 아끼고 있음을 지적하며, 참여정부의 '실책'을 반복하지 않으려는 의도가 숨어 있다고 해석했다. 정무적 판단으로 민감한 문제에 대해 대통령이 발언을 자제하는 것이야 얼마든지 그럴 수 있다고 본다. 문제는 발언이 아니라 정책 내용이다.

2018년 10월까지 문재인 정부는 모두 열 번의 부동산 대책을 발표했다. 그 가운데 중요한 것은 2017년의 8·2대책과 11·29대책, 그리고 2018년의 9·13대책이다. 나머지 일곱 개 대책은 대부분 이 셋을 보완하는 성격이 강하다. 8·2대책은 서울의 부동산 시장 과열을 투기 수요에 기인하는 것으로 간주해 규제 강화 지역 지정, 양도소득세 강화, 금융 규제 강화 등 투기억제 방안을 강구하는 동시에 서민을 위한 주택 공급 확대 방침을 밝혔다. 정부는 8·2대책을 발표하면서 역대 정부 부동산 대책 가운데 가장 강력한 대책이라고 자부하며 집값이 안정될 것이라고 장담했다. 대책 발표 직후 가진 기자간담회에서 당시 김수현 청와대 사회수석은 "어떤 경우든 새 정부는 부동산 가격 문제에 대해선 물러서지 않을 것"이라며 비장한 태도를 보였다고 한다. 문제는 거기에 보유세 강화 대책은 포함하지 않았다는 사실이다. 김수현 수석이 밝힌 바에 따르면, 양도세는 '발생한 소득'에 부과하는 세금인 반면 보유세는 소득이 발생하지 않았는데도 부과하는 세금이라서 조세저항이 더 심하다는 이유에서였다.

2017년 11·29대책은 주거복지 향상을 위한 정책 방안을 구체화하는 데 초점을 맞춘 것인데, 8·2대책으로 부동산 가격은 잡혔으니 서민을 위한 주거복지 향상 방안만 제대로 마련하면 된다는 자신감에서 내놓은 대책이었다.

실제로 2018년 상반기에 서울의 아파트 시장은 소강상태에 들어간 듯 보였고 8·2대책은 성공을 거둔 것 같았다. 헨리조지포럼 등 시민단체가 부동산 불로소득에 대한 근본 대책이 필요하다고 줄기차게 주장했지만, 청와대 인사들은 전혀 귀를 기울이지 않았다. 그러다가 2018년 7월 초 박원순 서울시장이 용산·여의도 통합개발 계획을 발표하고 연이어 강북개발 방침을 밝히자 서울의 부동산 시장은 다시 불붙기 시작했다. 강남을 중심으로 진행되던 아파트값 폭등은 강북지역으로까지 급속히 확산되었고, 그 바람에 마·용·성(마포·용산·성동), 노·도·강(노원·도봉·강북) 같은 새로운 약칭이 연일 사람들의 입에 오르내렸다.

2018년의 9·13대책은 서울 부동산 시장의 매수우위지수가 역대 최고치를 보일 정도로 부동산 광풍이 심해지자 부랴부랴 마련한 대책이었다. 아파트값 폭등세는 서울을 벗어나 경기도 지역으로 확산되고 있었다. 문재인 정부를 압도적으로 지지하던 민심이 빠른 속도로 식으면서 정부가 그동안 보유세 강화와 같은 근본 대책에 미온적인 태도로 일관했던 데 대한 비판도 들끓었다. 드디어 정부 발표 부동산 대책에 보유세 개편 방안이 담겼다. 고가주택과 다주택자를 중심으로 종합부동산세를 강화하고, 부동산 공시가격의 점진적 현실화와 형평성 개선, 종부세 공정시장가액 비율 상향 조정 등의 방안이 발표된 것이다. 그 외에도 규제지역 내 주택 구입으로 소유 주택 수를 늘리려는 사람들에 대해 주택담보대출을 금지하고, 조정대상지역[150] 주택을 신규 취득하는 경우 임대사업자로 등록하더라도 기존의 세제 혜택을 줄이고 대출 규제도 강화하며, 수도권에 신규 공공택지 30곳을 개발하고 도심 내 공급도 활성화하기로 하는 등 서울의 부동산값 폭등을 잠재우기 위한 여러 방안이 마련되었다.

하지만 9·13대책은 여전히 부동산공화국을 해체할 근본 정책을 마련하려는 문제의식을 결여한 채 단기 시장조절에만 초점을 맞추고 있었다. 종합부동산세를 강화한다고 했지만, 세율 인상 대상 인원은 전체 부동산 소유자의 1.6퍼센트, 세수 효과는 1조 150억 원에 불과한 핀셋 증세, 찔끔증세였다. 이는 찔끔증세라는 비난을 받은 재정개혁특별위원회 최종안보다 약한 수준이었다.

갑자기 재정개혁특별위원회라는 것이 튀어나와서 독자들이 의아해할지 모르겠다. 이 위원회는 2018년 4월 문재인 정부가 부동산보유세제 개편 문제를 다루도록 할 목적으로 청와대 정책기획위원회 산하에 설치한 특별위원회다. 청와대와 기획재정부가 아예 정책 설계를 민간 위원이 다수인 위원회에 미룬 것부터 이례적이며, 사실상 한 가지 세금만을 위해 특별위원회를 설치한 것도 특이하다. 항간에는 정부 출범 후 1년이 다 가도록 보유세제 개편 문제를 방기하던 문재인 정부가 책임을 모면하기 위해 '꼼수'를 썼다는 평가가 자자했다. 재정개혁특위는 석 달 가까이 논의한 끝에 2018년 7월 3일 최종 권고안을 발표했는데, 종부세의 공정시장가액 비율을 연간 5퍼센트씩 높이고 세율을 약간씩 인상해 과세를 강화한다는 내용이었다. 하지만 세수 증가 효과는 약 1조 1,000억 원에 불과해서 찔끔증세라는 비판을 면치 못했다.

1조 1,000억 원 증세를 찔끔증세라고 비난하는 이유를 이해하기 어렵다면 자세히 살펴보자. 2016년 현재 한국의 민간이 소유한 부동산 자산의 총액은 8,417조 6,000억 원이다. 그해 보유세 세수는 종부세 1조 5,000억 원, 재산세 10조 2,000억 원, 기타 부가세 1조 7,000억 원, 합계 13조 4,000억 원이었다. 보유세 실효세율을 계산하면 0.16퍼센트가 나온다. 이 수치가 OECD 국가들 중에서 최하위권에 속한다는 것은 앞에서 이미 언급했다. 2015년 현재 OECD 13개국의 보유세 실효세율

평균은 0.33퍼센트다. 미국·캐나다·영국 등은 이 비율이 1퍼센트를 넘나든다. 앞으로 종부세를 1조 1,000억 원 더 걷어봤자 보유세 실효세율은 0.01퍼센트포인트밖에 올라가지 않으니, 이것으로 보유세를 강화한다고 말하는 것은 부끄러운 일이다.

재정개혁특위의 논의과정에 기획재정부의 입김이 강하게 작용했다는 것은 잘 알려진 사실이다. 그런데 기획재정부는 재정개혁특위의 찔끔증세 안조차 깔아뭉개고 세수 증가 효과가 약 7,400억 원에 불과한 정부 개편안을 확정 발표했다. 특위가 권고안을 발표한 지 3일 만에 이루어진 일이다. 이처럼 문재인 대통령과 현 정부는 출범 당시부터 지금까지 부동산 불로소득을 차단·환수해 부동산공화국을 해체하려는 의지를 보인 적이 한 번도 없다. 프롤로그의 〈신화 6〉, 즉 문재인 정부가 부동산 문제를 근본적으로 해결하기 위해 노력해왔다는 인식은 근거가 없는 생각이다.

9·13대책에 담긴 종부세 개편 방안은 이 정부 개편안을 수정한 것이다. 전체 세율을 약간씩 더 올리고 다주택자에 대해서는 추가 과세를 하는 내용이어서 7월 6일에 나온 기재부 최종안보다는 강화된 방안이라고 할 수 있다. 일부 언론에서는 주택 종부세 최고 세율이 노무현 정부 때의 3퍼센트보다 높아진다는 이유로 문재인 정부가 그때보다 강한 제도를 도입해서 세금폭탄을 퍼부으려 한다고 비판했다. 그러나 그 비판은 완전히 틀렸다. 노무현 정부 때 종부세는 과세기준이 지금보다 낮았고(더 낮은 가격대부터 과세가 시작된다는 의미다), 세대별 합산 방식을 적용하고 있었다. 반면 현행 종부세는 과세기준이 그때보다 높을 뿐만 아니라 인별 합산 방식을 적용한다. 게다가 과표구간도 참여정부 때보다 세

[표 7] 제도 변경에 따른 보유세액 변화

단위: 만 원

	시가	참여정부 제도 유지 시			현행			9·13대책 적용 시		
		재산세	종부세	보유세	재산세	종부세	보유세	재산세	종부세	보유세
주택	15억	499	300	799	189	31	220	189	33	222
	20억	674	650	1,324	273	104	377	273	136	409
	30억	1,024	1,100	2,124	441	340	781	441	535	976
종합합산 토지	50억	1,225	1,600	2,825	1,025	1,175	2,200	1,025	1,300	2,325
	100억	2,475	5,350	7,825	2,075	3,935	6,010	2,075	4,660	6,735
	200억	5,975	19,850	25,825	4,175	11,805	15,980	4,175	14,930	19,105
별도합산 토지	200억	3,880	1,200	5,080	2,680	352	3,032	2,680	352	3,032
	400억	7,880	3,200	11,080	5,480	2,112	7,592	5,480	2,112	7,592
	1,000억	19,880	21,200	41,080	13,880	8,752	22,632	13,880	8,752	22,632

부담이 낮아지도록 설계되어 있다. 따라서 9·13대책대로 세율을 인상하더라도 종부세 부담은 참여정부 때에 훨씬 못 미친다.

[표 7]은 참여정부 보유세 정책이 지금까지 유지되었다는 가정 아래 유형별·가격대별로 부동산보유세를 계산하고, 그것을 현행 제도하의 보유세, 그리고 9·13대책 적용 시의 보유세와 비교해본 것이다. 계산의 편의를 위해 주택은 1주택자의 경우를, 종합합산토지와 별도합산토지는 한 지자체에 토지를 집중 보유하는 경우를 상정했다. 9·13대책이 시행될 경우, 현재보다 종부세와 전체 보유세의 부담이 늘어나기는 하지

[표 8] 9·13대책의 세수 효과

단위: 만 명, 억 원

구분	인원 (2016년 기준)	세수 효과		
		재정개혁특위안	7·6 정부 개편안	9·13 수정안
주택	27.4	+897	+1,500	+4,200
종합합산토지	6.7	+5,450	+5,500	+5,500
별도합산토지	0.8	+4,534	+450	+450
합계	34.9	+10,881	+7,450	+10,150

출처: 기획재정부, 보도자료, 2018년 7월 6일; 관계부처 합동, 보도자료, 2018년 9월 13일.

만 그 정도가 미약하고, 참여정부 때의 제도가 유지되었을 경우와 비교하면 훨씬 가벼운 수준임을 확인할 수 있다.

[표 8]은 2018년 7월 이후 발표된 세 가지 개편안의 세수 효과를 보여준다. 9·13대책의 개편안은 종부세 세수를 현재보다 1조 150억 원 증가시키는 방안이다. 이는 재정개혁특위 최종 권고안의 세수 효과보다 적은 금액이다. 찔끔증세라는 평가를 받았던 재정개혁특위 최종 권고안보다 세수 효과가 약하고 극소수의 고가주택·다주택 소유자 위주로 증세를 하는 방안이어서 찔끔증세, 핀셋증세라는 비판을 모면하기 어렵다. 또한 대기업과 건물주가 부담하는 별도합산토지에 대한 종부세를 현행대로 유지한다는 것도 문제다.

9·13대책은 단기 시장조절의 측면에서 보더라도 문제가 많다. 대책이 대부분 투기지역, 투기과열지역, 조정대상지역 등 규제지역 중심으로 적용되기 때문에 비규제지역으로 투기의 불길이 옮겨 붙는 '풍선효

과'가 나타날 가능성이 크다. 게다가 나대지와 빌딩의 부속토지에 대한 종합부동산세는 손대지 않았기 때문에 작금의 아파트 투기가 토지나 상가·빌딩 쪽으로 이동할 가능성도 있다. 수구세력이 주장하는 공급 확대론에 굴복해 수도권 30여 곳에 신규 택지를 개발한다는 방침도 들어 있어 투기 불길을 서울에서 경기도 곳곳으로 확산시킬 우려도 크다.

종부세를 강화했다는 사실 자체에만 주목하다 보면 어떤 목적으로 그랬는지는 간과하기 쉽다. 9·13대책의 종부세 강화는 작금의 가격 폭등 해소에 목적이 있다. 3주택 이상자와 조정대상지역 2주택자에게 좀더 높은 세율을 적용하는 추가과세 방안을 도입한 것이나, 세 부담 상한 상향도 그들에게만 적용한 것은 그래서다. 이렇게 보유세를 단기 시장조절을 위해 한번 활용하면, 다음에 시장이 침체할 때는 거꾸로 완화하라는 압력이 생길 수밖에 없고, 결국은 양도소득세처럼 보유세도 시장 상황에 따라 강약을 반복하는 누더기 조세로 전락할 우려가 있다.

문재인 정부의 부동산 정책이 참여정부와 닮았다고 여기는 사람이 많다. 9·13대책 발표 후 언론에서는 두 대통령과 두 정부 정책을 비교하는 기사가 쏟아져 나왔다. 문 대통령이 노무현 대통령의 절친한 친구로 참여정부 부동산 정책이 입안되고 집행되는 과정을 지근거리에서 지켜봤고, 그때 청와대에서 노 대통령을 보좌했던 참모 다수가 청와대에 포진하고 있으며, 특히 종합부동산세를 비롯해 참여정부 부동산 정책을 설계했다고 알려진 김수현 박사가 2018년 11월 8일까지 청와대 사회수석으로 문재인 정부 정책을 총괄했으니 그렇게 여길 만도 하다. 하지만 지금까지 나온 문재인 정부의 부동산 정책을 유심히 살펴보면, 두 대통령의 접근 방식과 두 정부의 정책이 판이하게 다르다는 사실을 확인할 수 있다.

노무현 정부는 한국 사회에서 부동산이 근본 문제라는 인식 아래 정책을 수립하고 집행했다. 노무현 대통령부터 2003년 11월 "강남이 불패라면 대통령도 불패로 간다"고 피력하는가 하면 2006년 4월 "참여정부의 부동산 정책이 완화되거나 후퇴하는 일이 없도록 직접 챙기겠다"고 다짐할 정도로 부동산 문제를 근본적으로 해결하려는 의지가 강했다.

5장에서 열거했듯이, 실제로 노무현 정부의 부동산 정책은 역대 어느 정부도 펼치지 못한 기념비적인 것들이었다. 정책 하나하나에 대해 기득권층이 엄청난 공격을 퍼부어댔고 그것이 마침내 일반 국민의 마음까지 사로잡았음에도, 노무현 대통령이 끝까지 정책기조를 지켜내는 강단을 보인 것은 역대 대통령 누구에게서도 찾아보기 어려운 특별한 모습이었다.

이와는 대조적으로 문재인 정부는 부동산 문제를 근본적으로 해결하겠다는 의지를 피력한 적이 없다. 문재인 대통령이 이에 대해 언급한 것은 2017년 8월 17일 취임 100일 기자회견에서 "공평과세라든지 소득재분배라든지 또는 더 추가적인 복지재원의 확보를 위해서 필요하다는 어떤 사회적 합의가 이루어진다면 정부도 검토할 수 있을 것"이라고 한 것이 고작이다.

지금까지 발표하고 시행한 부동산 정책도 단기 시장조절 정책과 주거복지 정책밖에 없다. 지주와 재벌과 건물주가 기세등등하게 "불로소득주도성장 만세!"를 외치는데도 문재인 정부는 그들의 견고한 성을 무너뜨리는 진정한 소득주도성장, 진정한 공정경제를 실현할 생각이 전혀 없어 보인다. 이렇게 해서는 땅이 아니라 땀이 대우받는 세상은 요원할 수밖에 없다. 그러니 어찌 '촛불정부'의 소임을 방기했다고 질타하지 않을 수 있겠는가? 문재인 정부를 참여정부 2기로 간주해 부동산 정책도 비슷한 내용일 것으로 생각하는 사람이 많지만, 두 정부 부동산 정책의 성격은 전혀 다르다. 노무현 정부가 부동산 불패신화와 정면대결을 펼쳤다면, 문재인 정부는 단순한 시장관리에 그치고 있다. 따라서 문재인 정부의 부동산 정책을 참여정부의 재판再版으로 믿는 〈신화 7〉은 거짓이다.

투기대책의 루프홀

2018년 7월 이후 서울 부동산 시장에 투기 광풍이 불어닥치자 그것이 누구 책임인지를 둘러싸고 정치권에서 논란이 일었다. 여당인 더불어민주당 측에서는 이명박·박근혜 정권이 9년 동안 줄기차게 밀어붙인 부동산 경기부양 정책에 책임을 돌렸다. 예컨대 2018년 9월 13일 더불어민주당 박영선 의원은 국회 본회의 정치 분야 대정부 질문에서 이명박 정권이 지방 부동산 띄우기 정책을 펼친 지 3년 만에 지방 부동산 시장에 광풍이 불었고, 박근혜 정권이 분양가 상한제 실질적 폐지, 재건축 초과이익 환수제 3년 유예, 재건축 조합원 분양주택 수 3채 허용 등 부동산 투기 조장책을 펼친 지 역시 3년 만에 서울 부동산 시장에 광풍이 불고 있다고 주장했다. 최경환 전 경제부총리 시절의 인위적 금리인하도 한몫했다고 덧붙였다.

한편, 자유한국당과 바른미래당 등 야당과 보수 언론은 아파트값 폭등의 원인으로 문재인 정부의 규제 일변도 수요억제 정책과 부서 간 정책 혼선을 꼽았다. 예를 들어 바른미래당 이혜훈 의원은 서울 아파트값이 박근혜 정권 50개월 동안 10.2퍼센트 상승한 데 비해 문재인 정부 16개월 동안 26퍼센트나 뛰었음을 지적하며, 노무현 정부 때와 똑같은 정책을 펼치는 문재인 정부에 책임이 있다는 견해를 피력했다. 이들은 한목소리로 과세·규제 강화를 포기하고 재건축·재개발 규제를 완화해서 양질의 주택을 공급해야만 서울의 부동산 광풍을 잠재울 수 있다고 주장했다.

문재인 정부에 책임을 돌린 야당과 보수 언론의 주장은 문재인 정부의 정책 혼선과 이전 정부 때보다 훨씬 빠른 부동산값 상승세를 지적했다는 점에서 일견 타당하다. 하지만 이명박·박근혜 정권이 9년 동안이나 노골적인 부동산 경기부양을 시도했다는 명백한 사실과, 박근혜 정권 때의 재건축 규제 완화와 금융 규제 완화가 강남지역 부동산 광풍의 시발점이었다는 사실을 애써 무시했다는 점에서 문제가 크다. 재건축 규제 완화는 투기 광풍의 원인으로 작용했던 정책임에도 그것을 해법으로 제시했다는 점에서 논리적 결함도 심각하다.

명백한 역사도 자꾸 반복해서 말할 필요가 있는 모양이다. 이명박·박근혜 정권이 줄기차게 부동산 시장을 부양하려 노력했고 그 결과 투기억제 장치가 전면 해제된 상태에서 작금의 부동산 광풍이 불었다는 사실이 분명한데도, 자유한국당은 모른 척 오리발을 내밀었으니 말이다. 이명박·박근혜 정권이 펼친 부동산 경기부양책의 내용은 앞에서 상세하게 소개했으므로 여기서 재론할 필요는 없을 것이다.

그렇다면 오로지 이명박·박근혜 정권에 책임을 돌린 박영선 의원의 주장은 어떻게 봐야 할까? 이 주장은 두 보수 정권이 실시한 부동산 경기부양책의 실상을 드러냄으로써 부동산 광풍의 역사적 배경을 확실히 밝혔다는 점에서 의의가 크다. 그러나 문재인 정부의 정책 오류에 완전히 눈을 감았다는 점에서 문제가 있다. 부동산 정책의 효과가 3년 뒤에 나타난다고 한 것도 근거 없는 이야기다.

사실 문재인 정부에 면죄부를 주기에는 정책 오류가 너무 크다. 문재인 캠프는 대선 공약에 매년 10조 원, 5년간 50조 원으로 도시재생사업을 추진하겠다는 계획을 포함시켜 부동산값 상승에 대한 기대감을 높였다. 또 집권 후에는 내내 보유세 강화에 극히 미온적인 태도를 보임으로써, 부동산공화국을 건드리는 근본 정책을 실시하지는 않고 부동산 시장을 적당히 관리하는 수준에 머물겠다는 의중을 드러냈다. 보유세 강화 없이 다주택자 양도세 중과를 시행한 결과 '똘똘한 한 채'로 투기 수요가 집중되게 하기도 했다. 그 나름대로 합리적 판단에 능한 부동산 시장 참가자들은 문재인 정부의 이런 태도를 '투기해도 좋아'라는 신호로 받아들였다.

임대주택의 실태를 파악하고 임대료 상승을 억제한다는 명분으로 등록 임대주택에 과도한 혜택을 부여해서 투기대책에 거대한 루프홀 loophole(허술한 구멍)을 만들어둔 것도 치명적인 오류다. 사실 민간 임대주택 일체에 대해 규제 완화와 세제 혜택을 제공하는 정책을 처음 도입한 것은 박근혜 정부였다. 이 정책은 2014년 2월 발표된 '주택 임대차 시장 선진화 방안'에 담겼는데, 임대주택 등록자에 대한 취득세·재산세 감면, 양도세 한시적 면제, 중과 배제 및 감면, 소득세·법인세 감면 등 대폭적인 세제 혜택과 함께 규제 완화 조치를 취한다는 내용이었다.

문제는 문재인 정부가 이 정책을 그대로 계승하면서 8년 이상 임대사업자로 등록하는 자에게 혜택을 더욱 확대했다는 사실이다. 2018년 10월 30일에 방영된 MBC 〈PD수첩〉 '미친 아파트값의 비밀 2부'에서는 이 제도가 투기꾼들에게 어떻게 활용되고 있는지 추적해서 생생하게 보도했다. 공시가격 12억 원인 목동 아파트를 한 채 가진 사람과, 총 공시가격이 270억 원에 달하는 가양동 소형 주택 100채를 소유한 임대사업자의 세금을 비교한 내용은 실로 충격적이었다. 목동 1주택자는 재산세 연 30만 원, 10년 보유 후 매도할 경우의 양도소득세 2,900만 원, 종부세 연 75만 원을 납부하는 반면 가양동 100채 소유자는 재산세와 양도소득세 면제, 종부세 비과세로 관련 세금을 한 푼도 안 낸다는 것이었다. 이로써 투기꾼들이 임대주택등록제를 이용해서 아파트를 수십 채, 수백 채 사 모으고는 세금은 거의 안 낸다는 사실이 백일하에 드러났다. 임대시장을 안정시킨다는 명분으로 시행한 제도가 아파트 투기꾼들에게 '꽃길을 깔아주고' 있었던 셈이다.

이준구 서울대 명예교수가 자신의 홈페이지에 "임대주택등록제, 부동산 투기에 꽃길을 깔아주고 있지는 않은가?"라는 글을 올려서 이 제도의 문제점을 조목조목 지적하자 화들짝 놀란 김현미 국토교통부 장관이 나서서 "(정책 효과가) 처음 정책을 설계했을 때의 의도와 다르게 나타나는 것 같다"고 사과하고 잘못을 바로잡을 뜻을 밝혔다. 하지만 막상 그 며칠 후 나온 9·13대책에는 어이없게도 조정대상지역에서 신규로 취득하는 주택에 한해 임대사업자 혜택을 줄이겠다는 내용이 담겼을 뿐이었다. 등록 임대사업자가 이미 보유한 약 120만 호에 대한 특혜는 일절 손대지 않았으니, 발 빠른 투기꾼들은 환호성을 질렀을 법하다. 사실 이 문제를 해결하는 방법은 간단했다. 신규 등록 주택이든 기존 등록 주택이든 혜택을 똑같이 줄이되, 시한을 정해서 그때까지 보유 주택을 팔 사람은 팔라고 발표하는 것이다. 아마 그랬다면, 복잡한 가격 안정 대책을 마련할 필요도 없이 아파트값이 바로 안정되었을지 모른다.

투기대책에 엄청난 루프홀이 존재한다는 사실이 드러났는데도 문재인 정부는 이를 제대로 메우려는 노력을 하지 않았다. 왜 그랬을까? 이미 발표된 정책을 믿고 의사결정을 한 사람들에게 충격을 주는 것을 꺼렸기 때문인지도 모른다. 하지만 충격을 받을 사람들 다수가 투기꾼이라는 사실이 드러난 이상, 그들을 염려해서 올바른 정책을 펼치지 않는 것이 국정을 책임진 자에게 합당한 태도일까? 문재인 정부가 이렇게 미온적인 태도로 정책 오류에 대처하는 것을 지켜보는 동안, 이상하게도 내 마음에서 한 가지 생각이 떠나가지 않았다. 그것은 우리 사회에서 임대주택등록제를 최초로 제안한 사람이 문재인 정부 부동산 정책의 총책임자 김수현이었다는 사실이다. 그는 문재인 정부 출범 후 청와대에서 사회수석을 지내다가 2018년 11월 정책실장으로 승진했다. 언론에서는 그를 '실세 중의 실세', 청와대 '왕수석' 등으로 표현했다.

그는 2011년에 출간한 자신의 저서『부동산은 끝났다』에서 '모든 다주택자는 등록해야 한다'고 주장하며 이렇게 말했다.

우리나라에서 모든 가구가 내 집이나 공공임대주택에서 살아갈 수는 없다. 전체 가구의 3분의 1 정도는 내 집 마련이 불가능하다는 점을 인정하자. 또 공공임대주택을 무한정 늘릴 수도 없다. (……) 20퍼센트 정도의 가구는 민간 소유 임대주택에서 살아갈 수밖에 없다. 이들의 주거를 안정시키는 것이 목표라면, 민간 임대차 제도를 근대화시키는 방향으로 가는 도리밖에 없지 않은가? (……) 우리가 다주택자를 비난하면서도 실제로는 전혀 위력적인 억제 수단이 없지 않은가? 차라리 소유는 인정하면서 운영에 개입하는 것이 현실적이다. 자기가 살지 않는 주택은 모두 등록하도록 하는 데서 시작하자.[151]

임대주택등록제는 김수현 신임 정책실장이 오래전부터 품고 있던 정책 구상이었다. 그는 이 구상을 2012년과 2017년 문재인 후보 대선 공약에 담았다. 김수현이 두 번의 대선에서 문재인 후보의 정책 공약을 총괄했다는 것은 잘 알려진 사실이다. 2014년 박근혜 정부가 임대주택 등록제를 도입한 것은 그의 구상을 갖다 쓴 것에 불과하다. 이런 사실을 감안하면, 김수현은 현행 임대주택등록제가 투기대책의 루프홀임이 명백히 드러나는데도 자신의 오랜 구상을 실현한 정책이라 여겨 굳이 고수하려고 했던 것은 아닌가 하는 합리적 의심이 생긴다.

5년간 50조 원을 투입해서 도시재생사업을 추진하겠다는 것, 부동산 시장을 적당히 관리는 하겠지만 부동산공화국을 건드리는 근본 정책을 실시할 생각은 없다는 신호를 시장에 준 것, 보유세 강화 없이 다주택자 양도세 중과를 시행해 '똘똘한 한 채'로 투기 수요가 집중되게 만든 것 등 지금까지 문재인 정부가 펼친 부동산 정책의 핵심 항목들에서 나는 김수현의 체취를 진하게 느꼈다. 그런데다 투기대책의 최대 루프홀도 그 때문에 제대로 메우지 못했다면, 이는 심각한 문제다.

길을 잘못 들어섰을 때는 돌아 나오는 것 외에 방법이 없다. 그런데 잘못 가고 있다는 사실을 인정하지 않은 채 그 길 위에서 계속 뭔가 해보려고 한다면 아무리 애를 써도 목표에서 멀어질 수밖에 없다. 내가 새삼 강조할 필요도 없이, 모든 인사의 기본 원칙은 신상필벌信賞必罰이다. 이런 상식을 잘 알고 있었을 문재인 대통령이 장하성 실장의 뒤를 잇는 청와대 정책실장에 김수현 수석을 임명했다. 여기저기서 강한 반대 의견이 분출하는데도 처음 먹은 생각을 그대로 밀고 나간 듯하다. 2018년 6·13지방선거 이후 문재인 정부가 '촛불정부'의 정체성에서 자꾸 멀어진다는 우려가 여기저기서 나왔는데, 2018년 11월의 청와대 정책실장 인사는 그런 우려에 개의치 않고 '내 길을 가겠다'는 선언이 아니었을까?

8장

부동산공화국
해체를 위한 제언

지금 당장 부동산 광풍을 잠재울 단기 대책을 마련하는 것은 시급하고
도 중요하지만, 그보다 더 중요한 일이 있다. 예를 들어 중병에 걸려 극
심한 고통을 호소하는 환자가 있다고 하자. 정상적인 의사라면 통증을
완화하기 위해 진통제도 투여하겠지만, 거기서 그치지 않고 병의 진정
한 원인을 찾아내 근본적으로 치유할 방법을 찾을 것이다. 병의 근본 원
인을 해결하는 데는 관심이 없고, 오로지 진통제만 투여하면서 병원 식
사나 꼬박꼬박 제공한다면 그런 의사는 돌팔이가 틀림없다. 그렇게 환
자를 치료한다면, 갈수록 고통은 심해지고 결국 환자는 생명을 잃고 만
다. 문재인 정부가 출범 후 부동산 문제를 다룬 방식을 꼼꼼히 살펴볼수
록, 부동산 정책 담당자들이 질병의 원인에는 관심 없이 진통제나 놓고
밥이나 공급하는 돌팔이 의사와 비슷하다는 생각을 하게 된다. 여러 번
강조했다시피 대한민국 부동산 문제의 근본 원인은 부동산에서 과다한

[그림 13] 부동산공화국 해체를 위한 정책 개념도

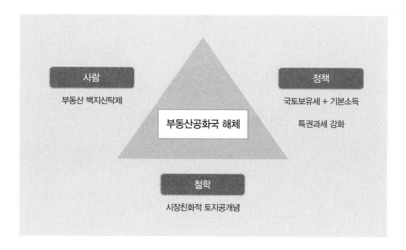

불로소득이 발생한다는 데 있다. 수술이 필요한 환자는 수술을 해야 완치되듯이, 부동산 불로소득을 효과적으로 차단·환수하지 않고서는 투기 광풍을 잠재우는 것도, 불평등을 완화하는 것도 불가능하다.

지금부터는 부동산 불로소득을 차단·환수해 부동산공화국을 해체할 수 있는 근본 정책을 어떻게 마련해야 할지 생각해보기로 하자.

[그림 13]은 부동산공화국을 해체하려면 어떻게 접근해야 할지 고민하며 그려본 정책 개념도다. 부동산공화국 해체라는 궁극의 목표를 달성하기 위해서는 첫째, 올바른 정책 철학을 갖추어야 하고, 둘째, 그 철학에 부합하는 근본 정책 수단을 도입해야 하며, 셋째, 정책 담당자들이 사익에 휘둘리지 않고 중립적인 입장에서 올바른 정책을 세울 수 있도록 제도적 장치를 마련해야 한다.

2009년 강남역 사거리 풍경. © Oscar Alexanderson

2015년 서울 지하철 2호선 잠실철교와 롯데월드타워, 잠실 아파트단지들. © Teddy Cross

대한민국 헌법과 토지공개념

한국에서 부동산 불로소득 차단·환수 정책이 제대로 시행되지 못한 원인은 무엇일까? 무엇보다도 먼저, 농지개혁 이후 수십 년이 지나는 동안 부동산 불로소득에 사활을 거는 부동산 부자와 토건족이 형성되었고, 보수 언론, 경제관료, 부동산 시장만능주의 학자가 이들과 결탁해 강력한 부동산공화국 지배 동맹을 구축했다는 사실을 꼽을 수 있다. 달랑 집 한 채 가지고 자식들 공부시키며 빠듯하게 살아가는 중산층과 서민층은 부동산을 소유하고 있다는 이유 하나만으로 이 지배 동맹과 동류의식을 느끼며 지원군 역할을 충실히 수행했다. 노무현 정부 당시의 종부세 반대운동은 어처구니없게도 부동산을 소유한 중산층과 서민층이 부동산공화국 지배 동맹의 조세저항에 동조한 대표적인 사례다. 부동산 정책에 이해관계를 가진 계층의 행위를 분석하는 것도 의미 있는 일이겠지만, 그보다 먼저 해야 할 일은 근본 요인, 즉 사람들을 그렇게 움직이도록 만든 제도와 법률을 검토하는 일이다.

제도는 물길과도 같다. 높은 곳에서 물을 부으면 물길을 따라 흘러가듯이, 사람들은 제도에 맞추어 행동하고 주어진 제도를 전제로 해서 의사결정을 내린다. 한 사회의 기득권층은 그런 사실을 잘 알고 있다. 그들이 자신에게 유리한 제도를 도입하고 지키기 위해 많은 돈으로 로비를 하는 등 사력을 다하는 것은 그 때문이다. 하지만 잘못된 제도 때문에 고통을 당하는 수많은 보통 사람과 사회적 약자는 자신이 왜 그런 일을 겪는지 알지도 못하고, 알려고 하지도 않는다. 잘못 난 물길을 따라 그저 흘러가면서 어떻게 하면 맨 앞쪽으로 나아갈 수 있을까 노심초

사할 뿐이다. 그들은 잘하면 자신도 소수 기득권층의 대열에 합류할 수 있을 것처럼 기득권층에게 유리한 제도와 법률을 도입하려는 정치인을 지지한다.[152]

한 국가의 제도와 법률의 기본 틀을 규정하는 것은 최상위 법률인 헌법이다. 그래서 어떤 나라든 중요한 제도와 정책은 헌법에 그 원칙을 기록해둔다. 그러므로 한국 헌법에 부동산 제도와 부동산 정책의 원칙이 들어 있으리라 기대하는 것은 당연하다. 그런데 현행 헌법에 토지공개념 조항이 포함되어 있음을 아는 국민은 몇이나 될까?

대한민국 현행 헌법에는 토지공개념 조항이 들어 있다. 바로 헌법 제122조인데, 그 내용은 다음과 같다.

국가는 국민 모두의 생산 및 생활의 기반이 되는 국토의 효율적이고 균형 있는 이용·개발과 보전을 위하여 법률이 정하는 바에 의하여 그에 관한 필요한 제한과 의무를 과할 수 있다.

하지만 한국 사회에서 토지공개념만큼 오해받아온 정책 철학도 없다. 1987년에 만들어져 30년이나 시행된 현행 헌법 가운데 엄연히 토지공개념 조항이 들어 있음에도, '토지공개념은 위헌'이라고 믿고 주장하는 국민이 적지 않다. 토지공개념은 사회주의 국가에서나 시행할 수 있는 것이라 여기는 사람들도 있다. 정부가 토지공개념 정신에 부합하는 정책을 시행하면 언론과 기득권층이 들고일어나 위헌이라는 이유로 그 정책을 공격한다. 헌법 정신과 실제 정책 간에 괴리가 발생한 것은 당연한 일이었다. 그리하여 부동산 불로소득을 차단·환수해서 부동산 문제를 근본적으로 해결할 수 있는 정책들이 제대로 시행되지 못하거나, 시행되었다가도 얼마 못 가서 후퇴하곤 했다. 그 결과 불평등은 심화되고 주거문제는 악화되었다. 현행 헌법의 토지공개념 정신에 부합하는 정책들이 방해받지 않고 시행되었더라면, 한국이 부동산공화국이라는 오명을 뒤집어쓰는 일은 없었을지 모른다.

이처럼 헌법 정신과 실제 정책 간에 괴리가 생긴 데는 현행 헌법의 토지공개념 조항이 추상적이고 애매해서 해석의 여지가 크다는 점이 결정적 원인으로 작용했다. 그 때문에 노태우 정부가 제정한 토지공개념 3법 중 2개 법률(토지초과이득세법, 택지소유 상한에 관한 법률)과 노무현 정부가 제정한 종합부동산세법이 위헌 또는 헌법 불합치 판정을 받고 말았다. 역대 정부들이 부동산 문제를 근본적으로 해결하려 하지 않고 대증요법에 주력하게 된 것도 한편으로는 이해가 간다. 헌법의 토지공개념 정신과 실제 정책의 괴리를 줄이고 토지공개념을 둘러싼 소모적인 논란을 방지하려면 헌법에 토지공개념을 지금보다 더 구체적으로 기록할 필요가 있다. 토지공개념 헌법 명시의 방법에 대해서는 뒤에서 다루기로 하고, 여기서는 현행 헌법의 토지공개념 조항이 만들어진 역사적 과정에 대해 살펴보자.

현행 헌법에는 제122조 외에 토지공개념을 구성하는 조항이 더 들어 있다. 바로 제23조 1·2항과 제120조 2항이다.

〈제23조〉 ① 모든 국민의 재산권은 보장된다. 그 내용과 한계는 법률로 정한다.
② 재산권의 행사는 공공복리에 적합하도록 하여야 한다.

3부 땅이 아닌 땀이 대우받는 세상을 향하여

③ 공공필요에 의한 재산권의 수용·사용 또는 제한 및 그에 대한 보상은 법률로써 하되, 정당한 보상을 지급하여야 한다.

〈제120조〉 ① 광물 기타 중요한 지하자원·수산자원·수력과 경제상 이용할 수 있는 자연력은 법률이 정하는 바에 의하여 일정한 기간 그 채취·개발 또는 이용을 특허할 수 있다.

② 국토와 자원은 국가의 보호를 받으며, 국가는 그 균형 있는 개발과 이용을 위하여 필요한 계획을 수립한다.

현행 헌법 제23조 1항과 2항은 사유재산권 보장과 재산권에 대한 사회적 구속성을 규정한 것으로, 토지를 특정하지는 않았지만 재산권 일반이 법률의 제한을 받으며 재산권 행사는 공공복리에 적합하게 해야 함을 선언한다는 점에서 토지공개념 성립의 토대를 이룬다. 현행 헌법은 제23조를 전제로 제122조에서 토지에 대해 더욱 강한 사회적 구속성을 규정하기 때문에, 제23조와 제122조는 헌법상 토지공개념의 필요충분조건을 구성하는 것으로 봐야 한다. 또한 토지 이용에 대한 국가 개입을 토지공개념의 한 부분으로 간주한다면, 국가의 계획권을 규정한 헌법 제120조 제2항도 토지공개념 조항으로 분류할 수 있다.

헌법 제23조는 제헌헌법에서 제15조로 처음 도입된 이래, 사소한 자구 수정 외에는 그대로 유지되어왔다.[153] 사실 제헌헌법 제15조는 독일 바이마르공화국 헌법 제153조 "소유권은 헌법으로 보장하며, 그 수용은 단지 공공의 복리를 위해 법률에 근거해서만 이루어진다. 동시에 소유권은 그 행사가 공공선에 기여해야만 한다는 의무를 진다"를 받아들인 것이다. 박찬승 교수는 이를 "자유주의적 시장경제체제에 대한 강력한 제한을 의미"한다고 평가했다.[154] 한편, 국가의 계획권을 규정한 제120조 제2항은 1972년 헌법에서 도입되어 현행 헌법까지 자구 수정도 없이 그대로 유지되어왔다.

그렇다면 토지공개념 본 조항이라 할 수 있는 제122조는 어떤 과정을 거쳐서 헌법에 등장했을까? 제헌헌법은 제85조에서 "광물 기타 중요한 지하자원, 수산자원, 수력과 경제상 이용할 수 있는 자연력은 국유로 한다. 공공필요에 의하여 일정한 기간 그 개발 또는 이용을 특허하거나 또는 특허를 취소함은 법률의 정하는 바에 의하여 행한다"라고 규정해 자연자원의 국유를 선언하기는 했지만, 토지공개념 조항을 두지는 않았다. 이는 제헌헌법 작성에 큰 영향을 끼친 것으로 알려진 임시정부 '건국강령'(1941년 11월 28일 국무회의 통과)[155]이 토지는 국유임을 선언하고 토지의 상속·매매·저당·양도·유증遺贈·전조차轉租借[156] 금지를 규정했던 것과는 대조적이다.

토지공개념 본 조항이 최초로 모습을 드러낸 것은 1962년에 만들어진 제3공화국 헌법에서다. 이 조항은 1972년에 부분적으로 개정된 후, 1987년 현행 헌법이 만들어지면서 대폭 개정되어 오늘날의 모습을 갖추게 되었다. 그 변화 내용은 다음과 같다.[157]

제3공화국 헌법(1962년 12월 26일)
〈제114조〉 국가는 농지와 산지의 효율적 이용을 위하여 법률이 정하는 바에 의하여 그에 관한 필요한 제한과 의무를 과할 수 있다.

유신헌법(1972년 12월 27일)

〈제119조〉국가는 농지와 산지 기타 국토의 효율적인 이용·개발과 보전을 위하여 법률이 정하는 바에 의하여 그에 관한 필요한 제한과 의무를 과할 수 있다.

현행 헌법(1987년 10월 29일)

〈제122조〉국가는 국민 모두의 생산 및 생활의 기반이 되는 국토의 효율적이고 균형 있는 이용·개발과 보전을 위하여 법률이 정하는 바에 의하여 그에 관한 필요한 제한과 의무를 과할 수 있다.

사실 제3공화국 헌법 제114조는 전체 국토가 아닌 농지와 산지가 대상이었고 토지의 효율적 이용을 목적으로 했을 뿐 그 공공성을 실현하기 위한 것도 아니었기 때문에, 토지공개념 조항이라 부르기 곤란할 정도다. 다만 현행 토지공개념 조항의 형식적 틀을 제시했다는 점에서 '원형'이라 부를 수는 있겠다. 유신헌법에 와서 농지와 산지 뒤에 "기타 국토"가 들어가고, 필요한 제한과 의무를 과하는 목적도 효율적인 이용을 넘어 효율적인 개발과 보전으로까지 확대되었다는 점에서 토지공개념 조항으로의 부분적 진화가 확인된다. 하지만 여전히 농지와 산지가 중심인 데다 효율성을 넘어 토지의 공공성을 실현하기 위한 제한과 의무를 규정하지는 않았다.

유신헌법 제119조는 제5공화국 헌법(1980년 10월 27일)에서 제123조로 이동했지만 내용은 아무런 변경 없이 그대로 유지되었다. 이 조항은 1987년 현행 헌법이 만들어지면서 대폭 개정되어 제122조에 자리를 잡았다. 우선 "농지와 산지 기타 국토"라는 부분이 "국민 모두의 생산 및 생활의 기반이 되는 국토"로 바뀌었다. 조항의 적용 대상을 전체 국토로 확장하는 동시에 토지가 국민 모두에게 어떤 의미를 갖는지 밝힌 것이다. 국가가 토지에 대해 필요한 제한과 의무를 과하는 목적도 "효율적인 이용·개발과 보전"에서 "효율적이고 균형 있는 이용·개발과 보전"으로 확대했다. 드디어 토지의 공공성을 실현한다는 의미가 조항 안에 들어간 것이다.

애초에 농지와 산지의 효율적인 이용을 도모하기 위해 만들어진 헌법 조항이 전체 국토를 대상으로 공개념을 적용하는 내용으로 발전한 데는 고도성장과 급속한 도시화에 따라 토지문제가 계속 악화되었다는 배경이 크게 작용했다. 특히 현행 헌법이 제정된 1987년은 88서울올림픽을 앞두고 전국 방방곡곡에서 부동산 투기 바람이 불기 시작해서 토지공개념의 취지에 대한 국민적 공감대가 급속히 확산되던 시기였다. 현행 헌법 공포 직후 노태우 정부가 토지공개념 3법과 종합토지세를 도입하고 2005년 노무현 정부가 종합부동산세를 도입할 수 있었던 것은 토지공개념 조항의 존재에 힘입은 바가 컸다. 현행 헌법은 분명히 토지공개념 조항을 갖고 있고, 헌법재판소도 여러 판결에서 토지공개념이 우리 헌법의 정신임을 확인했다. 뒤에서 보겠지만, 토지공개념을 시장친화적인 방법으로 구현하는 것도 얼마든지 가능하다. 따라서 토지공개념을 반헌법적이며 사회주의적인 것으로 믿는 〈신화 8〉은 전형적인 '가짜뉴스'다.

하지만 공개념 성격이 강한 정책들은 도입 후 대부분 위헌 심판 청구 대상이 되었고, 다양한 방식으로 인용認容되어 무력화되고 말았다. 이는 헌법재판관들의 보수적 성향이 작용한 탓이기도 하지만, 현행 토지 공개념 조항의 내용이 추상적이어서 여러 해석을 가능하게 했기 때문이다.

문재인 정부는 헌법과 실제 정책의 괴리가 심각한 것을 깨달았는지, 2018년 3월 21일 대통령 개헌안을 발표하면서 토지공개념을 명시하는 내용을 포함시켰다. 현행 헌법 제122조를 자구 수정을 약간 하는 것 외에는 그대로 유지하면서 제128조로 옮기고, 거기에 따로 한 개 항을 신설·추가하는 방식을 취했다. 개정안의 내용은 다음과 같다.

〈제128조〉① 국가는 국민 모두의 생산과 생활의 바탕이 되는 국토의 효율적이고 균형 있는 이용·개발과 보전을 위하여 법률로 정하는 바에 따라 필요한 제한을 하거나 의무를 부과할 수 있다.
② 국가는 토지의 공공성과 합리적 사용을 위하여 필요한 경우에만 법률로써 특별한 제한을 하거나 의무를 부과할 수 있다.

신설된 ②항에 "토지의 공공성"이라는 구절이 들어가고 제한과 의무 앞에 "특별한"이라는 수식어가 붙었다는 점에 주목할 필요가 있다. 이 조항이 한국 사회에 토지공개념을 적용하기 위해 만들어졌음을 명백하게 선언하는 내용이기 때문이다. 청와대는 대통령 개헌안을 발표하면서 이 항을 신설하는 목적을 좀더 구체적으로 밝혔다. "토지에 대한 투기로 말미암은 사회적 불평등 심화 문제를 해소"하겠다는 것이었다.

하지만 이 대통령 개헌안은 야당의 표결 불참으로 자동 폐기되고 말았다. 그에 따라 부동산 정책의 고질병이라 할 수 있는 헌법과 정책의 괴리를 해소할 기회도 함께 사라지고 말았으니 실로 안타까운 일이다.

시장친화적 토지공개념을 헌법에 명시하자

사람이 만들지 않은 토지, 자연자원, 환경 등에는 공개념을 적용하는 것이 옳다. 정의로우면서 경제효율을 높이는 부동산 정책을 실효성 있게 실시하기 위해서는 토지공개념을 헌법에 명시할 필요가 있다는 점도이미 명백해졌다. 앞에서 본 2018년 3월 대통령 개헌안에 토지공개념 조항이 명시됐지만, 그것은 이탈리아 헌법 제44조("국가는 토지의 합리적 사용과 공평한 사회관계를 보장하기 위해 토지 사유권에 대해 법률로써 의무와 제한을 부과한다")를 차용한 느낌이 강해서 2퍼센트 부족한 인상을 준다.

사실 아는 사람은 많지 않지만, 대통령 개헌안의 토지공개념 조항보다 더 나은 개정안이 이미 나와 있었다. 국회 헌법개정특별위원회 산하 자문위원회의 경제·재정 분과가 최종 제출한 안으로, 그 내용은 다음과 같다.

〈제120조〉① 국가는 국민 모두의 생산 및 생활의 기반이 되는 국토의 효율적이고 균형 있는 이용·개발·보전을 도모하고, 토지 투기로 인한 경제왜곡과 불평등을 방지하기 위하여 **법률이 정하는 바에 의하여** 필요한 제한과 의무를 과한다.
② 국가는 공공주택 공급 등 주택개발정책을 통하여 모든 국민이 쾌적한 주거생활을 할 수 있도록 노력하여야 한다.

③ 국가는 주거 및 영업활동의 안정을 도모하기 위하여 법률이 정하는 바에 의하여 공정한 임대차가 이루어지도록 노력하여야 한다.

〈제121조〉 ① 자연자원은 모든 국민의 공동자산으로서 국가의 보호를 받으며, 국가는 지속 가능한 개발과 이용을 위하여 필요한 계획을 수립하고 이를 달성하기 위하여 노력한다.

이 개정안은 토지공개념이 토지 투기에 기인하는 경제왜곡과 불평등을 방지하기 위한 것임을 명시했을 뿐만 아니라, 국가의 공공주택 공급 의무와 부동산 임대차 시장의 공정성 확보 의무를 함께 규정함으로써 부동산 문제의 근본적 해결을 위한 헌법적 근거를 마련하고자 했다는 점에서 역사적 의의가 크다. 또한 현행 헌법 제120조를 대폭 수정해 자연자원이 모든 국민의 공동자산임을 선언한 것도 획기적이다. 따라서 앞으로 개헌 논의가 재개될 때는 대통령 개헌안보다는 이 개정안을 출발점으로 삼는 것이 더 낫다고 본다.

토지공개념은 직접 소유를 제한하거나 처분을 제한하는 방법으로 구현할 수도 있고, 이용을 지나치게 규제하거나 불로소득을 미숙하게 환수하는 방법으로 추진할 수도 있다. 그런데 그 방법들이 시장의 효율성을 저해한다면, 토지공개념을 구현할지는 몰라도 다른 방향에서 상황을 더 악화시킬 수도 있다. 따라서 토지공개념을 구현하되 시장친화적인 방법으로 하는 것이 중요하다. 나는 이런 정책 철학을 '시장친화적 토지공개념'이라 명명하고, 그 개념을 다음과 같이 정의해왔다. "토지는 모든 사람의 공공재산이라는 성격을 갖고 있는 만큼 그것을 보유하고 사용하는 사람은 그 가치에 비례해 사용료를 공공에 납부하게 하고 그 수입은 사회 구성원들에게 골고루 혜택이 돌아가도록 지출한다." 경제학적으로 볼 때 자연자원과 환경은 토지와 동일한 성격을 가지므로, 이 철학은 거기에도 동일하게 적용하는 것이 옳다.

앞에서 언급했지만, 시장친화적 토지공개념을 실현하는 방법에는 두 가지가 있다. 하나는 토지보유세를 강화하는 것이고, 다른 하나는 국공유지를 확대해서 시장원리대로 운용하는 것이다. 전자가 지대와 자본이득의 사적 전유를 허용하는 대신에 과세를 통해 그 상당 부분을 환수하는 것이라면, 후자는 국가와 공공기관이 토지 소유권을 기반으로 민간에게서 임대료를 징수하는 것인데, 임대료를 시장가치대로 걷으면 토지와 부동산에서 불로소득이 발생하기는 어렵다. 여러분은 토지가치세제와 토지공공임대제라는 이름을 기억하고 있을 것이다.

토지가치세가 시장친화적이라는 사실은 이미 잘 알려져 있다. 토지공공임대제를 시장친화적인 방법으로 운용하는 것도 얼마든지 가능한데, 이에 대해서는 약간의 설명이 필요하다. 토지공공임대제의 목적은 토지가 국공유인 상태에서 자유로운 토지 이용을 보장하되 토지 임대가치를 공적으로 환수해 모든 국민에게 평등지권을 보장하는 데 있다. 이를 위해서는 토지 사용자에게 토지 이용의 자유와 임차기간 중 토지 사용권 처분의 자유를 부여해야 하며, 임대료가 자유시장의 원리에 따라 결정되도록 해야 한다. 공공이 토지 사용자에게서 임대료를 시장가치대로 걷으면 토지 자체에 가격이 성립할 수 없다. 따라서 이론상 이상적인 토지공공임대제하에서는 토지매매시장이 소멸한다. 단, 공공이 임대인이 되고 민간이 임차인이 되는 토지임대시장은 여전히 작동한다. 토지 임대료 수입이 상당한 규모로 발생할 텐데, 그것은 모든 국민이 골고루 혜택을 누릴 수 있도록 지출해야 한다. 그렇게 하면 토지를 사용하지 않는 사람도 평등지권을 누릴 수 있다.

토지공공임대제는 토지 사용자에게서 사용량만큼 토지 사용료를 징수하기 때문에 토지 불로소득을 효과적으로 차단한다. 게다가 토지 이용의 자유가 보장되고 사용권의 매매도 허용되므로 자유경쟁의 효력이 완벽하게 발휘된다. 즉, 토지공공임대제는 시장친화적이다. 그뿐만 아니라 토지 사용료 수입의 공평한 지출을 통해 평등지권의 이상까지 실현할 수 있어서 시장친화적 토지공개념 정신에도 잘 부합한다.

이와 같은 이상적인 형태는 아니지만, 공공이 국공유지를 민간에게 임대하고 그 대가로 임대료를 징수하는 제도는 전 세계 곳곳에서 다양한 형태로 실시되어왔다. 싱가포르와 홍콩은 토지공공임대제를 전면적으로 도입해서 운영해왔으며, 핀란드·스웨덴·네덜란드·이스라엘 등은 국지적으로 토지공공임대제를 적용해왔다. 영국의 전원도시Garden City와 호주의 캔버라, 미국 뉴욕의 배터리 파크 시티Battery Park City처럼 토지공공임대제의 원리를 도시개발에 적용해서 성공한 사례도 있고, 미국의 토지단일세 마을처럼 민간이 공동체를 만들어 자발적으로 그 원리를 적용한 경우도 있다. 사회주의 국가 중국은 1980년대에 도시 토지 유상사용 방식을 처음 도입한 이래 토지공공임대제를 계속 확대해왔다. 단, 중국은 토지 임대료를 시장가치대로 걷지 않아서 토지 사용권 투기를 유발하는 정책 오류를 범했다. 한국도 비록 큰 효과를 거두지는 못했지만, 토지임대부주택 공급으로 토지공공임대제의 원리를 도입하고자 시도한 적이 있다.[158]

국공유지만 충분히 확보된다면, 토지공공임대제는 부동산 불로소득을 원천적으로 차단하고 평등지권 사회를 실현하는 데 매우 효과적인 제도다. 하지만 국공유지가 충분치 않은 경우에는 아예 제도 도입 자체가 어렵다. 다른 선진국에 비하면 한국은 전체 토지 가운데 국공유지 비율이 유독 낮다. 국공유지가 전체 국토의 약 30퍼센트밖에 안 되는 데다 그중 민간에 임대해서 사용료를 징수할 만한 땅은 거의 없다. LH공사 같은 토지개발 담당 공기업들이 확보하고 있는 공공택지를 활용할 수는 있겠으나, 이는 막대한 부채에 시달리는 공기업들이 극구 회피하는 방법이다. 따라서 한국에 토지공공임대제를 도입하려면 제도 도입을 목표로 장기적인 토지비축 계획을 수립해서 국공유지를 대폭 확대하는 것이 선결조건이다. 그러기 위해서는 막대한 토지비축 자금을 확보해야 하는데, 장기채를 활용하는 등 금융기법을 동원한다 하더라도 만만한 일은 아닐 것이다.

지금 당장 한국에서 시행하기 어려운 제도를 왜 거론하는지 의문이 생길 수도 있겠다. 하지만 북한 지역을 함께 생각하면 어떻게 되는가? 전체 국토가 국공유 상태인 북한에서는 토지공공임대제가 즉각 도입 가능한 대안이 될 수 있다. 2018년 4월 27일, 5월 26일 두 차례의 남북정상회담, 6월 12일 북미정상회담, 9월 18~20일 문재인 대통령의 방북이 성사되면서 남북한 경제교류의 가능성이 한껏 고조되고 있다. 1차 남북정상회담에서 문재인 대통령은 김정은 국무위원장에게 '한반도 신경제구상'을 전달했고, 3차 정상회담에서 문 대통령과 김정은 위원장은 남북 간 동·서해안 철도와 도로 연결, 개성공단·금강산 관광 재개, 서해경제공동특구·동해관광공동특구 조성, 자연생태계 보호·복원을 위한 환경 협력, 전염성 질병 유입·확산 방지를 위한 보건·의료 협력 등 다양한 분야에서 교류·협력 방안을 강구해가기로 했다. 남북한 경제교류와 협력도 중요하지만, 조만간 북한이 개혁·개방의 길로 들어선다면 제일 먼저 필요한 것은 한반도 신경제구상과 같은 개발 지도가 아니라 북한 토지제도 개편 방안이라는 사실을 인식하는 것도 그에 못지않게 중요하다. 부동산 불로소득이 발생하지 않도록 미리 제도적 장치를 마련해두지 않는다면, 북한 개발은 부동산공화국을 한반도 전역으로 확대하는 결과를 초래할 수밖에 없다.

북한 토지제도의 개편 방향에 관해서는 1990년대에 활발한 연구가 이루어졌지만, 최근에는 관심이 시들해졌다. 이명박·박근혜 정권의 대북 적대정책 탓이 크다. 하지만 남북정상회담 이후 남북 교류가 활발해지면서, 경기도 파주를 비롯한 접경지역의 땅값이 들썩거린다고 하고 북한 토지문서 처리 방안을 다루는 기사까지 보도되는 상황이므로, 향후 연구가 다시 활발해질 것으로 전망한다. 차제에 한국 정부는 북한 지역에 토지공공임대제를 도입하는 방안을 조속히 마련해 북한 당국에 제안할 필요가 있다. 이미 중국에서 이와 유사한 제도를 도입해 어느 정도 성공을 거두었기 때문에 북한 측은 열린 마음으로 우리 측 제안을 받아들일 가능성이 있다.

현행 제도를 활용해서 보유세를 강화하려면

대한민국에서 토지보유세를 강화하는 방법에는 두 가지가 있다. 하나는 현행 제도를 활용해서 강화하는 것이고, 다른 하나는 기존 제도를 폐지하고 새로운 제도를 도입하는 것이다. 먼저 현행 제도를 활용해서 보유세를 강화하는 방안부터 살펴보기로 하자. 현재 국세보유세로 종부세가 부과되고 있고 지방보유세로 재산세가 부과되고 있다는 것은 다시 설명할 필요가 없을 것이다. 종부세와 재산세에는 각각 세액의 일정 비율을 과세하는 부가세가 붙는데, 종부세의 부가세로는 농어촌특별세가, 재산세의 부가세로는 지방교육세가 부과되고 있다. 각 보유세의 부과 방식을 개략적으로 표현하면 다음과 같다.

$$종부세 = (공시가격 - 과세기준\ 금액)$$
$$\times 공정시장가액\ 비율 \times 세율 - 재산세\ 공제액$$

* 종부세의 공정시장가액 비율은 80퍼센트

$$재산세 = 공시가격 \times 공정시장가액\ 비율 \times 세율$$

* 재산세의 공정시장가액 비율은 주택 60퍼센트, 상가·공장·토지 70퍼센트

$$농어촌특별세 = 종부세액 \times 0.2$$
$$지방교육세 = 재산세액(도시지역분은\ 제외) \times 0.2$$

종부세와 재산세는 과표구간을 몇 개로 나누고 각 구간별로 다른 세율을 적용하는 누진세 방식이므로, 실제 세액 계산은 위의 식보다 복잡한 과정을 거친다. 위 산식으로부터, 현행 제도 아래에서 보유세를 강화하려면 공시가격 상향 조정, 공정시장가액 비율 상향 조정, 세율 인상,

종부세 과세기준 금액 인하 등 네 가지 변수를 활용할 수 있음을 알 수 있다. 앞의 두 가지는 행정조치나 시행령 개정만으로 가능한 반면, 뒤의 두 가지는 법률 개정이 필요하다.

광범위한 조세저항을 유발할 가능성이 있음을 감안해 재산세는 가급적 건드리지 않고 종부세 위주로 보유세 강화를 추진하는 방안에 대해 생각해보자. 이때 변수는 공시가격 실거래가 반영률 균등화 및 상향 조정, 종부세 공정시장가액 비율 인상, 종부세 과표구간·세율 개편, 종부세 과세기준 금액 인하 등 네 가지다. 종부세 과세 대상자를 확대하는 것에 대해서는 저항이 클 것으로 판단해 네 번째 변수를 제외하고, 앞의 세 변수를 조합해서 보유세제 개편 시나리오를 만들어보았다.

공시가격 실거래가 반영률은 현행대로 유지하거나 70퍼센트, 80퍼센트, 90퍼센트, 100퍼센트로 균일적 상향 조정을 한다고 가정하자. 종부세 공정시장가액 비율은 현행 비율을 유지하거나 100퍼센트로 상향하는 두 가지 경우를, 종부세 과표구간·세율은 현행대로 유지하는 경우와 노무현 정부 수준으로 변경하는 경우 두 가지를 상정하자. 세 변수에서 각각 5가지, 2가지, 2가지의 경우를 가정하므로 이를 조합하면 총 20개의 시나리오가 나온다. [표 9]는 이 20개 시나리오를 적용할 경우 재산세와 종부세의 세수가 어떻게 변할지 "가계금융복지조사" 데이터를 활용해 추계한 결과를 보여준다.

이 표에서 보유세액이란 종부세와 재산세를 합한 것인데, 그 외에 농어촌특별세와 지방교육세 등 부가세가 있다는 것을 기억할 필요가 있다. 과거 세수 통계로 계산해보면 부가세는 보유세액의 약 14퍼센트 수준이다. 따라서 부가세까지 더한 넓은 의미의 보유세액은 표의 보유세

[표 9] 부동산보유세 개편 시나리오별 세수 효과 추계

단위: 조 원

개편 내용	시나리오	공정시장가액 비율	실거래가 반영률	재산세액	종부세액	보유세액	보유세액 (광의)
실거래가 반영률 상향	1	현행(80%)	현행	10.2	1.5	11.7	13.3
	2	현행(80%)	70%	11.9	1.9	13.8	15.7
	3	현행(80%)	80%	13.9	2.5	16.4	18.7
	4	현행(80%)	90%	15.9	3.2	19.1	21.8
	5	현행(80%)	100%	17.9	4.0	21.9	25.0
실거래가 반영률 상향 + 공정시장가액 비율 상향	6	100%	현행	10.2	2.0	12.1	13.8
	7	100%	70%	11.9	2.5	14.4	16.4
	8	100%	80%	13.9	3.3	17.1	19.5
	9	100%	90%	15.9	4.2	20.1	22.9
	10	100%	100%	17.9	5.3	23.2	26.4
과표구간· 세율 변경 + 실거래가 반영률 상향	11	현행(80%)	현행	10.2	2.3	12.5	14.3
	12	현행(80%)	70%	11.9	2.8	14.8	16.9
	13	현행(80%)	80%	13.9	3.8	17.7	20.2
	14	현행(80%)	90%	15.9	4.9	20.8	23.7
	15	현행(80%)	100%	17.9	6.2	24.1	27.5
과표구간· 세율 변경 + 실거래가 반영률 상향 + 공정시장가액 비율 상향	16	100%	현행	10.2	2.9	13.1	14.9
	17	100%	70%	11.9	3.7	15.6	17.8
	18	100%	80%	13.9	5.0	18.8	21.4
	19	100%	90%	15.9	6.4	22.4	25.5
	20	100%	100%	17.9	8.1	26.0	29.6

출처: "가계금융복지조사" 2011년과 2016년 데이터, 국세통계(http://stats.nts.go.kr), 국가통계포털(http://kosis.kr). 통계분석은 이진수(고려대 행정학과 박사과정)의 도움을 받았다.

주: 보유세액(광의)은 부가세를 포함한 금액이다.

3부 땅이 아닌 땀이 대우받는 세상을 향하여

액에 1.14를 곱한 값과 같다고 보면 된다.

보유세 강화의 목표를 어느 수준으로 잡느냐에 따라 어떤 시나리오를 채택할지가 결정된다. 만일 문재인 대통령이 대선 후보 시절 약속한 GDP 1퍼센트 수준으로 보유세를 강화하려고 한다면, '시나리오 7'을 선택할 수 있다. 2015년 현재 GDP 대비 부동산보유세 비율은 0.8퍼센트인데, 이를 1퍼센트로 올리려면 부동산보유세 세수를 약 3조 2,000억 원 늘려야 한다(GDP를 2015년과 2016년의 평균치인 1,600조 원으로 가정했다). '시나리오 7'은 공시가격의 실거래가 반영률을 균일하게 70퍼센트로 조정하고, 종부세의 공정시장가액 비율을 100퍼센트로 올리는 방안이다. 이 시나리오를 채택할 경우 '종부세+재산세'는 2조 7,000억 원 증가하고 지방교육세와 농특세까지 고려하면 3조 1,000억 원 증가할 전망이다. 종부세가 1조 원, 재산세가 1조 7,000억 원 증가하므로 우리 사회가 감내할 수 있는 수준이다. GDP 1퍼센트라는 목표는 '시나리오 12'로도 달성할 수 있다. 이 시나리오는 종부세의 과표구간과 세율을 노무현 정부 때로 복원하고 공시가격 실거래가 반영률을 70퍼센트로 조정하는 방안으로, 전체 보유세를 3조 6,000억 원 증가시킨다. 종부세는 1조 3,000억 원, 재산세는 1조 7,000억 원 증가한다. 이 또한 우리 사회가 수용할 만한 내용이다.

문재인 정부가 9·13대책에서 확정한 방안은 '시나리오 16'에 가깝다. 이 시나리오는 공시가격을 현행대로 두고 종부세의 과표구간과 세율을 노무현 정부 때로 복원하면서 공정시장가액 비율을 100퍼센트로 올리는 방안이다. 한편 9·13대책의 종부세 개편안은 공시가격의 실거래가 반영률을 건드리지 않고 공정시장가액 비율 상향 조정과 세율 인상으로 종부세를 1조 150억 원 더 징수하는 방안이다. 시나리오 16과 다른 점은 과표구간 변경이 없고 세율도 노무현 정부 때만큼 올라가지는 않는다는 점이다. 그래서 종부세 증가액도 시나리오 16의 1조 4,000억 원보다 적다. 양자 모두 재산세는 건드리지 않고 종부세만 찔끔 강화하는 것이어서 수용성은 높겠지만, 명실상부한 보유세 강화라고 부르기는 어렵다.

문제는 보유세를 GDP 1퍼센트 수준으로 강화한다는 목표 자체가 부동산 불로소득을 차단·환수해서 부동산 문제를 근본적으로 해결하기에는 역부족이라는 사실이다. 우리나라는 부동산 가격이 선진국 최고 수준이기 때문에, GDP 대비로 보유세 부담을 측정할 경우 부담 정도를 과대평가하게 된다는 문제가 발생한다. 부동산 가액 대비로 보유세 부담을 측정해야 부담 정도를 정확하게 평가할 수 있는데, 그 비율이 바로 실효세율이다. 앞에서 언급했지만, 2015년 OECD 13개국의 보유세 실효세율 평균은 0.33퍼센트다. 2016년 한국의 보유세 실효세율은 0.16퍼센트인데 이를 0.33퍼센트로 끌어올리려면 보유세 세수는 27조 8,000억 원이 되어야 한다. 지금보다 14조 5,000억 원을 더 걷어야 하는 셈이다. 게다가 미국과 캐나다 등 실효세율이 1퍼센트 전후인 국가의 수준으로 올리려면 보유세 세수를 무려 84조 원 정도로 늘려야 한다. 지금보다 70조 원 이상을 더 걷어야 한다는 계산이 나온다.

앞에서 말했듯이, 최근에는 OECD나 IMF 등 국제기구도 부동산보유세의 장점을 강조하며 세제 개편 시 보유세 강화를 적극 고려해야 한다고 권고한다. 특히 노레가드는 『IMF 워킹페이퍼』에서 선진국의 경우 부동산보유세를 국내총생산의 2퍼센트 이상 수준으로 강화할 것을 권고했다.[159] 만일 노레가드의 권고대로 보유세를 GDP의 2퍼센트 수준으로 강화하려면, 세수를 32조 8,000억 원으로 늘려야 한다. 지금보다 19조 5,000억 원을 더 걷어야 하는 것이다.

목표를 OECD 평균 실효세율로 잡든, GDP의 2퍼센트 수준으로 잡든, 증세 폭은 문재인 대통령이 후보 시절 제시한 것보다 훨씬 커야 한다. 여기에 비추어볼 때, 9·13대책상의 종부세 개편안은 물론이고 문재인 대통령이 대통령 후보 시절 약속한 방안조차 진정한 보유세 강화 대책으로 보기는 어렵다. 20개 시나리오 중 위의 두 목표에 가장 근접한 것은 '시나리오 20'이다. 이 시나리오는 종부세 공정시장가액 비율을 100퍼센트로 올리고 공시가격의 실거래가 반영률을 균일하게 100퍼센트로 조정하는 동시에, 과표구간과 세율을 노무현 정부 때와 똑같이 만드는 방안이다. 이 시나리오를 채택할 경우 보유세 총액은 16조 3,000억 원 증가해 OECD 평균 실효세율 실현이라는 목표는 달성한다. 하지만 GDP 2퍼센트 수준에 도달하려면 3조 2,000억 원이 부족하다. 현행 보유세 체계를 유지한다는 전제 아래 도입 가능한 방안들 중에서 가장 강력한 시나리오임에도 그렇다. 목표치 19조 5,000억 원을 달성하려면 종부세 과세기준 금액을 인하해 과세 대상을 확대하는 방안을 함께 도입할 필요가 있다. 문제는 '시나리오 20'이 정치적으로 실현 가능한 방안인가 하는 점이다. 이 시나리오를 도입할 경우 종부세는 6조 6,000억 원, 재산세는 7조 7,000억 원 늘어난다. 내가 판단하기에 이는 우리 사회가 수용할 수 있는 범위를 넘어선다. 그렇다면 현행 제도 아래서 보유세제를 선진국형으로 개편하는 것은 현실적으로 불가능하다는 결론이 나온다.

더 나은 보유세 강화 방안: 국토보유세와 기본소득의 결합[160]

한국의 부동산 불로소득을 걱정하는 사람이라면 누구든 보유세 강화에 동의할 것이다. 하지만 현행 제도를 유지할 경우 그 정책을 의미 있는 수준까지 추진하기가 어렵다. 게다가 보유세에 대해서는 이런저런 비토 논리가 퍼져 있기도 하고 조세저항을 우려하는 사람들도 많아서 정치인과 경제관료가 추진을 꺼리는 경향이 있다.

내 생각에 가장 이상적이면서도 조세저항 문제까지 해결할 수 있는 방안은 보유세와 기본소득을 결합하는 것이다. 즉, 종부세를 폐지하는 대신 그보다 우수한 국토보유세를 도입해서 세수를 충분히 확보하고, 그것을 전 국민에게 토지배당으로 똑같이 분배하는 방안이다. 종부세와 달리 모든 토지 소유자가 세금을 부담하지만, 그 대신 토지배당을 지급받기 때문에 실질적 부담이 늘어난다고 단정할 수는 없다(나중에 설명하겠지만 사실은 대부분이 이익을 본다). 국토보유세와 기본소득을 연계하는 이 방안은 전 국민이 국토에 대해 평등한 권리를 갖고 있음을 전제한다. 마치 주식회사의 주주들이 회사에 대해 보유 주식 수만큼 소유권과 배당받을 권리를 갖는 것과 동일한 이치다. 국토에 대해서는 모든 국민이 똑같이 한 주씩 갖고 있다고 보는 것이다.

여기서 잠깐 기본소득에 관해 설명할 필요가 있다. 기본소득은 국가가 자산조사나 노동조건 부과 없이 모든 개인에게 정기적으로 지급하는 소득을 가리킨다. 18세기 말 페인Thomas Paine과 스펜스Thomas Spence가 '권리로서의 복지'를 주창하며 기본자본('기초자본'이라고도 한다)과 기본소득의 도입을 제안했던 데서 유래한다. 기본소득은 복지국가의 위기가 본격화하는 가운데 1980년대부터 기존 복지국가 모델의 대안으로 부각되어 지금까지 활발한 논의가 이어지고 있다. 최근 스위스·핀란드·네덜란드나 캐나다의 온타리오 주 등지에서는 국민투표나 실험이 실시되면서 도입 가능성이 높은 정책의제로 다루어지고 있다.

국가가 모든 국민에게 1인당 얼마씩 정기적으로 지급한다고 해서 황당하게만 들리던 기본소득은 2017년 이후 한국 정책 공론장의 중심에 들어왔다. 2016년까지만 해도 녹색당이나 노동당 등 군소정당의 정책 공약에 불과했던 내용이 2017년 19대 대통령 선거과정에서 주요 정책 이슈로 부상한 것이다. 다수의 대통령 후보가 앞 다투어 기본소득 도입을 약속하는가 하면 상당히 구체적인 도입 방안을 대선 공약으로 제시하기도 했다. 외국의 기본소득 지지자들은 한국에서 기본소득이 크게 주목받는 것을 흥미롭게 지켜보고 있다.

한국에서 기본소득이 대형 정책 이슈로 부상한 데는 다음과 같은 경제적 배경이 있다. 한국은 재정의 소득 재분배 기능이 약하고 사회안전망이 취약한 상태에서 소득 불평등이 날로 심해지고 있다. 1997년 외환위기 이후 노동자의 지위가 지속적으로 불안정해졌으며, 장차 4차 산업혁명의 진행에 따라 노동자들은 더욱 열악한 처지로 떨어질 가능성이 크다. 고도성장과 급속한 도시화의 결과 사회 곳곳에 다양한 특권이 형성되고 막대한 특권이익이 발생해 불평등을 심화하면서 경제의 활력을 떨어뜨리고 있다. 특단의 개혁조치가 단행되지 않는 한, 이와 같은 상황이 해소되거나 개선될 가능성은 낮다. 정책 공론장의 변방에 머물러 있던 기본소득이 19대 대통령 선거를 거치면서 중심부로 진입한 것은 어찌 보면 필연적인 귀결이다.

이제 다시 국토보유세로 돌아가자. 이 세금은 종부세와 달리 토지에만 부과하고, 극소수의 부동산 과다보유자가 아니라 전체 토지 보유자에게 부과한다. 건물에 과세하지 않는 것은 건물보유세가 건축 활동을 위축시키는 비효율을 낳기 때문이다. 조세저항 문제를 염려하겠지만 그것은 국토보유세 세수 순증분을 모든 국민에게 1인당 n분의 1씩 분배하는 토지배당으로 해결한다. 국토보유세는 현행 보유세 제도의 근본 문제로 지적되는 용도별 차등과세를 폐지하고 모든 토지를 인별 합산해서 누진과세한다. 토지보유세를 모든 토지에 동일한 방식으로 부과할 경우 조세의 중립성이 구현되지만 용도별 차등과세를 할 경우에는 토지 이용에 왜곡이 발생해 효율성이 저해된다는 이야기는 교과서에 나온다. 게다가 현재의 용도별 차등과세는 주택 따로, 별도합산토지 따로, 종합합산토지 따로 나누어 각 범주 내에서 인별 합산해 과세하기 때문에, 여러 유형의 부동산을 두루 많이 보유한 사람들에게 유리하다.

국토보유세 도입은 다음과 같은 방법으로 추진한다. 첫째, 현행 국세 보유세인 종부세를 폐지한다. 둘째, 지방세인 재산세는 현행대로 유지한다. 셋째, 재산세 납부액 중 토지분은 환급한다. 넷째, 전국에 소유하는 모든 토지를 용도 구분 없이 인별 합산해서 과세한다. 다섯째, 전체 토지 소유자를 대상으로 과세한다. 여섯째, 공시지가를 과세표준으로 삼는다. 일곱째, 비과세·감면은 원칙적으로 폐지한다. 여덟째, 국토보유세 도입에 따른 세수 순증분은 모든 국민에게 n분의 1씩 토지배당으로 분배한다.

[표 10]은 노무현 정부 때의 보유세 세율체계를 참조해서 국토보

[표 10] 국토보유세 조세체계와 세수 시산 결과

	과세표준	세율(%)	대상자수(명)	세액(억 원)
개인	1억 원 이하	0.1	1,084만 6,015	4,183
	1억 ~ 5억 원	0.3	376만 2,858	2조 6,340
	5억 ~ 10억 원	1.0	46만 3,655	1조 9,010
	10억 ~ 50억 원	1.5	23만 4,466	8조 5,111
	50억 ~ 100억 원	2.0	1만 3,074	1조 5,205
	100억 원 초과	2.5	4,646	1조 3,534
	계		1,532만 4,714	16조 3,383
	과세표준	세율(%)	대상자수(명)	세액(억 원)
법인	1억 원 이하	0.1	4만 1,227	15
	1억 ~ 5억 원	0.3	3만 7,644	264
	5억 ~ 10억 원	1.0	1만 8,071	741
	10억 ~ 50억 원	1.5	2만 7,507	9,985
	50억 ~ 100억 원	2.0	4,750	5,524
	100억 원 초과	2.5	5,701	1조 6,607
	계		13만 4,900	3조 3,136

유세 세율체계를 시범적으로 만들어본 것이다. 그에 따라 과세할 경우 세수가 얼마나 될지 추산한 결과도 나와 있다. 이 표에 나오는 세액

은 토지분 재산세를 환급하기 전의 국토보유세 세수로, 개인 소유 토지에서 16조 3,383억 원, 법인 소유 토지에서 3조 3,136억 원, 총 19조 6,519억 원이 나올 것으로 예상된다. 2012년 토지 소유 통계를 활용해서 계산했는데, 이는 그해 이후 해당 통계가 아직 발표되지 않았기 때문이다. 공시지가 그 자체를 과세표준으로 삼았고, 비과세·감면은 없는 것으로 가정했다. 토지분 재산세 해당분이 5조 150억 원이기 때문에 이를 차감하면 국토보유세 실제 징수액은 14조 6,370억 원이 된다. 2012~2015년에 공시지가가 12.5퍼센트 상승했기 때문에 2018년까지는 20퍼센트 상승하는 것으로 가정하고 세수가 그에 비례해서 변화하는 것으로 보면, 2018년의 국토보유세 수입은 17조 5,640억 원이 된다. 종부세 폐지에 따른 국세보유세 세수 감소를 약 2조 원으로 보고 그것을 빼면 국토보유세 도입에 따른 세수 순증분은 약 15조 5,000억 원으로 추산된다. 이 금액을 2018년 추정 인구수로 나누면 1인당 연 30만 원이 된다. 나는 한신대 강남훈 교수와 진행한 연구에서 이처럼 국토보유세로 세수를 15조 5,000억 원 늘리고 그것을 전액 모든 국민에게 토지배당으로 지급할 경우, 전체 가구의 94퍼센트가 순수혜 가구가 된다는 시뮬레이션 결과를 얻었다. 만일 제도 도입 연도를 2018년이 아니라 더 늦춰 잡는다면 국토보유세 세수가 늘어나기 때문에 토지배당 액수도 증가할 가능성이 크다.

[표 11]은 종부세와 국토보유세를 비교한 표다. 과세의 보편성, 조세원칙, 조세저항 완화 장치 내장 여부, 제도의 지속 가능성 등 모든 측면에서 국토보유세는 종부세보다 뛰어난 세금임을 알 수 있다.

앞서 말한 바와 같이, 종부세는 부동산 과다보유자가 전국에 소유하

[표 11] 종부세와 국토보유세의 비교

	종부세	국토보유세
과세의 보편성	극소수 부동산 소유자 대상	모든 토지 소유자 대상
조세원칙에 따른 평가	가장 나쁜 세금 중 하나인 건물과세도 포함	가장 좋은 세금인 토지보유세만 부과
용도별 차등과세 여부	주택, 종합합산토지, 별도합산토지로 구분해서 차등과세	용도별 차등과세 폐지
조세저항 완화 장치	없음	내장
제도의 지속 가능성	납세자와 수혜자 완전 불일치	납세자와 수혜자 일치

는 부동산을 주택, 나대지, 빌딩·공장 부속토지별로 각각 인별 합산한 후 일정 기준 이상의 가액을 대상으로 누진과세하는 세금이라서, 부동산 과다보유의 동기를 억제하는 데 효과적이다. 토지가치 상승에 기인하는 자산 불평등과 소득 불평등을 정밀 타격할 수 있는 강력한 무기이기도 하다. 게다가 이 세금은 근로소득과 비근로소득 간 조세부담 형평성 결여라는 한국 소득세 제도의 고질병을 치유할 수 있는 치료제 역할을 할 수도 있다.

종부세는 이와 같은 역사적 의의를 갖고 있지만 한계도 있다. 용도별 차등과세의 문제는 이미 지적했다. 종부세는 극소수의 부동산 과다보유자에게만 부과되기 때문에 증세 여지가 적어서 보유세 강화를 의미있게 추진하기에는 부적절한 수단이다. 응집된 소수의 격렬한 조세저항을 유발하기도 쉽다. 또한 별도합산과세 대상인 상가·빌딩 부속토지에는 종합합산과세 대상보다 훨씬 가벼운 세금이 부과되고 있어서 형평상의 문제가 심각하다. 상가·건물의 부속토지 중에는 대기업과 금융기관, 그리고 소위 '갓물주'라 불리는 사람들이 도시에서 보유한 토지가 많다. 또한 종부세는 부동산 과다보유자에게서 걷어 부동산교부세로 지방에 내려 보내기 때문에 납세자와 수혜자가 완전히 분리된다. 이런 경우 제도의 장기 지속성에 문제가 생길 수 있다.

국토보유세는 종부세와 달리 조세저항을 완화할 수 있는 장치를 내장하고 있다. 위에서 보았듯이, 현행 종부세와 재산세만으로 보유세를 의미 있는 수준까지 강화하려고 하면 유례없는 조세저항이 일어나 정책을 좌초시키고 말 것이다. 반면 국토보유세 15조 5,000억 원을 걷는 방안은 토지배당 지급으로 전체 가구의 94퍼센트에게 순수혜를 누리게 하므로, 과세 대상자의 절대다수가 지지할 것이다. 그들은 순부담을 지는 소수가 펼칠 조세저항에 대해 강력한 방파제의 역할을 할 것이다. 순전히 경제 논리로만 볼 때, 종부세가 과세 대상자 전원의 저항을 유발하는 조세라면 국토보유세는 과세 대상자의 다수가 지지할 조세다. 보유세 강화 정책은 조세저항 때문에 의미 있는 수준까지 추진해가기가 어렵다는 인식이 한국 사회에 만연해 있다. 특히 경제관료들이 그렇게 생각하는 경향이 강하다. 하지만 조세저항을 절대시하는 〈신화 9〉는 어디까지나 현행 종부세와 재산세 체계를 유지하는 경우에 타당한 말이다. 국토보유세를 도입해서 기본소득과 결합하거나 '국가재건 프로젝트'와 연계한다면, 조세저항 문제는 쉽게 극복할 수 있다. 지금은 그것이 불가능하다는 관성적 믿음을 떨쳐버리는 일이 시급히 요구되는 상황이다.

국토보유세 세수 순증분으로 지급하는 토지배당은 생애주기별 배당이나 특수배당 등 다른 기본소득과 결합할 수도 있다. 그럴 경우 순수혜 가구 비율은 더 늘어나고 수혜액도 증가할 것이다. 게다가 토지배당을 비롯한 모든 기본소득을 지역화폐로 지급하면 그것이 지역경제 활성화의 마중물 역할을 할 수도 있다. 물론 지역화폐가 아닌 현금을 지급해야 기본소득의 본래 취지에 더 부합하겠지만, 여기서 그 문제는 논외로 하자.

국토보유세를 기본소득과 결합해서 도입할 경우 예상되는 사회경제적 효과를 한번 생각해보자. 국토보유세 도입은 부동산공화국과 부동산 특권에 직격탄이 된다. 이 세금이 본격적인 효과를 발휘할 단계가 되면, 현재 우리 사회에 만연한 지대추구 경향은 줄어들고 그만큼 생산적 경제가 활성화된다. 투기 목적으로 토지를 보유한 사람들은 필요 이상의 토지를 매각하므로 토지 소유 불평등이 완화된다. 2000년대 후반 이후 토지 매입에 몰두해온 재벌·대기업도 필요 이상의 토지를 처분하면서 생산적 투자에 관심을 기울인다. 부동산 소유 불평등이 완화되면 자연히 소득 불평등도 줄어든다. 더욱이 지가와 부동산 가격의 하향 안정화로 주거비용과 창업비용도 하락한다. 이렇게 되면 임금 부담과 높은 토지비용 때문에 해외로 나갔던 기업들의 회귀 가능성이 높아진다. 모든 국민이 토지배당을 받게 되면, 국민의 주권의식에도 큰 변화가 일어난다. 자신이 민주공화국의 실질적 주인이라는 의식이 생겨나는 것이다. 어떤가? 실로 놀라운 변화가 아닌가?

특권과세 강화로 지속 가능한 대한민국을 만들어야

특권과세 강화는 국토보유세의 원리를 모든 종류의 특권으로 확장하는 방안이다. 사실 우리나라에는 오랜 세월에 걸쳐 사회 곳곳에 깊이 뿌리내린 특권들이 많다. 특권이라고 하면 부동산 특권이 대표적이고 교육 특권, 일자리 특권, 재벌·대기업이 누리는 독점이윤과 초과이윤, 세습 자산, 환경파괴와 자연자원 이용으로 누리는 특권, 빅데이터를 기반으로 한 인공지능에서 생기는 초과이익 등 이루 다 헤아리기가 힘들다. 부동산 특권이 부동산 소유자에게 임대소득과 자본이득을 안겨주며 임대차 시장의 '힘의 비대칭'을 이용한 임차인 수탈도 가능하게 한다는 것은 잘 알려진 사실이다. 그리고 한국 사회 상위 1퍼센트가 획득하는 과도한 소득은 그들의 노력과 생산성에 상응하는 것이라기보다 그들과 그 가족들이 누리는 교육 특권과 일자리 특권에 기인하는 바가 크다. 또한 인공지능을 사용할 때 얻는 수익에는 플랫폼에 투자한 자본에 대한 보상이나 첨단기술을 활용하는 데 따른 초과수익도 들어 있지만, 수많은 타인이 형성한 데이터를 독점적으로 활용하는 데 따른 특권이익도 포함되어 있다.

노력과 생산성의 차이 때문에 생기는 불평등이 아니라 특권이익에 따르는 불평등이 커지면, 그 사회는 계급사회로 전락할 수밖에 없다. 계층 사다리가 끊어지고 부익부 빈익빈 현상이 심각해진다. 일반 국민은 아무리 열심히 일하고 땀을 흘려도 먹고살기가 힘들어지고, 미래에 대한 희망도 점점 사라진다. 한국은 이미 이런 단계에 들어선 것으로 보이는데, 이는 출생률이 극단적으로 떨어지는 데서 단적으로 드러난다. 이 비율의 극단적 저하는 어찌 보면 국가가 소멸과정에 들어섰음을 뜻한다. 앞으로 약 20년이 지나면 한국 지자체의 약 30퍼센트가 인구 감소로 기능 정지 상태에 들어갈 것이라 하니 이미 지방 소멸은 가시화되고 있다고 봐야 한다.[161] 특권을 해체해서 계층 사다리를 복원하고 국민에게 미래에 대한 희망을 심어주지 않는 한, 이 과정을 되돌릴 길은 없어 보인다.

특권을 해체하는 최선의 방안은 '특권이익 있는 곳에 우선 과세한다'는 것을 조세제도의 제1원칙으로 수립해서 실행하는 것이다. 동원할 수 있는 정책 수단으로는 국토보유세 도입, 재벌·대기업 법인세 중과, 누진소득세 최고세율 인상, 상속세·증여세 최고세율 인상, 자연자원 이용료와 환경오염세 정상화 등이다. 누진소득세 최고세율 인상과 상속세·증여세 최고세율 인상은 토마 피케티가 『21세기 자본』에서 세습자본주의의 도래를 우려하며 강하게 주창한 대안이다.

특권과세로 생기는 수입은 국토보유세 수입보다 훨씬 많을 것이다. 이 수입은 전액 기본소득 지급을 위해 쓸 수도 있고, 국가 소멸을 저지하기 위한 대형 프로젝트에 집중 투입할 수도 있다. '요람에서 대학까지' 국가가 책임지는 국가재건 프로젝트는 어떨까? 예컨대 연간 30조 원 정도를 투입하겠다는 담대한 계획을 수립하고, 아기사랑주택, 무상조리원, 무상탁아소, 무상어린이집, 무상유치원, 무상고등교육 등을 대거 공급해 출생 때부터 대학 졸업 때까지 국가가 책임지는 것이다.

요즘 청년들이 결혼과 출산을 기피하는 데는 주택문제와 일자리 문제도 주요 원인으로 작용하지만 출산 후 육아·교육 문제도 그에 못지않은 요인이다. 이제는 국가가 나서서 이 문제를 해결하지 않으면 안 되는 단계가 되었다. 이는 단순히 복지를 확대하는 차원을 넘어서서 국가의 미래를 좌우할 초대형 국가 프로젝트다. 이와 같이 특권 해체로 공정한 경쟁을 복원하고 '요람에서 대학까지' 국가가 책임짐으로써 희망을 복원할 수만 있다면, 지속 가능한 대한민국을 건설하는 일도 불가능한 꿈은 아닐 것이다.

고위공직자와 부동산의 연결고리는 제도로 끊어야 한다

서울에 부동산 광풍이 휘몰아치던 2018년 9월 초 장하성 당시 청와대 정책실장이 TBS 라디오 방송과 나눈 인터뷰에서 "모든 국민들이 강남 가서 살려고 하는 건 아닙니다. 살아야 될 이유도 없고 거기에 삶의 터전이 있지도 않습니다"라고 하고는 "저도 거기에 살고 있기 때문에 말씀을 드리는 겁니다"라는 말을 덧붙여서 온 국민의 공분을 샀다. 때마침 자유한국당은 2017년 8·2대책 이후 장하성 실장을 비롯한 청와대와 정부 내 고위공직자들의 주택가격이 수억 원씩 오른 사례를 제시하며 문재인 정부의 부동산 정책을 맹비난했다.

그 얼마 후에는 정의당 심상정 의원이 청와대와 정부, 그 관할기관에 근무하는 고위공직자 639명의 주택 보유 현황을 분석해서 공개했는데, 강남 3구에 주택을 보유한 공직자의 비율이 국세청 80퍼센트, 공정거래위원회 75퍼센트, 금융위원회 69퍼센트, 기획재정부 54퍼센트, 한국은행 50퍼센트, 국토교통부 34퍼센트로 드러나서 충격을 던져주었다.

부동산 정책과 경제정책을 수립·집행하는 고위공직자들이 부동산에 적지 않은 이해관계가 걸려 있어서 올바른 부동산 정책이 만들어질 수 없다는 이야기는 어제오늘의 일이 아니다. 2018년 3월 29일 〈뉴스타파〉가 정부·국회·대법원·선관위·헌법재판소의 고위공직자 재산 내역을 분석해서 발표했는데, 전체 공개 대상 2,249명 중 30퍼센트가 넘는 778명이 다주택자이고, 특히 부동산 정책을 관장하는 국토교통부의 경우 고위공직자 45퍼센트가 다주택자였다.

이런 상태에서는 부동산 정책이 정책 담당자의 사적인 이해관계에 영향을 받기가 쉽고, 설사 공직자들이 양심적으로 정책을 수립하더라도 결과가 좋지 않을 때는 그 결과를 정책 담당자들의 사익과 연결시켜 해석하는 이야기가 난무할 수밖에 없다. 경제정책의 성패는 시장에 미치는 신호에 좌우되는 경우가 많은데, 이런 해석이 퍼질 때는 정책의 신호효과가 제대로 발휘되기 어렵다.

정의당 이정미 대표는 2018년 10월 1일 국회 비교섭단체 대표 연설에서 "청와대 참모진과 장관급 공직자의 35퍼센트가 다주택자입니다. 여기 계신 국회의원 119명이 다주택자이며, 74명은 강남 3구에 집이 있습니다. 국민의 3.4퍼센트만이 강남에 살지만 국회의원의 24.6퍼센트가 강남에 집을 갖고 있습니다"라고 하며 국회와 정부 성원이 자발적 1주택자가 되어야 한다고 역설했다. 제대로 지적을 하기는 했지만, 이토록 중대한 문제를 그토록 안이하게 해결하자고 주장하는 것은 맥 빠지는 일이다.

부동산 정책이 정책 담당자의 사익에 영향을 받고 또 정책이 고위공직자의 부동산 소유 때문에 신뢰를 주지 못한 채 희화화되는 것을 막으려면, 고위공직자와 부동산의 연결고리를 제도적으로 차단하는 일이 무엇보다도 중요하다. 당사자의 선의와 인사권자의 인사능력만으로는 근본적으로 해결하기 어렵다.

여기서 나는 고위공직자를 대상으로 부동산 백지신탁제와 부동산 소유상한제를 도입할 것을 제안하고자 한다. 어떤 내용의 제도인지 개략적으로 살펴보자.

우선, 양 제도의 적용 대상은 대통령, 국회의원, 국회 인사 청문 대상자, 지방자치단체의 정무직 공무원, 그 배우자와 자녀로 한다. 단, 배우자와 자녀가 자기 힘으로 취득했음을 입증하는 부동산은 제외한다. 제도 시행 후 대상자의 범위를 공직자윤리법이 정하는 재산공개 대상자와 부동산 정책 담당자로 점진적으로 확대한다.

양 제도의 대상이 되는 고위공직자는 대상 부동산을 취임 후 90일 이전에 자진해서 매각하거나 취임 후 30일 이전에 지정된 수탁기관에 백지신탁해야 하며, 계속 보유하고자 할 경우 보유 부동산 중 일정 가액 이상에 대해 부과되는 초과소유 부담금을 납부해야 한다. 대상자는 임명을 받거나 선출된 후 취임 이전에 보유 부동산 처리 계획(자진 매각, 백지신탁, 계속 보유)을 공표해야 한다.

보유 부동산 중 실수요임을 입증하지 못하는 부분은 자진 매각과 백지신탁의 대상이 된다. 실수요 부동산은 대상자가 거주 목적이나 영업 목적으로 직접 사용하는 부동산과 선산 등으로 엄격히 제한한다. 고위공직자 소유 부동산의 실수요 여부를 판단하고 수탁기관을 관리·감독하기 위해 인사혁신처 산하에 부동산 백지신탁 관리위원회를 설치한다. 수탁기관은 대상 부동산의 관리·운용·처분과 매각 금액의 운용 등을 담당한다. 수탁기관은 수탁 후 6개월 이내에 최고가 매각의 원칙에 따라 대상 부동산을 매각한다. 매각 금액과 매각 때까지의 수익(임대료 등)을 합한 금액이 신탁 시점의 시가 상당액에 그 법정이자를 더한 금액을 초과할 경우 차액을 국고로 귀속시킨다.

대상자의 퇴임 시까지 대상 부동산이 매각되지 않거나 매각 추진과정에서 대상자가 사임할 경우, 현물로 반환한다. 단, 신탁 해지 시점의 시가 상당액과 신탁기간 중 수익(임대료 등)을 합한 금액이 신탁 시점의 시가 상당액에 그 법정이자를 더한 금액을 초과할 경우 차액을 환수해 국고로 귀속시킨다. 고위공직 재임기간과 퇴임 후 3년 동안은 실수요 목적이 아닌 부동산의 신규 취득을 금지한다.

일정 가액 이상의 부동산을 소유한 고위공직자로서 자진 매각이나 백지신탁을 선택하지 않는 자에게는 초과소유 부담금을 부과한다. 이 부담금은 일정 기준(예컨대 서울 지역 아파트의 상위 33퍼센트에 해당하는 가액)을 초과한 금액을 대상으로 한다. 부동산 소유액은 대상자가 전국에 소유하는 모든 부동산을 인별 합산해서 구한다. 부담금의 비율은 공론화 과정을 거쳐서 결정하고, 부담금 부과기간은 고위공직 재임기간과 퇴임 후 1년으로 한다.

고위공직자 부동산 백지신탁제와 부동산 소유상한제를 제안하는 목적은 고위공직자들에게 부동산과의 연결고리를 끊을 기회를 주되 자진 매각, 백지신탁, 계속 보유라는 선택지를 부여해서 개인의 자유와 권리를 최대한 보장하려는 것이다. 다만 백지신탁의 경우 정상이자를 초과하는 이익은 국고에 귀속시키며 소유상한제의 경우 초과소유 부담금을 부과하는데, 이는 고위공직 재직기간과 퇴임 후에 발생할 수 있는 불로소득을 환수하기 위한 장치다.

이상의 아이디어는 김윤상 경북대 명예교수의 제안을 일부 수정하고 확장한 것으로 아직 면밀한 검토, 특히 법률적 검토를 거치지 않은 것이다. 앞으로 활발한 토론이 이어져서 제도의 완성도와 사회적 수용성이 높아지기를 기대한다. 우리 사회가 이제 고위공직자의 부동산 소유 실태를 드러내서 비난하고 그들에게 도덕적 결단을 촉구하는 것에만 머물 단계는 지났음을 보여주는 데는 이 아이디어들이 제법 효과를 발휘하리라 믿는다.

기본소득 연계형 국토보유세의 탄생

이명박·박근혜 정권을 지나면서 헨리 조지 이론은 우리 사회에서 잊힌 존재로 전락하고 말았다. 그와 함께 토지정의운동도 동면에 들어갔다. 이명박 정부 초기에 잠시 달아올랐던 수도권 부동산 시장은 다시 가라앉은 후 침체일로를 걸었다. 2011년경부터 대구와 부산 등 지방 광역시를 중심으로 아파트값 폭등세가 나타났지만 전국적인 관심을 끌지는 못했다.

토지정의운동과 부동산값 상승은 어쩌면 적대적 공생관계에 있는지도 모른다. 2014년 하반기부터 수도권의 부동산값이 오르면서 헨리 조지 이론과 토지정의운동에 대한 사회적 관심이 다시 조금씩 생겨나기 시작했다. 그러다가 그것은 2017년 대선을 거치면서 폭발적인 관심으로 발전했다. 수도권의 부동산 시장은 다시 불붙고 있었다. 부동산 규제 완화의 종결판이라 할 법한 '초이노믹스'의 효과가 본격적으로 발현되던 때였다.

2017년 대선 당시 나는 더불어민주당 이재명 예비후보 캠프에 참여했다. 거기서 나는 토지주택·기본소득위원회 위원장을 맡아서 부동산과 기본소득 관련 공약을 만들었다. 누군가 내게 "당신은 어째서 안 되는 쪽에 줄을 서는 거요?"라고 물었다. 그런데 어쩌면 그 말이 사실인지도 모른다. 내가 이재명 후보 측의 제안을 받아들인 것은 대학원 선배가 참여해달라고 부탁하기도 했지만 이재명이 더불어민주당 대선 후보가 될 가능성이 없어 보였기 때문이다. 괜찮은 정치인 같은데 아무도 도우려고 하지 않으니, 나라도 도와줘야 하지 않을까 하는 생각에서 캠프에 합류하기로 결정한 것이다.

2016년 10월 21일 아침 정책 캠프 구성원 몇 사람과 함께 이재명 당시 성남시장을 처음 만났다. 모임 서두에 그는 참석자들에게 자신의 생각을 밝히는 일종의 '발제'를 했다. 그는 짧은 시간에 한국 사회의 문제점을 정확하게 짚을 정도로 무척 명민했다. 그 후 2017년 4월 3일 더불어민주당 대선 후보 경선이 마무리될 때까지 제법 긴 기간 동안 나는 이재명 후보를 도왔다.

당시 토지주택·기본소득위원회에서 나와 함께 공약을 작성했던 사람은 한신대 강남훈 교수, 토지정의시민연대 이태경 처장, 토지+자유연구소 남기업 소장이었다. 우리가 작성한 공약 중에는 국토보유세·기본소득·지역상품권을 '3종 세트'로 결합해 부동산 투기 근절, 불평등 완화, 지역경제 활성화를 도모하겠다는 내용이 들어 있었는데, 이는 이재명 후보를 대표하는 브랜드 공약으로 인정되어 언론의 집중조명을 받았다. 그 외에도 우리 위원회는 경북대 김윤상 명예교수가 처음 제안한 부동산 백지신탁제를 더욱 정교하게 만들어 이재명 후보의 공약으로 발표했다. 또 출산 후 3년이 경과하지 않은 무주택 세대를 대상으로 '아기사랑주택'을 5년간 30만 호 공급하고, 장기 공공임대주택 공급 목표를 높여서 2022년 말까지 장기 공공임대주택 재고 비율 8퍼센트를 달성하겠다는 주거복지 공약도 함께 발표했다.

이재명 캠프의 초기 상황은 무척 허술했다. 다른 후보 캠프에 비해 참여하는 지식인도 많지 않았고 조직 운영도 체계적이지 않았다. 하지만 정책 캠프가 그렇게 허술했던 덕분에 이재명 후보에게 직접 정책을 설명할 수 있었고, 그의 입을 통해 평소에 신봉하던 정책을 마음껏 알릴 수 있었다. 돌이켜보면 그때 이재명은 하늘이 우리에게 맡긴 '대형 스피커'였던 셈이다. 2017년 대선 경선 전까지만 해도 이재명 후보는 기본소득에 대한 확신은 있었지만 국토보유세에 대해서는 모르고 있었다. 우리 위원회가 기본소득과 연계한 국토보유세 공약을 만든다는 소식이 정책 캠프 안에 알려지자, 안 되는 이유를 줄줄이 읊으며 집요하게 우리를 견제하는 인사가 등장했다. 할 수 없이 나는 이재명 후보에게 연락해서 정책의 내용을 직접 설명했다. 그는 내가 설명하는 내용을 바로 이해하고 그 자리에서 수용했다. 기본소득 연계형 국토보유세가 큰 힘을 얻는 순간이었다. 이재명 후보는 대선 경선이 끝날 때까지 이 공약을 반복해서 주창했고, 이는 이재명의 대표 정책으로 자리 잡았다.

나는 국토보유세를 15조 5,000억 원 걷어서 모든 국민에게 똑같이 토지배당으로 연 30만 원을 지급하는 공약이 한국 사회에서 평등지권의 이상을 실현할 수 있는 최선의 대안이라 믿는다. 앞에서 지적한 대로 기존 종합부동산세로 이 목표를 달성하려면 부닥칠 현실적인 문제가 너무 많다. 이렇게 국토보유세를 기본소득과 연계해 도입하면 부동산 투기 근절, 평등지권 보장, 불평등 완화, 경제 활력 제고 등 중대한 사회적 과제를 한꺼번에 해결할 수 있다.

나는 이미 2008년부터 국토보유세를 제안했고 2012년 출간한 『토지의 경제학』에서는 국토보유세 세수를 기본소득으로 지급하는 것이 바람직하다는 견해를 밝힌 바 있다. 하지만 자세한 내용과 효과, 도입 방안을 제시하지는 못하고 있었다. 2017년 이재명 캠프에 참여한 것을 계기로 구체적인 정책 공약을 만들 수 있었는데, 여기에는 '기본소득 전도사' 강남훈 교수의 도움이 결정적이었다. 사실 '토지배당'이라는 용어도 그의 작품이다. 강 교수는 기본소득한국네트워크BIKN의 대표와 이사장을 맡아 여러 해 동안 기본소득을 전파하기 위해 노력해왔다. 이재명 성남시장에게 청년배당을 소개하고 그것을 성남시에서 실제 정책으로 실행하게 만든 것도 강 교수다. 강남훈 교수는 국토보유세를 걷어서 토지배당을 지급할 경우 전체 가구의 몇 퍼센트가 순수혜 가구가 되는지를 예측하기 위해 시뮬레이션 작업을 수행했는데, 예상 외로 95퍼센트가 순수혜 가구가 된다는 결과를 얻었다. 만일 그때 강 교수가 그 시뮬레이션 결과를 내게 보여주지 않았다면, 나는 이재명 후보에게 국토보유세를 걷어서 기본소득으로 지급하자는 공약을 자신 있게 내밀지 못했을지도 모른다.

내가 처음에 기본소득 공약의 필요성을 언급했더니, 캠프에 먼저 합류해 있던 몇몇 자칭 사회민주주의자들이 극구 반대했다. '수당이면 되지 무슨 기본소득?'이라는 게 그들의 반응이었다. 이미 기본소득은 이재명 시장의 대표 브랜드로 자리 잡았음에도 정책 캠프를 선점한 몇몇 인사들은 심드렁한 태도로 내 이야기를 듣는 둥 마는 둥했다. 이대로는 안 되겠다 싶어서 안팎에서 더 강하게 기본소득 도입의 필요성을 주장하며 압박을 가했다. 나는 원래 토지주택위원회였던 위원회 이름을 아예 토지주택·기본소득위원회로 바꾸고 기본소득 공약까지 자원해서 떠맡았다.

토지주택·기본소득위원회는 5개 공약을 발표했는데, 그 가운데 "공약 5: 특권과세 강화로 모든 국민에게 기본소득을 지급하겠습니다"가 들어간 데는 이런 사연이 있었다. 이 공약은 재정관리 강화로 30조 원, 재벌·대기업에 대한 법인세 강화로 15조 원, 조세감면 제도 개선으로 5조 원, 슈퍼리치에 대한 소득세 강화로 2조 4,000억 원, 국토보유세로 15조 5,000억 원 등 총 67조 9,000억 원을 마련해 아동·청소년·청년·노인에게 생애주기별 배당을 1인당 연 100만 원씩, 농민과 장애인에게는 특수배당을 1인당 연 100만 원씩 지급하는 동시에 모든 국민에게 토지배당을 1인당 연 30만 원씩 하겠다는 내용이었다.

우리 위원회는 강남훈 교수의 제안으로 이재명 후보의 공약을 기사로 작성해서 기본소득지구네트워크BIEN 홈페이지에 기고하기로 결정했다. 외국 언론들이 그 홈페이지를 보고 기사를 작성하는 경우가 종종 있다는 이유에서였다. 기사는 내가 작성했고 영문 번역은 내 큰딸이 맡았다. 실제로 그 직후 영국의 유력 언론『가디언The Guardian』은 일론 머스크Elon Musk, 로버트 라이시Robert Reich, 프랑스 대선 후보 브누아 아몽Benoit Hamon과 함께 이재명 성남시장을 대표적인 기본소득 주창자로 꼽았다.『가디언』기자가 내가 기고한 기본소득지구네트워크 홈페이지 기사를 본 것이다. 강 교수의 아이디어가 적중했다.

토지주택·기본소득위원회의 구성원은 소수였지만 마치 몽골기병처럼 움직여서 이재명 후보의 대표 브랜드 공약을 만들어냈다. 사실 2017년 대선에서 정책 이슈라고는 국토보유세·

기본소득·지역상품권 3종 세트 외에는 없었다. 대선 본선에서는 문재인 후보의 지지율이 다른 후보를 내내 압도했기 때문에 정책 이슈라 할 만한 것이 부각될 여지가 없었다. 비록 내가 도왔던 후보가 경선을 통과하지는 못했지만, 나는 이상적인 정책이 실현되기를 바라는 실천적 지식인으로서 최고의 성과를 거둔 셈이다. 하지만 이재명 예비후보가 대선 경선에서 탈락하면서 이재명 후보와의 인연도 끝이 났다.

이재명 시장은 대선 경선 때 선전한 결과 문재인 정부 출범 후에는 일약 차기 대선 주자로 떠올랐다. 그는 2018년 6·13지방선거에 경기도지사 후보로 출마했다. 대선 경선 때는 부각되지 않았던 신변 문제들 때문에 큰 어려움을 겪었지만 어쨌든 그는 경기도지사로 당선되었다.

2018년 9월 이재명 경기도지사는 국토보유세를 걷어서 기본소득으로 지급하자는 주장을 갑자기 다시 들고 나왔다. 이번에는 경기도에서 먼저 시행할 수 있도록 지방세 기본법을 개정해달라는 요구를 덧붙였다. 그 이후로 이재명 지사는 기회 있을 때마다 국토보유세와 기본소득을 거론했다. 심지어 2018년 10월 29일 피고발인 신분으로 분당경찰서에 출두하는 자리에서까지 국토보유세 이야기를 꺼냈다.

나는 2017년 대선 경선 종료 후 이재명 지사를 만난 적이 없어서 그가 왜 그런 주장을 하는지 정확하게 알 수는 없다. 하지만 그의 주장은 실현 가능성이 없다는 사실만큼은 확실히 알고 있다. 지방세 세목이 될 수 없는 국토보유세를 지방세 기본법에 규정해달라는 것부터 말이 안 되고, 설사 지방세로 신설한다고 해도 시행 여부를 해당 지자체의 조례에 위임하는 것이 법리에 맞는지, 현행 종합부동산세·재산세와의 관계는 어떻게 설정할지와 같은 불투명한 사항이 한두 가지가 아니다.

2017년 토지주택·기본소득위원회가 대선 공약으로 제안했던 '기본소득 연계형 국토보유세'는 그렇게 불투명하지 않았다. 종합부동산세를 폐지하는 대신에 도입한다는 사실을 명확히 했고, 토지분 재산세를 환급해서 현행 지방재산세와의 충돌을 피하는 방안도 마련해두고 있었다. 요컨대 국토보유세는 국세로 도입할 경우에는 아무런 기술적 난점이 없다. 그러나 그것을 경기도에서 도입한다고 하면 이야기가 전혀 달라진다.

변호사인 이재명 지사가 이런 내용을 모를 리가 없을 텐데 왜 이런 실현 가능성이 없는 방안을 반복적으로 주장하는지 이해하기 어렵다. 나는 기본소득 연계형 국토보유세를 처음 제안한 장본인으로서, 그것이 언론의 조명을 받아 널리 알려지는 데 만족할 수만은 없다. 원칙은 옳으나 현실성이 떨어지는 주장 때문에 정책 이미지가 훼손될 우려가 크다고 판단하기 때문이다. 한때 국토보유세와 기본소득을 한국 사회에 전파하는 데 긍정적인 역할을 했던 이재명 지사가 앞으로도 그런 역할을 충실히 수행해주기를 기대한다. 출력이 훨씬 세진 '대형 스피커'에서 행여 '잡음'이 섞여 나온다면 그것은 나로서도 난감한 일이다.

한국 사회에서 국토보유세가 공론화된 지 벌써 2년이 다 되어간다. 그동안 경제관료가 이에 대해 어떤 반응을 보일지 궁금했는데, 때마침 최근에 김동연 전 경제부총리와 홍남기 현 경제부총리가 견해를 밝혔다. 한마디로 '신중한 검토가 필요하다'는 것이 그들의 공통된 결론이다. 이유가 무엇인지 궁금해서 찾아봤더니, '증세 규모가 너무 크다', '종부세 폐지로 교부세가 줄면 지방 재정이 약화된다', '상가·공장 부속토지를 비생산적 토지와 동일하게 과세하면 토지 이용의 효율성이 떨어질 수 있다'는 것이다. 여기서 자세히 반박할 여유는 없지만, 전·현직 경제부총리가 제시한 반대 논거가 주관적이고 터무니없음은 지적해두어야겠다.

우선, 증세 규모가 너무 크다는 것은 주관적인 판단에 불과하다. 앞에서 언급했지만, 노무현 정부 당시 보유세 세수를 34조 5,000억 원까지 늘리려는 계획을 세웠다는 것을 기억해보라. 그리고 종부세를 폐지하고 국토보유세를 도입하면 부동산교부세가 줄어든다는 것은 전혀 사실이 아니다. 국토보유세 15조 5,000억 원은 총 세수가 아니라 토지분 재산세를 환급하고 종부세 감소분을 보충한 뒤에 생기는 세수 순증분이기 때문이다. 국토보유세를 도입하더라도 부동산교부세는 현행대로 유지되므로 지방 재정은 아무런 영향을 받지 않는다. 마지막으로, 상가·공장 부속토지를 다른 용도의 토지와 동일하게 과세하면 토지 이용의 효율성이 떨어진다는 것도 사실이 아니다. 그 경우 토지 이용의 효율성이 떨어지기는커녕 오히려 향상된다. 상가·공장 부속토지를 우대해 세 부담을 가볍게 하면 효율적 이용을 촉진하는 것이 아니라 그에 대한 투기를 자극할 뿐이다. 한국 사회에서 '조물주 위에 건물주', '갓물주' 같은 말이 등장한 데는 건물 부속토지에 대한 과세 우대가 주요 요인으로 작용했다. 용도별 차등과세가 토지 이용의 효율성을 저해한다는 것은 경제학 교과서에 나오는 말인데, 경제부총리가 그 내용을 거꾸로 이해하고 있으니, 이를 어떻게 받아들여야 하는가?

| 보론 |

한국 토지정의운동사
헨리 조지 사상, 한국에서 만개하다

부동산 불로소득이 얼마나 불의한지, 경제에 어떤 악영향을 끼치는지 명쾌하게 밝힌 경제학자는 19세기 후반 미국에서 맹활약을 펼친 헨리 조지(1839-1897)다. 그의 책『진보와 빈곤』은 19세기 말까지 수백만 권이 팔려 논픽션 분야에서『성경』다음가는 베스트셀러가 되었다. 헨리 조지는 미국·영국·아일랜드·호주·뉴질랜드 등 영어 사용권 국가는 물론이고 덴마크·러시아·독일·중국, 그리고 한국 등에도 큰 영향을 끼쳤다. 헨리 조지와 그의 책『진보와 빈곤』이 세계적으로 어떤 영향을 끼쳤는지에 대해서는 상세한 연구가 나와 있으므로 이 책에서 재론할 필요는 없을 것 같다. 하지만 헨리 조지 사상이 대한민국에 끼친 영향에 대해서는 기록이 없다.

나는 1997년부터 2002년까지 한국헨리조지협회의 후신인 '성경적 토지정의를 위한 모임'의 회장을 지냈고, 그 후 2009년까지 토지정의시민연대와 토지+자유연구소에서 각각 정책위원장과 소장을 맡아 일했기 때문에 한국 토지정의운동의 역사를 제법 많이 안다. 지금부터 그 이야기를 하고자 하는데, 이는 지금까지 부동산공화국을 저지하고 토지의 공공성을 실현하기 위해 일반 시민이 어떤 노력을 기울였는지 기록으로 남기려는 것이다.

대천덕 신부와 헨리 조지

한국에서 토지정의운동을 시작한 사람은 미국 성공회 선교사로 한국에 와서 세상을 떠날 때까지 한국에서 살았던 고故 대천덕戴天德, R. A. Torrey III 신부(1918-2002)다. 대천덕 신부는 1960년대에 한국에서 성미가엘신학원(현재 성공회대학교)을 재건한 후, 강원도 첩첩산골 하사미리에 들어가서 수도공동체 예수원을 설립한 것으로 유명하다. 오늘날로 치면 대학 총장이 직職을 내려놓고는 인적이 드문 산골짜기에 공동체를 만들겠다고 들어간 것이니 그것만으로도 놀라운 이야기다. 그의 조건 없는 헌신으로 오늘날 예수원은 한국에서 대표적인 수도공동체로 자리 잡았다. 대천덕 신부가 노동자 몇 명과 함께 예수원을 시작한 것은 1965년인데, 그 후 2002년에 별세할 때까지 그는 예수원을 떠나지 않고 그곳을 찾아 몰려드는 사람들에게 성서를 가르치며 토지정의의 중요성을 설파했다. 지금은 좀 줄었지만, 대천덕 신부 생전에는 그의 가르침을 받기 위해 예수원을 방문한 사람의 숫자가 연간 약 1만 명에 달했다고 한다.

대천덕 신부의 아버지는 중국과 한국에서 선교 사역을 했던 아처 토레이 2세R. A. Torrey II였다. 대 신부는 중국에서 태어나고 자란 까닭에 일찍부터 사회문제, 특히 가난의 문제에 눈을 떴다. "나는 우리 가족이

상대적으로 잘산다는 점에 죄책감을 느꼈고 가난의 원인과 가능한 해결책을 알아내려고 계속 노력했다."[162] 대 신부의 말이다. 그는 구걸하는 사람들에게 거저 주기만 하는 것은 궁극적인 해결책이 되지 못한다는 것을 깨달았다. 그는 자연히 궁극적인 해결책을 제시하는 사상에 이끌렸다. 대 신부가 처음 매료됐던 사상은 마르크스주의였다. 자신이 실제로 노동에 종사하기도 했고 노동조합운동에 참여하기도 했다. 하지만 사회주의자들과 함께 일하면서, 대 신부는 그들이 신앙을 부정하며 목적으로 수단을 정당화하려는 경향이 있음을 발견하고는 그들과 결별했다.

다른 대안을 찾아 헤매던 대천덕 신부는 아내 현재인玄在仁, Jane G. Torrey(1921-2012)을 통해 헨리 조지를 소개받게 된다. 성공회 부인수양회에서 헨리 조지 사상에 대해 전해 들은 현재인은 직감적으로 그것이 남편이 간절히 찾던 바로 그 사상임을 간파했다.

대천덕 신부는 헨리 조지의 『진보와 빈곤』을 읽으면서 그 뛰어난 경제학 저서가 『구약성서』의 희년jubilee을 경제학의 용어와 논리로 표현하고 있음을 깨달았다. 희년법은 『구약성서』 「레위기」 25장에 상세하게 기술되어 있는데, 모든 사람에게 토지에 대한 평등한 권리를 인정해서 실질적인 자유를 누리도록 해야 한다는 내용이다. 대 신부가 보기에 헨리 조지가 주창한 토지가치세제는 바로 그 희년법의 정신을 현대적인 방법으로 구현한 것이었다. 『진보와 빈곤』은 대천덕 신부가 오랫동안 찾고 있던 바로 그 책이었다. 그 후 대천덕 신부는 영국의 조지스트 잡지인 『토지와 자유Land and Liberty』로부터 희년법에 관한 원고를 청탁받고는 본격적으로 성서를 연구하기 시작했다. 유감스럽게도 신학교 시절 어느 교수도 그에게 희년법의 중요성을 말해주지 않았다. 대 신부는 이때의 연구로 희년법이 성서에 분명하게 기록되어 있음은 물론이고, 고대 이스라엘 사회에서 실제로 시행되었다는 사실을 확인했다.

대천덕 신부는 이렇게 『구약성서』의 희년법과 헨리 조지의 경제이론이야말로 진보 속의 빈곤을 해결할 수 있는 궁극적인 대안임을 확신하게 된 후 타계할 때까지 줄기차게 이 법과 이론을 전파하기 위해 노력했다. 내가 헨리 조지를 알게 된 것도 대 신부를 통해서였다. 대천덕 신부는 1960년대부터 공동체, 성령, 내적 치유, 자연농법 등 광범위한 분야에 걸쳐 탁월한 견해를 피력하면서 한국 교회와 한국 사회에 광범위한 영향을 끼쳤지만, 희년법과 헨리 조지 사상에 대한 애착은 각별했다. 말년에 그는 같이 살던 예수원 사람들이 귀찮다고 느낄 정도로 입만 열면 희년법 이야기를 꺼냈다. 그의 자녀들이 전하는 바에 따르면, 대 신부와의 대화는 어떤 내용으로 시작했건 항상 희년법과 헨리 조지 사상으로 마무리되었다고 한다. 대 신부 말년에 한 후배 신부가 "만일 누가 신부님께 마지막으로 하시고 싶은 말씀이 무엇이냐고 묻는다면 뭐라고 대답하시겠습니까?"라고 물었을 때, 대 신부는 "땅은 하나님의 것이다"라고 대답했다고 한다. 「레위기」 25장 23절로 답한 것이다. 그 말을 듣고 그 후배 신부가 다시 "그러면 그것을 위해서 우리가 구체적으로 해야 할 일이 무엇이라고 생각하십니까?"라고 묻자, 대 신부는 한참 생각하다가 "지붕 위에 올라가 외치시오!"라고 대답했다고 한다. 대천덕 신부는 희년법과 헨리 조지 사상을 외치는 일이 자기 사역의 핵심이라고 고백하면서 후배들에게도 그리하라는 유훈을 남긴 셈이다.

생전에 대 신부는 연구와 설교에 그치지 않고 토지정의운동에 직접 참여했으며, 외국의 학자나 사회운동가들과 국제적 연대를 구축하는 일에도 힘을 쏟았다. 잘 알려지지는 않았지만, 대 신부는 공의로운 토지제도를 수립하라는 제안을 담은 사신私信을 역대 대통령들에게 여러 차례 전달하기도 했다. 『구약성서』에 나오는 선지자들이 어떤 모습일까 궁금한 사람들은 멀리 갈 것 없이 대천덕 신부를 떠올리면 된다.

'성경적 토지정의를 위한 모임'과 토지정의시민연대

한국 토지정의운동의 모체는 바로 '성경적 토지정의를 위한 모임'(이하 '성토모'로 약칭)이다. 1984년 대천덕 신부의 지원 아래 개신교 신자 몇 사람이 모여 한국헨리조지협회를 결성한 것이 첫 출발이었다.[163] 이세열, 고왕인, 김세열, 이풍 등의 인물이 회장으로 일했고 대천덕 신부는 줄곧 명예회장을 맡았다. 1996년에는 '성경적 토지정의를 위한 모임'으로 이름을 바꿨는데 이풍 박사가 회장으로 일할 때였다. 고 김세열 교수는 한남대 경제학과에 재직하며 『기독교경제학』이라는 책을 저술했고, 나중에는 한남대 총장을 지냈다. 이풍 박사는 현대그룹 산하 현대경제사회연구원의 원장을 역임한 후, 성토모 회장을 지내다가 1997년에 선교사가 되어 홀연히 중앙아시아로 떠났다. 한국 사회의 주류에서 잘나가던 이풍 박사가 조지스트로 변신한 계기가 재미있다. 담배 끊으려고 들렀던 예수원에서 『진보와 빈곤』과 대천덕 신부의 책 『토지와 자유』를 소개받은 것이 결정적이었다. 이 박사는 두 책을 읽고 가슴이 뜨거워진 나머지 바로 성토모 활동에 뛰어들었다. 나중에 성토모 회장으로 선임된 그는 약 4년 동안 열정적으로 토지정의운동을 이끌었다. 중앙아시아로 떠난 것도 구소련 지역에 희년법과 헨리 조지 사상을 전파할 필요가 있다고 역설한 대천덕 신부의 권고를 받아들였기 때문이다.

내가 성토모 회장으로 선임된 것은 1998년 1월 예수원에서 열린 제7회 토지학교에서였다. 나는 그 후 6년 동안 회장을 지내면서 희년법과 헨리 조지 사상을 전파하는 데 힘을 쏟았다. 이름에도 드러나듯이 성토모는 주로 기독교인과 교회를 상대로 활동했는데, 토지학교를 비롯한 각종 강좌 개최, 각종 단체 초청강연회 지원, 부정기 잡지 『토지와 자유』 발간, 학술대회 공동개최, 학생운동 지원 등이 주요 사업이었다. 지금도 그렇지만 당시 기독교계에서 희년법의 실현을 중요하다고 여기는 사람은 극소수였고, 경제학계에서 헨리 조지 이론을 받아들인 사람도 마찬가지로 극소수였다. 성토모는 우리 사회에서 비주류 중의 비주류였던 셈이다. 그 상태로 성서와 헨리 조지가 주창한 제도를 현실에 도입하기란 요원한 일이었다.

그때부터 우리는 사회를 상대로 하는 운동을 모색하기 시작했다. 때마침 내가 성토모 회장에서 물러나면서 시민단체의 맏형이라 불리는 경제정의실천시민연합의 토지주택위원장으로 선임되었다. 경실련 시절 나는 성토모 회원들의 도움을 받아 토지보유세를 강화하는 대신 소득세와 부가가치세 등 다른 세금은 줄이는 패키지형 세제개혁 방안을 작성했다. 이 방안은 아파트 원가 공개 요구와 함께 당시 경실련의 운동을 대표하는 핵심 정책 대안으로 발전했다.

그런데 문제가 있었다. 아파트 원가 공개 운동이 국민으로부터 높은 지지를 받기는 했지만, 결정적인 결함을 갖고 있었기 때문이다. 김헌동을 비롯해 경실련 내에서 그 운동을 주도했던 인사들은 아파트 공급 원가를 공개해서 분양가 책정의 부당성을 폭로하면 분양가가 낮아질 것이고, 그렇게 분양가를 낮추면 아파트값 폭등을 잠재울 수 있다고 믿었다. 전체 주택 재고의 약 3퍼센트에 불과한 신규 주택의 값을 낮추면 전체 주택의 가격이 떨어질 것으로 믿었다는 사실이 놀랍기만 하다.

신규 주택의 가격이 주변 기존 주택의 가격을 선도하는 작용을 한다는 것은 맞는 말이지만, 그것은 어디까지나 주택에 대한 투기 수요가 존재하는 경우의 이야기다. 투기 수요가 존재하지 않을 때는 건설업자가 분양가를 올려봤자 미분양만 심각해질 뿐, 주변 주택의 가격에 영향을 미칠 수 없다. 아파트 원가 공개 운동을 주도했던 사람들은 원인과 결과를 혼동했다. 투기 수요로 아파트값이 올라갔기 때문에 건설업자들이 분양가를 올릴 수 있었다는 것이 진실임에도, 건설업자들이 분양가를 부당하게 올렸기 때문에 전체 아파트값이 올라갔다고 주장했으니 말이다. 진단에서 원인과 결과를 혼동하는 오류를 범하면 처방에서 오류가 나올 수밖에 없다. 아파트 원가 공개 운동은 투기 수요 제거를 주장해야 할 상황에서 아파트 원가 공개와 분양가 인하를 주장함으로써 과녁을 흔들어버렸다.

나는 경실련 안에서 아파트 원가 공개 운동이 안고 있던 문제점을 여러 차례 지적했다. 그 운동은 한국 건설업체의 부패를 척결하는 효과가 있을지는 몰라도 아파트값 거품을 빼는 수단이 될 수는 없다는 점에 대해서도 여러 번 설명했다. 그러나 유감스럽게도 김헌동은 물론이고 경실련의 주요 인사들은 내 주장을 받아들이지 않았다. 당시 아파트 원가 공개 운동에 대한 국민의 지지가 워낙 높아서 그랬는지 모르지만, 이는 경실련이 범한 큰 실책이었다.

부동산 불로소득 환수와 투기억제에 초점을 맞추는 새로운 사회운동을 전개해야 한다는 분위기가 성토모 안에 점점 강해졌다. 마침내 성토모 회원들과 국내 조지스트 학자들은 경실련의 틀을 벗어나서 마음껏 조지주의의 대안을 외치는 새 단체를 결성하기로 결정했다. 그 결과 2005년 2월 22일 성토모가 주축이 된 16개 시민단체 연대기구로 토지정의시민연대가 출범했다. 2005년은 1년 내내 부동산 문제가 최대의 사회적 쟁점으로 부각된 해인데, 그때 토지정의시민연대는 부동산 시장만능주의자들과 보수 언론에 정면으로 맞서면서 맹활약을 펼쳤다.

2003년 10·29대책의 발표로 2004년 내내 누그러졌던 부동산 투기가 2005년 들어서 다시 불붙기 시작했다. 노무현 정부가 보유세 강화 정책의 일환으로 도입했던 종합부동산세가 투기를 억제하기에는 미약했다는 반성이 나왔다. 2005년 5·4대책과 8·31대책에서 종합부동산세 강화 방침이 발표되면서 엄청난 반발과 저항이 일어났다. 우리 사회는 종부세 강화를 저지하려는 세력과 지지하는 세력으로 양분되었다. 수많은 기사와 칼럼이 쏟아져 나왔고 엄청난 논쟁이 벌어졌다. 토지정의시민연대는 종부세 지지의 최선봉에 섰다. 주요 구성원들이 부동산 보유세의 중요성과 종부세 개정 법안의 필요성을 역설하는 글을 쓰고, 방송 토론과 인터뷰에 나가서 반대자들의 주장을 논파하느라 정신이 없을 정도였다. 경실련·참여연대·환경정의시민연대 등 주요 시민단체들도 종부세 강화를 지지했지만, 거기에 이론적 근거를 제공하며 전체 흐름을 주도했던 것은 토지정의시민연대였다.

최근에 당시 청와대에서 근무했던 인사로부터 청와대 안의 분위기를 전해 들은 적이 있다. 그때 청와대 참모 중 다수는 종부세 강화에 반대했으며, 그럼에도 종부세 강화 방침이 지속될 수 있었던 데는 노무현 대통령의 강한 의지가 결정적인 작용을 했다는 것이다. 정치적 유불리를 따지지 않고 나라의 미래에 도움이 되는지 여부에 따라 결단을 내렸던 노 대통령의 심성을 엿볼 수 있다. 하지만 그것은 어디까지나 청와대와 정부 안의 일이었다. 종국적으로 법안이 국회에서 통과되는 것이 중요한데, 거기에는 국민 여론이 압도적인 영향을 미친다. 토지정의시민연대는 종부세 개정 법안에 대한 우호적 여론을 형성하는 데 크게 기여했다. 그 덕분에 2005년 말 종부세 개정 법안은 국회에서 별 논란 없이 원안대로 통과되었다.

나는 2005년 한덕수 당시 경제부총리가 8·31대책을 발표하는 자리에서 "국민 여러분, 이제 부동산 투기는 끝났습니다" 하고 선언하던 모습을 생생하게 기억한다. 나는 그의 선언이 과장이었다고 생각하지 않는다. 노무현 대통령을 비롯한 경제정책 입안자들은 8·31대책처럼 강력하고 광범위한 내용으로 집값 폭등을 잠재우지 못하리라는 생각은 추호도 하지 않은 것으로 보인다. 8·31대책 관련 법안들은 대체로 큰 어려움 없이 국회를 통과했다. '드디어 부동산 투기를 잠재웠다'는 것이 대통령을 비롯한 정책 입안자들의 생각이었을 것이다.

하지만 기대와는 달리 2006년 9월 이후 아파트값 폭등세가 재연되었다. 조·중·동 등 수구 언론은 종부세를 강화해서 세금만 올렸지 집값은 못 잡았다는 비난을 노무현 정부에 퍼부었다. 2005년 8·31대책 발표를 전후해서 등장했던 세금폭탄론이 다시 기승을 부렸다. 세금폭탄론을 사실로 믿은 것은 종부세 과세 대상자만이 아니었다. 종부세와는 아무 상관이 없는 부동산 소유자와 지방 주민들도 정부가 자신들에게 세금폭탄을 퍼부으려 한다고 인식했다. 한때 노무현 정부의 경제정책 중에 으뜸으로 평가받았던 부동산 정책은 최악의 정책이라는 오명을 뒤집어쓰고 말았다. 당시 여당이던 열린우리당은 재집권은커녕 자기 유지도 하지 못한 채 공중 분해되었는데, 여기에는 부동산 정책의 '실패'가 큰 영향을 끼쳤다.

노무현 정부의 부동산 정책에 대한 부정적 인식이 확산되고 있을 때였지만, 토지정의시민연대는 흔들림 없이 그 정책을 지지했다. 시민연대는 2006년 하반기부터는 토지공개념을 헌법에 명기하자는 운동을 펼치기 시작했다. 『개헌을 위한 시장친화적 토지공개념 7문 7답』이라는 소책자를 발간해서 배포하기도 했고, 『오마이뉴스』에 토지공개념 개헌을 주장하는 연재기사를 게재하기도 했다. 10여 년이 지난 2018년 3월, 문재인 대통령은 토지공개념을 더욱 확실히 명시하는 조항을 포함한 개헌안을 제안했는데, 그 시초는 토지정의시민연대의 토지공개념 개헌 운동이었다.

이명박이 대통령 취임 직후에 전봇대 뽑기 다음으로 추진한 정책이 종부세 무력화였다는 것은 앞에서 이미 말했다. 여기에 정면으로 맞섰던 것도 토지정의시민연대였다. 이명박 대통령과 당시 여당인 한나라당은 '탐욕의 정치'를 노골적으로 펼쳐나갔다. 종부세를 무력화한 것은 물론이고 서울과 수도권 전역에서 뉴타운 개발을 대대적으로 추진했다. 뉴타운 사업이란 도시 내 기성 지역을 전면 철거한 후 단기간에 고층 아파트 중심으로 재개발하는 방식을 가리킨다. 자기 집 한 채라도 갖고 있던 사람들은 이명박 정권이 펼치는 '탐욕의 정치'에 열렬히 호응했다. 종부세가 유명무실해지고 자기 집이 뉴타운 권역에 포함되기만 하면, 자신들도 '대박'을 칠 수 있을 것으로 착각했다. '탐욕의 정치'가 불러온 효과는 2008년 총선에서 유감없이 발휘되었다. 서울 지역 국회의원 선거구 48곳 중에서 40곳을 한나라당이 차지했으니 말이다. 서울 도봉구의 김근태 후보는 천지개벽이 일어나더라도 절대 낙선할 수 없다고 여겨지던 인물이었다. 그런 뛰어난 정치인조차 신지호라는 무명의 한나라당 후보에게 패배했으니 뉴타운 바람이 얼마나 거셌는지 충분히 짐작할 수 있다.

한국의 조지스트 학자들

토지정의시민연대는 종부세를 지키기 위해 분투했지만, '탐욕의 정치'라는 광풍을 잠재우기에는 역부족이었다. 성명서를 발표하고, 토론회를 개최하고, 참여연대·환경정의·주거연합 등 52개 시민단체와 토지주택공공성네트워크를 결성해서 종부세 무력화 저지운동을 벌이는 등 각고의 노력을 기울였지만, '탐욕의 정치'가 발휘한 효과를 체험한 이명박 정권에게는 그야말로 쇠귀에 경 읽기였다. 나는 그때까지 활용했던 기동전 방식이 더는 통하지 않음을 직감했다. 길게 보고 진지전으로 대처해야 할 시기가 다가왔던 것이다. 마침 우리는 2007년 11월에 토지+자유연구소를 설립해둔 터였다. 토지정의운동의 중심은 자연스럽게 토지정의시민연대에서 토지+자유연구소로 이동했다. 내가 소장을 맡고 남기업 박사가 전임 연구위원으로 합류했다. 경북대 이정우·김윤상 교수, 영남대 한동근 교수, 충북대 반영운 교수, 세종대 김수현 교수 등이 비상근 연구위원으로 참여했다. 노무현 정부의 부동산 정책을 설계했던 핵심 인사 두 사람이 연구소 연구위원으로 참여한 점이 흥미롭다.

토지+자유연구소는 종부세의 장점과 의의를 밝히는 책과 보고서를 발간하는 것으로 활동을 시작했다. 연구소가 처음 발간한 책『부동산 신화는 없다―투기 잡는 세금 종합부동산세』(2008, 후마니타스)는 당시 종부세 수호 진영에서 교과서처럼 활용되었다.『한겨레』는 2008년 9월 2일자에서 거의 한 면을 할애해 이 책을 소개했다. 그 이후 연구소는 희년법과 헨리 조지 사상을 담은 책을 여러 권 저술·번역해서 출간하고 각종 논평과 리포트를 그때그때 발표하며 토지정의운동의 기지로 자리 잡았다. 나는 2009년 8월 연구소 소장에서 물러났다. 10년 이상 토지정 의운동에 매진한 탓에 심신이 소진되었다고 느꼈기 때문이다. 내 뒤를 이어 남기업이 2대 소장으로 취임해 지금까지 활동하고 있다.

토지+자유연구소가 성장한 배경에는 조지스트 학자들의 도움이 컸다. 1961년에 한 차례 연세대학교 출판부 주도로『진보와 빈곤』이 번역·출간된 적이 있지만, 그것을 계기로 조지스트 경제학자 그룹이 출현하지는 않았다. 한국에서 조지스트의 원조는 경북대 행정학과의 김윤상 교수였다. 김 교수가 미국 펜실베이니아 대학에서 도시계획학으로 박사학위를 받고 귀국해보니 토지 투기가 큰 사회문제로 대두되고 있었는데, 학자들은 한국 실정과 무관한 미국의 이론만 소개하고 있었다고 한다. 그래서 토지문제의 해법을 찾다가 헨리 조지가 이미 100년 전에 다 이야기했다는 사실을 발견하고는 독학으로 헨리 조지 이론을 공부했다. 그 후 그는『진보와 빈곤』(1997),『정치경제학』(2007),『노동

266

빈곤과 토지정의—교황에게 보내는 공개서한』(2012) 등 헨리 조지의 대표 저작들을 번역했을 뿐만 아니라『토지정책론』(1991),『지공주의』(2009),『특권 없는 세상—헨리 조지 사상의 새로운 해석』(2013),『이상 사회를 찾아서—좌도우기의 길』(2017) 등 뛰어난 연구서를 저술했다. 한국에서는 조지스트 사상을 지칭하는 이름으로 지공주의地公主義라는 용어가 쓰이는데, 그 용어를 만든 사람도 김윤상 교수다.

조지스트 연구자 그룹이 탄생한 것은 1994년이었다. 효성여대(대구가톨릭대의 전신)의 조상국 교수와 나, 영남대의 한동근 교수가 기독교 관점에서 경제학을 연구해보자는 취지로 모인 것이 첫 출발이었다. 세 사람은 이 분야의 대표적 저서인 도널드 헤이Donald Hay의『현대 경제학Economics Today』을 함께 번역해서『현대 경제학과 청지기 윤리』(IVP, 1996)라는 이름으로 출간했다. 그러던 중에 계명대 이재율 교수, 경북대 한도형 교수, 상주대 엄창옥 교수 등이 합류해 매달 한 번씩 세미나를 열었다. 우리는 모임 이름을 '기독교경제학연구회'로 정했다.

그 무렵 대천덕 신부가 우리에게 책을 한 권 보내면서 번역을 권했다.『광야에서 약속의 땅으로From Wasteland to Promised Land』라는 책이었다. 이 책은 조지스트의 관점에서 현대 사회를 분석하고 대안을 제시한 보기 드문 저작이다. 기독교경제학연구회 회원들은 공동으로 이 책을 번역해서『새로운 해방의 경제학—마르크스를 넘어 헨리 조지로』(CUP, 1996)라는 제목으로 출간했다. 혼자서 헨리 조지 이론을 연구하던 김윤상 교수가 기독교경제학연구회에 참여한 것은 그 무렵이었다. 성서의 가치에 입각해 경제학을 연구하는 방법은 여러 가지가 있는데, 이 책의 번역을 계기로 기독교경제학연구회의 연구 방향은 자연스럽게 조지스트 쪽으로 가닥이 잡혔다. 우리는 매달 세미나를 진행하면서 헨리 조지의 저서와 해외 조지스트의 연구물을 공부했다. 나중에 노무현 정부 초대 정책실장을 지내게 되는 경북대 이정우 교수는 그때 합류했다. 희년법과 헨리 조지 이론에 대한 이해가 깊어지면서 연구회 회원 가운데 헨리 조지 사상을 이론적으로 검토하고 조지스트 관점에서 한국 경제를 분석하는 논문을 집필하는 사람들이 나오기 시작했다.

2001년경부터 연구회 회원들 사이에서 헨리 조지 이론을 주제로 하는 공동 연구서를 내자는 이야기가 나왔다. 이정우 교수가 책임을 맡아 책 출간을 진행했는데 11명의 연구자가 집필에 참여했다. 책은 2002년 12월에 『헨리 조지, 100년 만에 다시 보다』라는 제목으로 경북대학교 출판부에서 나왔다. 이 책에서는 우리 모임을 기독교경제학연구회가 아니라 헨리조지연구회로 소개하고 있다. 기독교 신앙을 갖지 않은 사람들이 참여하면서 자연스럽게 이름이 바뀐 것으로 기억한다. 한동안 기독교경제학연구회와 헨리조지연구회 둘 다 쓰이다가 시간이 가면서 헨리조지연구회로 이름이 굳어졌다.

『헨리 조지, 100년 만에 다시 보다』는 헨리 조지의 세계관에서부터 분배이론·무역이론·불황이론 등의 경제이론, 그리고 한국 토지문제에 대한 진단과 처방에 이르기까지 광범위한 주제를 다룬 본격적인 연구서였다. 필자 여러 명이 각자의 연구 성과를 모아서 책을 내는 일은 많다. 이런 책들은 학술적 의미가 있을지는 몰라도, 사회적 영향력을 크게 발휘하지 못하는 경우가 많다. 『헨리 조지, 100년 만에 다시 보다』도 그런 부류에 속하는데, 출간 후의 '운명'은 다른 책들과 달랐다. 중앙의 유력 출판사에서 나오지 않았는데도 말이다.

한국 사회에서 이 책이 '특별한 대접'을 받은 이유는 책 출간 직후 대표 저자였던 이정우 교수가 노무현 정부 초대 정책실장으로 임명됐기 때문이다. 이정우 교수는 이 책에 「한국의 토지문제: 진단과 처방」이라는 글을 실었는데, 이 글은 노무현 정부가 펼칠 부동산 정책의 방향을 담고 있는 것으로 여겨져 언론의 집중조명을 받았다. 실제로 노무현 정부의 부동산 정책은 이정우 교수가 그 글에서 주장한 내용과 유사한 방향으로 전개되었다. 이정우 교수는 이 책 한 권을 노무현 대통령에게 선물했다고 한다. 노 대통령은 그것을 집무실 책꽂이에 꽂아두었는데, 텔레비전 방송에서 대통령의 책상이 비춰지면서 이 책이 화면에 등장했고, 그 바람에 노무현 대통령도 조지스트라는 소문이 돌기까지 했다. 이정우 교수는 처음에는 청와대 정책실장으로, 그다음에는 정책기획위원장으로 일하면서 헨리 조지의 대안을 정책으로 구현하기 위해 혼신의 힘을 기울였다. 보유세 과표 현실화와 종부세 도입은 그런 노력의 결실이었다. 노무현 정부가 역대 어느 정부도 하지 못한 부동산 정책을 펼칠 수 있었던 데는 이정우라는 걸출한 참모가 정책의 방향타를 맡았고 대통령이 그를 깊이 신뢰했다는 점이 크게 작용했다.

헨리조지연구회는 2002년 12월 『헨리 조지, 100년 만에 다시 보다』를 출간한 후에도 2016년 4월까지 정기적으로 세미나를 열었다. 매달 열던 세미나를 분기별로 여는 등 변화가 있었지만, 1994년 출범 후 무려 22년간이나 모임을 지속했으니 정식 학회가 아닌 학술 모임으로는 보기 드문 경우라 하지 않을 수 없다. 그사이에 회원들은 개별적이기는 했으나, 헨리 조지의 저작들을 번역하고 관련 논문과 저서를 출간하고 한국 부동산 정책 관련 칼럼을 수시로 집필하는 등 조지스트로서 활발한 활동을 펼쳤다.

이 사실이 외국에 알려져서 한국은 해외 조지스트의 관심 지역으로 떠올랐다. 호주에서 조지스트운동을 활발하게 펼치던 칼 윌리엄스Karl Williams가 대구까지 와서 연구회 회원들과 교류했고, 미국의 대표적 조지스트로 샬켄백재단Schalkenbach Foundation 대표를 지낸 버지니아텍 Virginia Tech 경제학과의 티드먼Nicolaus Tideman 교수도 연구회 초청으로 두 차례나 한국을 방문해서 해외 조지스트의 연구 동향을 소개했다. 비록 성사되지는 않았지만, 영국의 대표적 조지스트인 프레드 해리슨 Fred Harrison과 생존하는 조지스트 경제학자 중 가장 탁월한 연구 성과를 남긴 미국의 메이슨 개프니Mason Gaffney도 한국 방문 계획을 추진한 적이 있다.

하지만 강산이 두 번 변한다는 20년이 지나면서 30~40대였던 회원들은 50~60대가 됐고, 모든 오래된 것이 그렇듯이 연구회 모임도 시들해졌다. 시간이 갈수록 세미나 참석 인원이 현저히 줄었으니 말이다. 마침내 2016년 4월 모임에서 연구회는 일단 세미나를 중단하고 후일을 도모하기로 결정했다.

2017년 7월 토지+자유연구소 소장 남기업과, 토지정의시민연대 사무처장을 지낸 이태경이 토지+자유연구소의 젊은 연구자들을 지도해 줬으면 좋겠다는 뜻을 내게 전해왔다. 나는 그러지 말고 활동 중지 상태에 있는 헨리조지연구회와 결합해서 새로운 조직을 만드는 것이 어떠냐고 수정제안을 했다. 많은 논의를 거친 끝에 2017년 10월 양측 구성원들이 그 제안을 받아들여 헨리조지포럼이 출범했다. 김윤상·이정우· 강남훈 교수와 내가 공동대표를, 이태경이 사무처장을 맡았다.

헨리조지포럼은 활동무대를 대구·경북에서 서울로 옮겼다. 조직이 새로워지고 젊은 회원들이 참여하자 다시 활동도 왕성해졌다. 포럼은 출범 후 9개월여 사이에 내부 세미나를 여섯 번, 대외 정책토론회를 네 번 개최했다. 특히 포럼이 개최한 정책토론회는 주로 한국 사회에 부동산 불평등의 심각성과 부동산 불로소득 환수의 필요성을 환기하는 내용을 다루어 언론으로부터 많은 조명을 받았다.

2018년 5월에는 헨리조지포럼의 주요 회원들이 필자로 참여한 공동저작 『헨리 조지와 지대개혁』이 출간되었다. 이 책은 『헨리 조지, 100년 만에 다시 보다』의 속편으로, 그 책 집필에 참여했던 1세대 연구자들 중 다수가 빠지는 대신 포럼에 합류한 2세대 연구자 여럿이 필자로 참여했다는 점이 특징이다. 책은 크게 헨리 조지 사상의 이해, 토지와 불평등, 지대개혁의 방법 등 세 부분으로 구성되었는데, 전편보다 헨리 조지 사상에 대한 이해가 깊어졌고, 분석과 처방이 훨씬 구체적이고 세밀해졌다.

한국에서 토지정의운동의 모태 역할을 했던 성토모는 어떻게 됐을까? 이 모임은 2010년 7월 희년토지정의실천운동과 통합해 희년함께로 바뀌었다. 희년토지정의실천운동은 토지정의시민연대가 사회운동을 힘 있게 펼치기 위해 만들어진 것처럼 기독교계 안에서 토지정의운동의 외연을 확대하기 위해 결성된 단체다. 기존 성토모 회원 외에 희년정신에 공감하는 목회자들이 다수 새로 참여해서 실제로 운동의 외연이 넓어졌다.

앞에서 잠깐 언급하기는 했지만, 일반 독자에게 희년이라는 말이 생소할 수도 있겠다. 희년禧年이란 『구약성서』「레위기」 25장에 나오는 개념으로, 7년마다 오는 안식년이 일곱 번 지나고 난 다음 해를 가리킨다. 희년이 되면 모든 토지는 원래 주인에게 돌아가고, 가난 때문에 몸이 팔려 종이 된 사람도 자기 가족에게 돌아간다. 사람이 만들지 않은 토지와 인신人身에 대해서는 모든 사람이 평등한 권리를 누려야 한다는 것, 즉 평등한 토지권과 인신의 자유가 희년의 기본 정신이다. 오랜 세월 성토모가 토지정의운동에 전념한 까닭은 바로 성서가 희년을 명하고 있기 때문이다. 희년함께는 토지+자유연구소와 분업을 이루며 주로 기독교계 내에서 희년을 전파하는 역할을 맡았는데, 최근에는 희년 개념에 부채 탕감이 포함되어 있다는 점에 착안해서 희년은행을 만들고 가난한 사람들을 대상으로 소액대출사업을 전개하고 있다.

대한민국 국민에게 해방은 주권을 회복한 일대 사건이었지만, 경제적으로는 대토지 소유제가 지배적이었던 불평등 사회를 평등한 소농이 대부분인 평등지권 사회로 변혁하는 계기였다. 지주의 토지를 모두 몰수해서 경작 농민에게 분배하는 엄청난 개혁이 성공한 것은 국제적·국내적 요인이 한꺼번에 작용해 개혁의 필요충분조건을 형성했기 때문이다. 1960년대 이후 한국 경제가 역사상 유례없는 공평한 고도성장을 달성할 수 있었던 데는 토지 소유의 평등성이 창출한 아래로부터의 힘이 결정적으로 중요했다.

박정희는 한국에서 고도성장을 가능케 했다는 이유로 발전국가론 지지자와 뉴라이트 학자, 그리고 보수 성향의 국민에게서 온갖 칭송을 다 받지만, 사실은 평등지권 사회가 부동산공화국으로 추락하는 데 결정적인 계기를 제공한 사람이다. 그는 토지 불로소득과 부동산 투기에 대한 아무런 대비책도 마련하지 않은 채로 대규모 도시개발을 추진함으로써 지가 폭등과 부동산 투기를 불러왔다. 고약한 것은 정치자금을 마련하기 위해 직접 토지 투기까지 벌였다는 사실이다. 여기에 국가 권력을 동원했으니 죄질이 가볍지 않다. 박정희 정권의 무분별한 도시개발로 촉발된 부동산 투기는 그 후에도 주기적으로 반복되어 부동산값 폭등을 야기하곤 했다.

농지개혁 후 이 땅에는 자발적인 근로의욕과 창의력, 높은 저축열, 뜨거운 교육열과 학습열, 모험적 기업가 정신으로 충만한 소농과 그 후예들이 가득했다. 그들에게서 투기를 통해 불로소득을 얻으려는 경향은 찾아보기 어려웠다. 한국 경제의 공평한 고도성장을 추동한 힘은 그들에게서 나왔다. 박정희 정권의 무분별한 도시개발은 이런 국민들의 마음속에 부동산 불패신화와 강남을 부러워하는 몹쓸 탐심을 심어놓았다. 그 결과 대한민국은 땀 흘려 일하고 모험심을 발휘해 사업하는 사람이 잘사는 사회가 아니라, 불로소득을 좇아 민첩하게 움직이는 사람이 잘사는 사회로 바뀌었다. 정치인, 건설업자, 유력자, 재벌기업은 물론이고 중소기업, 중산층, 서민에 이르기까지 모든 사람이 부동산을 통해 일확천금을 노리는 사회, 그것이 바로 오늘날 우리 사회의 자화상이다.

토지·부동산과 관련한 행적을 면밀히 살필 경우 박정희는 상찬은커녕 혹독한 비난을 받아야 마땅한 인물이다. 그는 부동산공화국의 문을 열어젖힘으로써 한국 사회 내부에 지속적 성장을 어렵게 만드는 장애 요인을 심어놓았다. 주기적으로 반복되는 투기 광풍, 날로 심해지는 불평등과 양극화, 지가 상승이 초래하는 기업의 투자 부진, 가계부채 누적에 따른 내수 부진 등 오늘날 한국 경제의 발목을 잡고 있는 여러 경제 문제의 씨앗은 박정희 정권 때 뿌려졌다.

그 이후 보수 정권들이 부동산공화국의 형성을 저지하려는 노력을 기울이지 않은 것은 아니다. 노태우 정권이 토지공개념 제도를 도입하고, 김영삼 정권이 과표 현실화 정책을 추진한 것이 대표적이다. 하지만 거기에는 한계가 있었다. 두 정권은 부동산 불로소득을 근본적으로 해

274

소하는 것을 목표로 부동산공화국과 정면대결을 펼치려 하지 않았다. 노태우 정권과 김영삼 정권의 정책이 당초 계획보다 많이 후퇴하고 도중에 중단되어버린 것은 그 때문이다.

　한국 정부 최초로 부동산공화국과 정면대결을 펼친 것은 노무현 정부였다. 김대중 정부는 계획만 세웠을 뿐 실행하지는 못하고, 오히려 경제위기를 극복한다는 이유로 부동산공화국을 강화하는 정책만 잔뜩 펼치고 말았다. 노무현은 임기 말에 자신의 부동산 정책이 실패라고 자인했지만, 정책 내용이나 성과를 객관적으로 평가할 경우 오히려 높은 점수를 받아야 한다. 어쩌면 노무현도 부동산 정책의 성패를 가격 안정으로 판단하는 오류를 범하고 있었는지 모른다. 노무현 정부의 부동산 정책은 부동산 불로소득을 정면으로 겨냥한 근본 정책을 포함하고 있었다. 그것은 2005년 이후 2017년까지 보유세 실효세율을 1퍼센트로 올리고, 3조 5,000억 원에 머물던 보유세 세수를 34조 5,000억 원으로 늘리는 담대한 장기계획이었다. 나는 그것을 '보유세 혁명'이라 부르고 싶다.

　부동산보유세, 특히 토지보유세는 조세로서도 매우 우수할 뿐 아니라 한국 경제의 고질병을 치유하는 효과도 있다. 그것은 부동산 불로소득을 개인이 사적으로 취하지 못하도록 차단한다. 따라서 불로소득으로 말미암은 불평등은 크게 완화된다. 세수 증가분으로 기본소득을 지급하게 되면 불평등 완화 효과는 더 커진다. 또한 부동산 불로소득을 노리는 투기도 자연히 사라진다. 부동산 거품의 형성과 붕괴 때문에 금융시장이 불안정해지는 현상도 자취를 감춘다. 경제주체들이 지대추구에서 관심을 돌려 땀 흘려 일해서 정당한 부를 추구하는 일에 매진하게 된다. 누적되는 사내유보금으로 기업이 땅 투기에 나서는 일도 사라지고, 일반 국민이 집값 상승의 이익을 노려 무리하게 대출받는 일도 없어진다. 이렇게 될 경우, 한국 경제가 활력을 되찾고 다시 한번 공평한 성장을 구가하게 되리라는 것은 명약관화하지 않은가?

이명박·박근혜 정권의 부동산 정책은 보유세 혁명에 대한 반혁명이었다. 두 보수 정권은 보유세 강화 정책을 무력화하고 노골적인 부동산 경기부양책을 펼치면서 국민에게 지대추구의 꿈을 심어주고 마음껏 부동산 투기에 나서도록 부채질했다. 노태우 정부와 김영삼 정부의 부동산 정책에 비추어보면, 보수 정권으로서도 심하게 퇴영한 모습이라 하지 않을 수 없다. 이는 부동산 정책의 수레바퀴를 거꾸로 돌린 어리석은 선택이었다.

2017년 후반 촛불시위는 이명박·박근혜 정권의 반혁명을 거부하는 일종의 재혁명이었다. 이는 촛불시위 당시 대다수 시민이 '박근혜 대통령 탄핵'을 넘어서 재벌개혁, 부자 증세, 노동인권 보장, 주거·교육·의료 서비스 확충, 생명농업 육성, 지역균형 발전 등 다양한 사회경제적 요구를 제기했던 데서 분명히 드러난다. 문재인 정부는 이와 같은 재혁명의 성과로 탄생한 혁명정부다.

촛불정부로서의 문재인 정부에게는 스스로 인정하건 않건 간에 무거운 역사적 소명이 있다. 이명박·박근혜 정권이 거꾸로 돌린 수레바퀴를 다시 바로 돌리고 노무현의 분투를 계승·발전시키는 일이다. "기회는 평등하고, 과정은 공정하고, 결과는 정의로운 사회"를 약속할 때만 해도, 또 그 꿈을 실현하기 위해 "소득주도성장, 혁신성장, 공정경제"를 내걸 때만 해도, 당연히 부동산공화국과 정면으로 대결하는 담대한 개혁을 펼칠 것으로 기대했다. 그러나 유감스럽게도 문재인 대통령에게서는 촛불정부의 소임을 다하려는 생각도, 노무현의 분투를 계승하겠다는 의지도 찾아보기 어려웠다. 심지어 6·13지방선거 후 한때 문 대통령은 사실상 소득주도성장과 공정경제는 포기하고, 규제 혁파의 구호 아래 혁신성장에 매진하려는 모습까지 드러냈다.

노무현 정부에서 핵심적인 역할을 했던 인사들이 정부를 운영하는 데도 왜 이렇게 자기 정체성을 부정하고 역사적 책무를 외면하는 모습을 보이는 것일까? 그 이유를 두 가지 정도로 생각해볼 수 있다. 하나는 현 집권세력이 가진 '종부세 트라우마'가 예상 외로 깊다는 것이다. 다른 하나는 역사적 소명만 생각하다가 정권을 잃는 실수는 범하지 않겠다는 정무적 판단에 사로잡혀 있다는 것이다. 만일 이 짐작이 사실이라면, 현 집권세력은 크게 오판하고 있는 셈이다. 우선, 혁명적 정책을 펼칠 경우 기득권세력으로부터 엄청난 공격과 비난이 쏟아지는 것은 당연한 일이다. 그것 때문에 트라우마가 생겨서 권력을 다시 잡고도 정책 추진을 꺼린다면, 국가 운영의 자격이 있는지 의심해야 한다. 문재인 정부의 부동산 정책을 주도한 것으로 알려진 김수현 전 청와대 사회수석(현 정책실장)은 벌써 여러 해 전부터 노무현 정부의 부동산 정책이 실패했다는 말을 입에 달고 다녔다. 그는 노무현 정부에서 부동산 정책 수립의 실무를 맡았던 사람이다. 조·중·동 인사도 아닌 그가 왜 그런 생각을 갖게 됐을까? 적군의 확성기에서 들려오는 비난 방송을 매일 듣다가 그만 그 내용을 받아들이고 마는 병사처럼, 은연중에 조·중·동의 주장을 내면화한 것은 아닐까? 김수현의 실패 고백이 내면의 겸양이 표출된 것이 아니라 잘못 잡은 정책 방향을 정당화하려는 의도에서 나왔다면, 그것은 양해의 대상이 아니라 맹렬한 비판의 대상이다.

문재인 정부가 촛불정부의 소임인 사회경제개혁에 등한한 것이 재집권 전략 때문이라면 그것은 계산 착오다. 바둑에 '부자 몸조심'이라는 격언이 있다. 그 전략은 먹힐 때도 있지만, 자칫하면 다 이긴 바둑을 놓치는 대실책이 될 때도 있다. 집권 초기에 부분적인 인적 청산과 남북관계 개선으로 고공 지지율을 유지했다고 해서, 그것이 다음 대선까지 이어진다는 보장은 전혀 없다. 인적 청산과 남북관계 개선은 일시적으로 큰 감동을 자아내는 '화려한 시'에 해당하지만, 국민들이 먹고사는 문제에 걱정 없이 하루하루를 살아가게 하는 일은 '지루한 산문' 같은 것이다. 화려한 시의 기억은 일시적일 뿐이지만 지루한 산문의 기억은 깊게 남고 길게 간다. 그러니 재집권을 위해서도 과감한 사회경제개혁을 단행해 한국 경제의 발목을 잡고 있는 제도적 적폐를 청산할 필요가 있다. '김동연–장하성' 두 경제수장을 '홍남기–김수현'으로 교체한 이유가 무엇인지 나는 모른다. 하지만 지금이야말로 정책기조를 바로잡을 마지막 기회가 되리라는 것은 예상할 수 있다. 개혁에 나서다가 노무현 정부처럼 되면 어쩌나 하는 두려움이 생길지도 모른다. 하지만 두 정부 사이에는 정부 출범의 초기 조건에 큰 차이가 존재하고, 국민의 인식도 많이 달라졌다. 지금은 오히려 계속 사회경제개혁에 소극적일 경우, 실망한 국민의 마음이 대거 떠나갈 가능성이 크다. 요컨대 담대한 사회경제개혁으로 노무현의 분투를 이어받는 것이야말로 가장 효과적인 재집권 전략이다.

　프롤로그에서 나는 우리 사회에 만연한 신화 아홉 가지를 열거했다. 본문에서는 그 신화들이 왜 거짓인지 밝혔다. 이제 진실 아홉 가지를 제시할 차례다.

〈진실 1〉 농지개혁은 개혁 후 자작농 비율이 일본보다 높을 정도로 성공적이었다. 지주제를 해체해 경제성장의 장애물을 제거했다는 점에서도 의의가 크다.

〈진실 2〉 이승만이 농지개혁을 추진한 목적은 완전히 정략적인 것이었다. 그는 한때 농지개혁 시행 중지를 지시하기도 했다. 농지개혁의 주인공은 조봉암 초대 농림부 장관과 농림부 관료들, 그리고 소장파 국회의원들이었다.

〈진실 3〉 한국은 공평한 고도성장을 이룬 것으로 유명한데, 그 동력은 농지개혁이 달성한 평등성에서 나왔다.

〈진실 4〉 박정희는 경부고속도로 용지 확보와 정치자금 조달을 위해 강남개발을 밀어붙였다.

〈진실 5〉 노무현 정부의 부동산 정책은 한국 부동산 정책의 수준을 한 단계 끌어올린 기념비적 업적이었다.

〈진실 6〉 이상하게도 문재인 정부는 근본 부동산 정책인 보유세 강화를 극구 회피하고 단기 시장조절과 주거복지에 치중해왔다.

〈진실 7〉 노무현 정부는 부동산 불패신화와 정면대결을 펼친 반면, 문재인 정부는 단순한 관리에 그치고 있어서, 두 정부 사이에 큰 유사성은 없다.

〈진실 8〉 현행 헌법은 토지공개념 조항을 갖고 있다. 그러므로 토지공개념 정책은 친헌법적이다. 또 토지공개념은 불로소득 차단·환수 효과를 발휘해 노력하는 만큼 대가가 주어지는 사회를 실현한다. 이는 사회주의가 아니라 진정한 자본주의다.

〈진실 9〉 보유세 강화에는 조세저항이 뒤따르지만, 기본소득과 결합하거나 국가재건 프로젝트 시행을 표방하면 얼마든지 극복할 수 있다.

하늘의 별은 항상 그 자리에서 빛나고 있다. 그런데 구름이 가릴 때도 있고 공해 때문에 안 보일 때도 많아서 사람들은 별이 있는지 잘 모르고 살아간다. 정의가 실현되고, 활력이 넘치고, 모두가 평등한 권리를 행사하는 이상적인 사회는 어딘가에 존재한다. 이 책은 그 별을 보여주는 것이 목적이다. 많은 사람이 눈을 뜨고 함께 그 별을 본다면, 그와 같은 이상적인 사회를 이 땅 위에 건설할 수 있다. 노무현이 꿈꿨던 '사람 사는 세상'과 문재인이 외쳤던 '사람이 먼저인 세상'이란 바로 그런 사회이리라. 이 책은 그 별을 보는 사람이 여기 있다는 것을 알려주려는 목적도 있다. "우리는 다른 사람도 별을 본다는 사실을 알 때 더 확신을 가지고 별을 보게"[164] 되기 때문이다.

1   헨리 조지 지음, 김윤상 옮김, 2016, 『진보와 빈곤』, 비봉출판사, 36쪽.

2   토지는 지표면만이 아니라 광맥과 유전, 동력을 일으키는 폭포, 놀라운 교신을 가
능케 하는 주파수대, 우주 공간의 위성궤도 등 자연자원 전체를 포함하는 용어다.

3   해방 후 미군정청이 몰수한 일제 강점기 일본인 소유의 토지·주택·공장 등을 통
칭한다.

4   장시원·이영훈, 2002, 『한국경제사』, 한국방송통신대학교 출판부, 4쪽.

5   김영수, 「14세기 말, 고려의 토지와 인간」, 『월간중앙』 2018년 7월호.

6   장시원·이영훈, 앞의 책, 6~7쪽.

7   같은 책, 17~19쪽.

8   같은 책, 182~183쪽.

9   이영훈, 2016, 『한국경제사 II』, 일조각, 73~76쪽.

10   전강수, 1984, 「일제하 수리조합사업이 지주제 전개에 미친 영향」, 『경제사학』 8,
113쪽.

11   이영훈, 앞의 책, 134쪽.

12   장시원, 1989, 「일제하 대지주의 존재 형태에 관한 연구」, 서울대학교 대학원 경제
학과 박사학위 논문, 77~78쪽.

13   이영훈, 앞의 책, 153쪽.

14   장시원, 앞의 논문, 68쪽.

15   이영훈, 앞의 책, 153쪽.

16   같은 책, 154~155쪽.

17   같은 책, 223~224쪽.

18   장시원·이영훈, 앞의 책, 224쪽.

19   장시원, 앞의 논문, 제3장 참조.

20   전강수, 1993, 「식민지 조선의 미곡정책에 관한 연구」, 서울대학교 대학원 경제학

과 박사학위 논문, 209쪽.

21 같은 논문, 198쪽.

22 이 장은 「평등지권과 농지개혁 그리고 조봉암」(2010b, 『역사비평』 91)을 대폭 수정·재구성한 것이다.

23 김성보, 2001, 「입법과 실행과정을 통해 본 남한 농지개혁의 성격」, 홍성찬 편, 『농지개혁연구』, 연세대학교 출판부, 141쪽.

24 같은 논문과 김일영, 2006, 「농지개혁을 둘러싼 신화의 해체」, 박지향 외 엮음, 『해방 전후사의 재인식』 2, 책세상 참조.

25 김성호 외, 1989, 『농지개혁사연구』, 한국농촌경제연구원, 1034쪽.

26 전강수, 1996, 「한국 농지개혁의 재평가」, 오두환 편, 『공업화의 제유형 II』, 경문사, 223쪽.

27 주대환, 2008, 『대한민국을 사색하다』, 산책자, 226쪽.

28 박석두, 1993, 「대한민국의 수립과 농지개혁」, 『현대사연구 근현대사강좌』 3, 한국현대사연구회, 78쪽.

29 장상환, 2003, 「21세기에 평가하는 농지개혁의 의의」, 『한국 농업구조의 변화와 발전』, 한국농촌경제연구원, 296쪽.

30 전강수, 1996, 「한국 농지개혁의 재평가」, 229~230쪽.

31 같은 논문, 230쪽.

32 전강수, 2010b, 앞의 논문.

33 유종성, 2016, 『동아시아 부패의 기원』, 동아시아.

34 같은 책, 12쪽.

35 같은 책, 159쪽.

36 장상환, 2000, 「농지개혁과 한국 자본주의 발전」, 『경제발전연구』 6-1, 157쪽.

37 이영훈, 앞의 책, 383쪽.

38 장상환, 2000, 앞의 논문, 160쪽.

39 유종성, 앞의 책, 13쪽.

40 김일영, 앞의 논문, 303쪽.

41 정병준, 2003, 「한국 농지개혁 재검토」, 『역사비평』 65, 137쪽.

42 박명림, 1999, 「한국 민주주의와 제3의 길: 민주주의, 사회적 시장경제, 그리고 평화·통일의 결합—조봉암 사례 연구」, 정태영 외 엮음, 『죽산 조봉암 전집』 6, 세명

서관, 130쪽.

43 방기중, 2001, 「농지개혁의 사상 전통과 농정 이념」, 홍성찬 편, 『농지개혁연구』,
    연세대학교 출판부, 125쪽.

44 같은 논문, 129~130쪽.

45 김성호 외, 앞의 책, 571쪽.

46 같은 책, 511쪽.

47 박명림, 앞의 논문, 138~139쪽.

48 전강수, 1996, 「한국 농지개혁의 재평가」, 225쪽.

49 헨리 조지 지음, 김윤상 옮김, 앞의 책, 330~331쪽.

50 헨리 조지 지음, 김용 옮김, 1989, 「노동의 조건」, 대천덕 편, 『토지와 자유』, 도서출
    판 무실, 166쪽.

51 같은 글, 167쪽.

52 김성호 외, 앞의 책, 449쪽.

53 전강수, 1996, 앞의 논문, 226쪽.

54 장시원, 2006, 「농지개혁―지주제 해체와 자작농체제의 성립」, 박지향 외 엮음,
    『해방 전후사의 재인식』 2, 책세상, 387쪽.

55 渡邊洋三, 1975, "農地改革と戰後農地法", 東京大學社會科學硏究所 編,
    『戰後改革 6 農地改革』.

56 김성호 외, 앞의 책, 1105~1106쪽.

57 2001년 토지 소유 지니계수 값에 대해서는 전강수, 2005, 「부동산 양극화의 실태
    와 해소 방안」, 『역사비평』 71, 174쪽 참조.

58 김영주 의원실, 2016, 보도자료, "1% 기업 부동산 보유액 966조원, 상위 10개 기
    업 부동산 보유액 6년 새 147% 폭증".

59 원문의 내용은 다음과 같다. 번역은 원문과 영어 번역본을 참조해서 필자가 직접
    한 것이다. 법제처 산하 세계법제정보센터에서 제공하는 대만 헌법 번역본은 번
    역에 오류가 많아 그대로 인용하기 어렵다.
    第142條 國民經濟, 應以民生主義為基本原則, 實施平均地權, 節制資本,
           以謀國計民生之均足.
    第143條 中華民國領土內之土地, 屬於國民全體, 人民依法取得之土地所
           有權, 應受法律之保障與限制. 私有土地應照價納稅, 政府並得照

價收買.

附著於土地之礦及經濟上可供公眾利用之天然力, 屬於國家所有, 不因人民取得土地所有權而受影響.

土地價值非因施以勞力, 資本而增加者, 應由國家徵收土地增值稅, 歸人民共享之.

國家對於土地之分配與整理, 應以扶植自耕農及自行使用土地人為原則, 並規定其適當經營之面積.

60 대만 헌법은 제144조와 제145조에서 절제자본을 구체적으로 규정하는데, 공공성을 띤 사업과 독점 기업은 공영으로 한다는 것과, 민간 기업이 국부와 민생의 균형 있는 발전을 저해할 경우 언제든지 규제한다는 내용이다.

61 쑨원은 현재 중국인들에게 국부로 추앙받는 인물로 중화민국 초대 총통을 지냈다. 그는 헨리 조지의 토지공개념 사상에 깊은 영향을 받아 그것을 중국에 도입하기 위해 노력했으나 결실을 보지 못하고 사망했다.

62 이 글은 『오마이뉴스』 2017년 9월 7일자 칼럼을 수정·보완한 것이다.

63 이 장은 「1970년대 박정희 정권의 강남개발」(2012b, 『역사문제연구』 28)을 수정·보완한 것이다.

64 이옥희, 2006, 「서울 강남지역 개발과정의 특성과 문제점」, 『한국도시지리학회지』 9-1, 16쪽.

65 최광승, 2010, 「박정희는 어떻게 경부고속도로를 건설하였는가」, 『정신문화연구』 33-4, 178쪽.

66 손정목, 2003, 『서울 도시계획 이야기』 3, 한울, 107쪽.

67 이옥희, 앞의 논문, 25쪽.

68 손정목, 2003, 『서울 도시계획 이야기』 1, 한울, 311쪽.

69 손정목, 『서울 도시계획 이야기』 3, 186쪽.

70 같은 책, 186~190쪽.

71 공공용지와 체비지를 떼고 환지換地하기 때문에 구획정리 후에는 소유 규모가 줄어들기 마련이다.

72 손정목, 『서울 도시계획 이야기』 3, 310쪽.

73 이 단지들은 모두 대한주택공사가 건설했는데 그때 얻은 경험과 기술이 반포아파트단지 건설에 고스란히 활용되었다고 한다. 손정목, 2005, 『한국 도시 60년의 이

야기』 2, 한울, 286쪽.

74 두 지구의 개발촉진지구 지정은 1977년 말에 종료되었다.

75 이옥희, 앞의 논문, 18쪽.

76 "개발 의무 기간 지난 아파트지구 준공 등서 택지 조성", 『경향신문』 1977년 10월 15일자.

77 손정목, 『서울 도시계획 이야기』 3, 300~301쪽.

78 같은 책, 273~274쪽.

79 전강수, 2011c, 「교육·부동산이 쌓아 올린 높은 성, 강남」, 김상곤 외, 『경제학자, 교육혁신을 말하다』, 창비, 54쪽.

80 손정목, 『서울 도시계획 이야기』 3, 169~171쪽.

81 안창모, 2010, 「강남개발과 강북의 탄생과정 고찰」, 『서울학연구』 41, 79쪽, 91쪽.

82 홍영림, 1993, 「서울시 강남지역의 개발과 거주지 분화에 관한 연구」, 서울대학교 대학원 사회학과 석사학위 논문, 30쪽.

83 오기노 치히로荻野千尋, 2004, 「강남8학군 지역의 형성」, 『지리학논총』 별호 58, 서울대학교 국토문제연구소, 124쪽.

84 손정목, 『서울 도시계획 이야기』 3, 188~189쪽.

85 이옥희, 앞의 논문, 21쪽.

86 손정목, 『서울 도시계획 이야기』 3, 212~215쪽.

87 최광승, 앞의 논문, 192~194쪽.

88 "잠실의 1, 2, 3, 4단지가 준공되었을 때 서울의 거리거리가 이삿짐 차로 술렁이었으며 이들 차들이 몰려든 단지 내 각 아파트들은 북새판이 되어 버렸다. 또한 잠실 건설 사업이 진행되는 동안 각 건설업체는 물론이고 자재를 공급할 관련 산업체들은 철야 작업을 강행했으며 서울 시민들의 실업률이 줄어들었다." 대한주택공사, 1979, 『대한주택공사 20년사』, 376쪽.

89 당시 주택공사는 잠실지구에서 주택건설사업을 대형화한 목적이 1가구 1주택의 꿈을 달성하는 데 있다고 명시하고 있었다. 같은 책, 376쪽, 378쪽.

90 산업연구원, 2016, 『KIET 산업동향 브리프』 86, 16쪽.

91 손정목, 『서울 도시계획 이야기』 3, 329쪽.

92 한종수·강희용, 2016, 『강남의 탄생』, 미지북스, 74쪽.

93 이명박, 1995, 『신화는 없다』, 김영사, 123~125쪽.

94 같은 책, 148~149쪽.

95 이병천, 2003, 「개발독재의 정치경제학과 한국의 경험」, 이병천 편, 『개발독재와 박정희시대』, 창비, 59쪽.

96 "서울 땅값 14년 동안 60배 올라", 『동아일보』 1978년 4월 12일자. 기사 제목에서 서울시 땅값이 14년 사이에 60배 올랐다고 한 것은 상업지역 지가에 관한 이야기다.

97 손정목, 『서울 도시계획 이야기』 3, 158쪽.

98 이정우, 2011, 「개발독재가 키운 두 괴물, 물가와 지가」, 유종일 편, 『박정희의 맨얼굴』, 시사IN북, 87쪽.

99 손정목, 『서울 도시계획 이야기』 3, 156쪽.

100 이진순, 1990, 「부동산 투기 억제 정책의 전개 과정」, 『철학과 현실』 가을호, 290쪽.

101 같은 논문, 290쪽.

102 국정브리핑 특별기획팀, 2007a, 『대한민국 부동산 40년』, 한스미디어, 226쪽.

103 Brys, Bert, Sarah Perret, Alastair Thomas, Pierce O'Reilly, 2016, "Tax Design for Inclusive Economic Growth", OECD Taxation Working Papers No. 26.

104 Norregaard, John, 2013, "Taxing Immovable Property: Revenue Potential and Implementation Challenges", IMF Working Paper WP/13/129.

105 이 절과 다음 절은 「공공성의 관점에서 본 한국 토지보유세의 역사와 의미」 (2011a, 『역사비평』 94)의 일부 내용을 수정·보완한 것이다.

106 최광·현진권 편, 1997, 『한국 조세정책 50년』 1, 한국조세연구원, 43쪽.

107 노영훈, 2004, 『토지세 강화 정책의 경제적 효과』, 한국조세연구원, 53쪽.

108 이진순, 1995, 『경제개혁론』, 비봉출판사, 31쪽.

109 이정전, 2009, 『토지경제학』, 박영사, 674쪽.

110 토지과다보유세는 과세 대상 토지의 비중이 전 국토의 1퍼센트에도 못 미칠 만큼 과세 대상 지역이 극도로 한정되어 있었다. 그 결과 징수 금액도 1988년 147억 원, 1989년 244억 원에 불과했다. 국정브리핑 특별기획팀, 앞의 책, 108~109쪽.

111 노영훈 외, 1996, 『한국의 토지세제』, 한국조세연구원, 104쪽.

112 국정브리핑 특별기획팀, 2007a, 앞의 책, 109쪽.

113 임주영 외, 2005, 『자율과 책임 원리 하의 지방세제 혁신 방안』, 서울시립대 지방세연구소, 54쪽.

114 이은진, 1993, 「국가의 계급성: 1989년 토지공개념 입법과정에서 나타난 독점자본의 위기의식의 내용」, 『사회과학연구』 5, 경남대학교 사회과학연구소 참조.

115 이정전, 앞의 책, 665쪽.

116 최광·현진권 편, 1997, 『한국 조세정책 50년』 1, 한국조세연구원, 583쪽.

117 이정우, 2007, 「한국 부동산 문제의 진단―토지공개념 접근 방법」, 『응용경제』 9-2, 20쪽.

118 이정전, 앞의 책, 667쪽.

119 곽태원, 1995, 「우리나라 토지세제의 변천과 향후의 정책 과제」, 『광복 후 50년간의 조세 및 금융정책의 발전과 정책방향』 1, 한국조세연구원, 202쪽.

120 김수현, 2008, 『주택정책의 원칙과 쟁점』, 한울, 98~100쪽.

121 안균오·변창흠, 2010, 「개발이익 환수 규모 추정과 개발부담금제도 개선 방안 연구」, 『공간과 사회』 제33호, 65쪽.

122 잠재 자본이득이란 매매 여부에 관계없이 1년 사이에 전체 토지가치가 얼마나 변했는지 보여주는 개념이다.

123 2008년 이준구 서울대 교수가 썼던 표현을 빌려왔다.

124 이 절의 일부 내용은 「세금의 기억」(2015, 『황해문화』 87)을 수정·보완한 것이다.

125 김수현, 2011, 『부동산은 끝났다』, 오월의봄, 112~130쪽.

126 이준구, 2008, "슬픈 종부세", 홈페이지(www.jkl123.com).

127 이준구, 2011, 『재정학』 제4판, 다산출판사, 580쪽.

128 "'세금폭탄'의 저작권자는 도대체 누구?", 『오마이뉴스』 2006년 7월 3일자.

129 이 세제 개편안은 '투기꾼 감세'라는 비판에 직면해 이명박 임기 중에는 법안으로 통과되지 못했다.

130 이상의 내용은 EBS TV 〈지식채널 e〉, "두 개의 게임" 참조.

131 단, 재산세의 경우 과세기준 금액이란 것이 없다.

132 박상수, 2013, 「비주거용 건물 과세평가의 균일성 분석」, 한국토지공법학회 제91회 학술대회 발표 논문집 참조.

133 이정우, 2015, 「한국은 왜 살기 어려운 나라인가?」, 이정우·이창곤 외, 『불평등 한국, 복지국가를 꿈꾸다』, 돌베개, 40쪽.

134 비금융자산은 국민들이 갖고 있는 전체 자산에서 금융자산을 뺀 것이다. 그러니까 흔히 말하는 실물자산을 가리키는 말이다.

135 이정우, 앞의 글, 41~42쪽.

136 주상영, 2015, 「피케티 이론으로 본 한국의 분배 문제」, 『경제발전연구』 21-1.

137 통계청·한국은행, 2018, "2017년 국민대차대조표(잠정)".

138 『한겨레』 2018년 10월 19일자.

139 남기업·전강수·강남훈·이진수, 2017, 「부동산과 불평등 그리고 국토보유세」, 『사회경제평론』 54, 121~123쪽.

140 자세한 추산 방법은 같은 논문 110~121쪽 참조. 포괄소득은 '일정 기간 동안 소비할 수 있는 능력의 증가분'으로 정의되는데, 임금·사업소득·임대료·배당·이자소득·이전소득 등 일반적인 소득 외에, 잠재적으로 소비 능력을 증가시키는 자본이득·귀속소득·현물급여 등이 포함된다. 구찬동, 2009, "부를 고려한 포괄소득의 불평등도 분석", 『한국행정논집』 21-2, 628~629쪽.

141 경실련, 2018, 보도자료, "재벌/대기업과 다주택보유자, 지난 10년간 부동산 투기에 집중했다".

142 부동산소득 중 자본이득은 실현 자본이득이 아닌 잠재 자본이득을 활용했는데, 이는 계산의 편의를 위한 것이다.

143 이 글은 「토건국가의 시장만능주의 부동산 정책」(2011b, 『황해문화』 73, 56~60쪽)을 일부 수정한 것이다.

144 시장만능주의적 부동산 정책 자체가 건설산업을 지원하는 효과가 크지만, 그것 말고도 이명박 정부는 건설사에 대한 자금 지원, 미분양 주택 매입, 건설업체 부채 상환용 토지 매입 등 직접 건설산업을 지원하는 정책을 펼쳤다.

145 이정우, 2008, 「세계화, 불평등과 복지국가」, 한국미래발전연구원 제1차 정례 세미나 발제문.

146 이명박 정부 임기 첫해인 2008년에 세계적인 금융위기가 발발했던 것을 기억하기 바란다.

147 민주당 이용섭 의원실, "국정감사 보도시리즈 29", 2010년 10월 20일.

148 김수현·정석, 2011, 「재개발·뉴타운 사업 중단하라」, 『공간과 사회』 21-1, 308쪽.

149 같은 논문, 308쪽.

150 2018년 현재 주택청약, 분양권 전매, 재건축 조합원 지위 양도, 양도소득세 부담, 주택담보대출 제한 등의 부동산 규제는 투기지역이냐 투기과열지구냐 조정대상지역이냐, 아니면 기타 지역이냐에 따라 달라진다. 투기지역, 투기과열지구, 조정

대상지역 세 가지 중에서 규제의 강도가 가장 느슨한 지역은 조정대상지역이다. 조정대상지역은 투기과열지구를 포함하며, 투기과열지구는 투기지역을 포함한다.

151 김수현, 앞의 책, 346~347쪽.

152 전강수, 2012a, 『토지의 경제학』, 돌베개, 328쪽.

153 제헌헌법 제15조의 내용은 다음과 같다. "재산권은 보장된다. 그 내용과 한계는 법률로써 정한다. 재산권의 행사는 공공복리에 적합하도록 하여야 한다. 공공필요에 의하여 국민의 재산권을 수용, 사용 또는 제한함은 법률이 정하는 바에 의하여 상당한 보상을 지급함으로써 행한다."

154 박찬승, 2012, 「대한민국 헌법의 임시정부 계승성」, 『한국독립운동사연구』 43, 418~419쪽.

155 해방 전 대한민국 임시정부가 여섯 차례 제정·개정한 헌법들에는 '경제' 장이 별도로 마련되지 않았다. 헌법은 아니지만 그에 준하는 문서로 취급되는 '건국강령'에는 '경제' 장이 들어 있어서 임시정부의 경제관을 확인할 수 있다. 건국강령의 내용과 의의에 대해서는 박찬승의 같은 논문을 참조하라.

156 유증이란 유언으로 재산을 다른 사람에게 물려주는 행위를 말하고, 전조차란 다른 사람이 빌린 물건을 다시 빌리는 행위를 말한다.

157 강조는 내가 한 것이다. 이하 모두 동일하다.

158 토지임대부주택은 땅은 공공의 소유로 두고 건물만 분양하는 주택을 가리킨다. 2007년 군포 시범사업 시행으로 처음 공급되었으며, 2009년 '토지임대부 분양주택 공급촉진을 위한 특별조치법' 제정으로 법적 근거를 갖추었다. 하지만 실제 공급 실적은 매우 저조했다. 땅을 빼고 건물만 소유하는 주택이 뿌리내릴 토양이 갖춰지지 않았던 탓이다.

159 Norregaard, John, 2013, "Taxing Immovable Property: Revenue Potential and Implementation Challenges", IMF Working Paper WP/13/129.

160 이 절은 「기본소득과 국토보유세」(전강수·강남훈, 2017, 『역사비평』 120)를 요약·보완한 것이다.

161 마강래, 2017, 『지방도시 살생부』, 개마고원 참조.

162 대천덕, 1998, 『대천덕 자서전』, 홍성사, 30쪽.

163 사실 최초의 한국헨리조지협회는 1960년대 초에 결성되었다. 첫 사업으로 『진보와 빈곤』을 번역·출간했는데, 역자는 연세대에서 경제학 석사학위를 받았던 장찬

섭이라는 인물이었다. 그 후 활동이 지지부진해지면서 협회는 사실상 문을 닫았다. 따라서 1984년의 한국헨리조지협회 결성은 창립이 아니라 재건이라 해야 정확하다.

164 헨리 조지 지음, 앞의 책, 555쪽.

감보減步

무질서한 자연상태의 토지를 구획하고 정리해서 개발이 용이한 형태로 전환하는 구획
정리사업에서 사업 시행자는 공공용지와 체비지를 뗀 나머지 부분을 토지 소유자에게
돌려준다. 이때 토지 소유자의 소유 면적이 감소하는 것을 가리켜 감보라고 한다.

공시가격公示價格

정부가 토지와 주택 등 부동산에 각종 세금을 부과하기 위해 매년 조사·평가해서 공시
하는 부동산 가격을 말한다. 토지의 경우 공시지가, 주택의 경우 공시가격이라 부른다.
공시가격은 실거래가와는 차이가 있다. 가능한 한 실거래가를 많이 반영하는 것이 바
람직한데, 공시가격이 실거래가를 얼마나 반영하는지를 보여주는 지표를 실거래가 반
영률이라 부른다. 현재 한국 부동산 공시가격의 실거래가 반영률은 부동산 유형별·지
역별·가격대별로 큰 차이가 있어서 세 부담의 불균형을 초래하고 있다. 같은 가액이라
도 어떤 부동산을 어디에 소유하느냐에 따라 세 부담이 크게 달라지기 때문이다. 최근
이와 같은 공시가격의 결함이 고액 부동산 소유자, 건물주, 재벌·대기업에게 유리하게
작용해왔다는 사실이 드러나서 큰 사회적 이슈로 부각되었다.

공유수면公有水面

바다나 강처럼 땅 위에 물이 차는 부분을 법률 용어로 공유수면이라고 한다. 공유수면
매립이란 공유수면에 흙, 모래, 돌, 그 밖의 물건을 인위적으로 채워 넣어 토지를 조성
하는 행위(간척을 포함)를 말한다. 공유수면은 국공유지만, 매립하고 나면 사유로 전환
할 수 있다.

공전公田과 사전私田

고려시대 전시과 제도와 조선시대 과전법 제도 아래에서 모든 토지는 원칙적으로 국가

의 소유였다. 이는 왕토사상을 표현하는 '하늘 아래 왕의 땅이 아닌 곳이 없다普天之下莫非王土'는 말에 잘 드러난다. 국가의 지세 수취는 토지의 국가 소유에 기초한 것이었다. 국가의 토지, 즉 국전國田은 공전과 사전으로 나뉘었는데, 공전은 국가가 직접 지세를 걷었던 토지를 말하고, 사전은 국가 대신 지세를 수취해서 그것으로 생활을 영위하도록 왕족·관료·공신에게 한시적으로 맡긴 토지를 말한다. 사전이 사유지의 뜻을 담고 있지 않았음에 유의해야 한다.

공정시장가액 비율

현행 부동산보유세는 과세표준을 계산할 때, 재산세의 경우 공시가격에, 또 종부세의 경우 공시가격에서 과세기준 금액을 뺀 것에 대통령 시행령으로 정하는 일정 비율을 곱해서 구한다. 그 일정 비율을 공정시장가액 비율이라 부른다. 2018년 현재 공정시장가액 비율은 종부세의 경우 80퍼센트, 재산세의 경우 주택 60퍼센트, 토지 70퍼센트다. 2008년 이명박 정부가 노무현 정부의 보유세 과세표준 현실화 계획을 폐지하면서 새로 도입했다.

과세표준(과표)

세액을 산정하기 위한 기준으로, 과세 대상의 종류에 따라 가격·수량·무게·부피·금액 등 다양하다. 과세표준에다 정해진 세율을 곱하면 세액이 계산된다. 2018년 현재 재산세의 과세표준은 '공시가격×공정시장가액 비율'이며, 종부세의 과세표준은 '(공시가격 – 과세기준 금액)×공정시장가액 비율'이다. 보유세를 강화하려면 과세표준을 늘리거나 세율을 인상하면 되는데, 과세표준을 늘려서 부동산 시가에 근접시키는 정책을 과표 현실화라고 부른다. 현행 제도 아래서 과표 현실화를 추진하려면, 공시가격의 실거래가 반영률을 높이거나 공정시장가액 비율을 인상하면 된다.

과표구간

누진세는 과세표준의 크기에 따라 상이한 세율을 적용하는 세금이다. 물론 과표가 클수록 높은 세율이 적용된다. 과표구간이란 상이한 세율이 각각 적용되는 구간을 말한다. 예를 들어 2018년 현재 종합합산토지에 부과되는 종부세의 경우, 과표 15억 원 이하에는 세율 0.75퍼센트, 과표 15억~45억 원에는 세율 1.5퍼센트, 과표 45억 원을 초과하는 경우 세율 2퍼센트를 적용한다. 여기서 15억 원 이하, 15억 원 이상 45억 원 이하, 45억 원 초과 등이 과표구간이다.

과전법科田法

고려 말 정도전과 조준 등 개혁파들이 귀족의 농장을 철폐하고 새로 확립한 토지제도를 말한다. 당시 개혁파들은 모든 토지를 다시 공전으로 돌려 국전제의 원리를 재확립했다. 과전법은 조선에 계승되어 조선시대 토지제도의 근간이 되었다. 과전법 제도 아래에서 모든 토지는 국가의 소유였고, 백성들은 국전을 빌려서 경작하는 존재였다. 명종 11년(1556년)에 녹봉제가 도입되기 전까지는 왕족과 관료에게 조세징수권이 붙어 있는 사전이 지급되었는데 이를 과전이라 불렀다.

구획정리사업

일정한 지역을 대상으로 무질서하게 존재하는 토지들을 묶어서 합리적으로 구획하고 도로, 학교, 공원 등의 기반시설을 설치함으로써 기존 토지를 이용가치가 더 높은 토지로 전환하는 사업을 말한다. 토지 소유자들과 지방정부가 합작해서 추진하는 경우가 많다. 토지가치 상승의 이익을 누리게 되는 토지 소유자들이 소유 토지 중에서 공공용지와 사업비 조달용 토지(체비지)를 현물 출자 형식으로 내놓기 때문에, 정부는 재정투입 없이 지역개발을 할 수 있다는 이점을 누린다.

귀속임대소득

부동산 소유자가 자기 부동산을 타인에게 빌려주지 않고 직접 이용할 때 그에게 귀속되는 소득을 가리킨다. 부동산을 누가 이용하건 이용할 경우에는 항상 임대소득이 발생한다. 부동산 소유자가 자신의 부동산을 이용할 때는 타인에게서 임대료를 받지 않아도 임대료만큼 수입이 더 생기는데, 이는 스스로에게 임대료를 지불한 것과 같다.

기본소득Basic Income

국가가 자산조사나 노동조건 부과 없이 모든 개인에게 정기적으로 지급하는 소득을 말한다. 18세기 말 페인과 스펜스가 '권리로서의 복지'를 주창하며 기본자본(기초자본)과 기본소득의 도입을 제안한 데서 유래한다. 기본소득은 복지국가의 위기가 본격화하는 가운데 1980년대부터 기존 복지국가 모델의 대안으로 떠올라 지금까지 활발한 논의가 이어지고 있다.

낙수효과落水效果, trickle-down effect

한 사회에서 고소득층의 소득이 증가하면 소비와 투자가 확대되고 경제가 활성화되어, 궁극적으로 저소득층의 소득도 늘어나게 되는 것을 말한다. 분배를 무시하고 성장만 중시하는 사람들이 흔히 내세우는 논리다.

문기文記

조선시대에 토지 소유권을 입증하는 데 쓰인 문서를 말한다. 국가가 소유권을 증명하는 제도는 시행되지 않았으므로 민간이 토지거래 시에 작성했다.

병작반수제幷作半收制

지주가 농민에게 토지를 빌려주고 그 대가로 수확량의 절반 정도를 지대로 걷었던 관행을 말한다. 토지의 사적 소유가 성장하기 시작한 조선 후기에 출현한 토지관리 방식이다. 일제 강점기 식민지 지주제는 병작반수제를 기반으로 발전했다. 수리시설이 발달한 지역에서는 지대가 수확량의 절반을 초과하는 경우가 허다했다.

부동산보유세 실효세율

부동산 가액 대비 보유세 금액의 비율을 말한다. 공시가격을 기준으로 계산하기도 하고, 시가를 기준으로 계산하기도 한다. 2016년 현재 한국은 보유세 평균 실효세율이 0.16퍼센트로 OECD 국가들 중 최하위에 속한다.

사회주의적 토지공유제

토지의 사용권·처분권·수익권을 모두 공공이 갖는 토지제도를 뜻한다. 사회주의 체제에서는 공공이 토지 이용을 일일이 통제했기 때문에 개인의 창의성이 극도로 억압되었다. 그 결과는 효율성 저하와 체제의 붕괴였다.

시장친화적 토지공개념

토지와 자연자원이 모든 사람의 공공재산이라는 성격을 갖고 있는 만큼 그것을 보유하고 사용하는 사람은 토지가치에 비례해 사용료를 공공에 납부하게 하고 그 수입은 사회 구성원들에게 골고루 혜택이 돌아가도록 지출하는 것을 내용으로 하는 토지 철학이다. 토지가치세제와 토지공공임대제가 양대 근본 정책이다.

엽관주의獵官主義

인물의 능력이 아니라 정당에 대한 기여도나 인사권자와의 개인적 인연에 따라 관료를 임용하는 경향을 뜻한다.

용도별 차등과세

토지의 용도에 따라 과표 산정 방식, 과표구간, 세율 등을 달리하는 과세 방식을 말한다. 보유세를 토지 용도별로 복잡하게 차등 과세하는 방식은 토지 소유자들로 하여금 토지를 세 부담이 낮은 용도로 이용하게 만드는 유인으로 작용해서 토지의 효율적 이용을 저해한다. 한국의 현행 보유세는 재산세와 종부세 모두 주택 따로, 나대지 따로, 상가·빌딩 부속토지 따로 각각 다른 방식으로 과세하고 있다. 소유 부동산의 합산도 유형별로 따로 하기 때문에, 여러 부동산을 두루 많이 가진 과다보유자에게 유리하다. 현행 법령에서는 나대지에 대한 과세를 종합합산과세, 상가·빌딩 부속토지에 대한 과세를 별도합산과세라 부른다. 농장, 공장용지, 골프장 등 특수토지는 따로 떼어내서 정률 과세를 하고 있는데, 이를 분리과세라 부른다.

윤중제輪中堤

강 중간에 생긴 섬을 보호하기 위해 그 주변에 쌓은 제방을 말한다. 가장 대표적인 것으로 서울 여의도 윤중제를 들 수 있다.

은결隱結

조선시대에 지세 부과를 회피하기 위해 불법적이고 부정한 방법으로 과세 대상에서 누락시킨 토지를 말한다.

일물일권적一物一權的 토지 소유

중층적 토지 소유에 대비되는 용어로서, 다른 재산과 마찬가지로 한 토지에 한 종류의 절대적·배타적 소유권만 성립하는 경우를 가리키는 말이다. 경제사학에서는 근대적 토지 소유라고도 부른다.

자본이득capital gain

토지·주식·채권 등 자산의 가격이 올라서 생기는 이득을 의미한다. 자본이라는 말이 붙어 있다고 해서 기계나 건물 등의 자본재에서 발생하는 소득으로 오해해서는 안 된다. 자본재에서 발생하는 소득(이자나 이윤)은 연간 생산물의 일부가 분배되는 것으로 자본이득과는 성질이 전혀 다르다. 자본이득을 노리고 자산을 매매하는 행위가 바로 투기다.

정보町步
일제 강점기에 주로 쓰였던 용어로, 토지 면적을 측정하는 단위다. 1정보는 3,000평, 9,917.4제곱미터에 해당한다.

정책 포획
국가의 정책이 지배계층의 특수이익에 사로잡히는 현상을 말한다. 불평등과 부패가 심해서 후견주의와 엽관주의가 만연할 경우 정책 포획이 일어난다.

주택담보 인정 비율loan-to-value ratio
흔히 LTV라고 부르는데, 은행들이 주택담보대출을 할 때 적용하는 담보가치 대비 최대 대출 가능 한도의 비율을 가리킨다. 금융당국은 이 비율을 조절함으로써 주택담보대출을 규제할 수 있다. 좀더 강력한 규제를 위해 LTV 규제에 DTI 규제를 추가하기도 한다.

중층적 토지 소유
중세시대에 한 토지에 여러 종류의 권리가 중첩되어 있던 상태를 가리키는 말이다. 예컨대 서양의 봉건사회에서는 한 토지에 여러 층을 이루고 있던 영주의 상급소유권과 농민의 하급소유권이 중첩적으로 성립하고 있었다. 조선시대도 그와 비슷해서, 한 토지에 국가·지주·농민의 권리가 중첩되어 있었다.

지니계수Gini coefficient
소득이나 자산의 분배 상태를 측정하는 지표다. 0에서 1 사이의 값을 갖는데, 0에 가까울수록 분배가 평등하고 1에 가까울수록 분배가 불평등하다고 판단한다.

체비지替費地
구획정리사업에서 사업추진비용을 조달하기 위해 사업 시행자가 사업 후 토지 소유자에게 돌려주지 않고 확보하는 땅을 말한다.

총부채 상환 비율debt-to-income ratio
흔히 DTI라고 부르는데, 자금 차입자의 연소득 대비 연간 상환액의 비율을 가리킨다.
금융당국은 은행들이 주택담보대출을 할 때 차입자의 상환능력을 감안하지 않고 과도
하게 대출하는 것을 막기 위해 DTI 규제를 시행한다. LTV 규제에 DTI 규제를 추가하
면 대출 규제는 더 강력해진다.

토지가치세land value tax
토지보유세의 일종으로 지대를 과세 대상으로 삼는 세금이다. 토지가치세의 주창자 헨
리 조지는 지대의 대부분을 공적으로 환수하자고 주장하면서 그것이 토지사유제의 폐해
를 근절할 수 있는 최선의 수단이라고 생각했다. 토지 소유권을 구성하는 세 가지 권리,
즉 사용권·처분권·수익권 가운데 수익권을 공공이 갖는 것이다. 단, 토지의 사용권과 처
분권은 개인의 자유에 맡긴다. 극단적으로 지대를 100퍼센트 환수할 경우 지가는 0으로
떨어지므로, 토지가 더는 자산으로 취급되지 못하고 토지매매시장은 소멸한다.

토지공공임대제
정부가 국공유지를 확보한 후 계속 소유하면서 민간에 임대해 임대료를 징수하는 제도
다. 토지 사용자는 토지 이용의 자유와 임대기간 중 토지 사용권 처분의 자유를 누린다.
정부가 임대료를 시장가치대로 걷으면 토지에서 불로소득이 발생하는 일은 일어날 수
없다. 즉, 이 제도는 토지 사용자에게 토지 이용의 자유를 보장하면서도 토지 불로소득
을 원천적으로 차단할 수 있기 때문에 시장친화적인 방식으로 토지공개념을 실현한다.
따라서 이 제도하에서는 부동산 투기가 발생하기 어렵다. 하지만 중국처럼 정부가 임
대료를 시장가치대로 징수하지 않을 경우에는 시장 임대료와 공공 임대료의 차이를 노
린 부동산 투기가 발생할 수 있다.

토지배당
정부가 전국 모든 토지에 국토보유세를 부과해서 생기는 세수 순증분을 모든 국민에게
n분의 1씩 지급하는 급여를 말한다. 이는 모든 국민이 국토에 대해 평등한 권리를 갖고
있음을 전제한다. 마치 주식회사의 주주들이 회사에 대해 보유 주식 수만큼 소유권과

배당받을 권리를 갖는 것과 동일한 이치다. 국토에 대해서는 모든 국민이 똑같이 한 주씩 갖고 있다고 보는 것이다.

토지임대부주택

토지공공임대제의 원리를 주택분양에 적용한 것으로서, 주택을 토지와 건물로 분리해서 토지는 공공이 소유하고 건물은 민간에 분양하는 방식으로 공급되는 주택이다. 일반분양주택이 토지와 건물을 합쳐서 민간에 분양하는 주택이고, 공공임대주택이 토지와 주택을 합쳐서 민간에 임대하는 주택이라면, 토지임대부주택은 그 중간 형태라고 할 수 있다. 이 주택을 분양받는 사람은 건물은 매입하고 토지는 임차하게 되므로, 건물에 대해서는 가격을 지불하고 토지에 대해서는 임차료를 지불하게 된다.

포괄소득comprehensive income

헤이그와 사이먼스가 정의한 소득 개념으로 '헤이그-사이먼스 소득'이라고도 부른다. 포괄소득은 '일정 기간 동안 소비할 수 있는 능력의 증가분'으로 정의되는데, 크기가 실제 소비액과 자산가치 증가액의 합과 같다. 포괄소득에는 임금·사업소득·임대료·배당·이자소득·이전소득 등 일반적인 소득 외에 잠재적으로 소비능력을 증가시키는 자본이득·귀속소득·현물급여 등이 포함된다.

환지換地

구획정리사업이 종료된 후 기존 토지 면적에서 공공용지와 체비지를 떼고 정리를 마친 토지를 소유자에게 돌려주는 작업을 가리킨다. 환지 면적과 토지 위치를 결정하는 일은 무척 복잡할 뿐 아니라 이해관계가 크게 걸려 있어서, 이를 둘러싼 분쟁이 종종 발생한다.

후견주의後見主義

이념과 정책이 아니라 금품이나 물질 등 개별적 특혜 제공에 의해 선거가 좌우되는 경향을 가리킨다. 프로그램 정치와 반대되는 말이다.

β값, α값

프랑스 경제학자 토마 피케티가 불평등 분석에서 사용하는 지표로, β값은 국민순자산

298

을 국민소득으로 나눈 값이며, α값은 국민소득 중에서 자산 소유자에게 분배되는 부분의 비율이다. 여기서 국민순자산이란 한 나라 국민이 가진 모든 자산에서 부채를 뺀 값이다. α값은 자산소득 분배율이라고도 부른다. β값과 α값이 올라가면, 한 사회에서 자산의 힘이 커지고 자산 소유자가 차지하는 소득의 상대적 비중도 커진다. 피케티는 1970년대 이후 주요 선진국에서 이런 현상이 뚜렷하게 진행되고 있다고 보고, 이를 '자본의 귀환'이라고 명명했다. 이런 추세대로 21세기가 지나갈 경우 '세습자본주의의 도래'가 불가피하다는 것이 피케티의 전망이다.

강준만, 2006, 『강남, 낯선 대한민국의 자화상』, 인물과사상사.

경실련, 2018, 보도자료, "재벌/대기업과 다주택보유자, 지난 10년간 부동산 투기에 집중했다".

곽태원, 1995, 「우리나라 토지세제의 변천과 향후의 정책 과제」, 『광복 후 50년간의 조세 및 금융정책의 발전과 정책방향』 1, 한국조세연구원.

국정브리핑 특별기획팀, 2007a, 『대한민국 부동산 40년』, 한스미디어.

국정브리핑 특별기획팀, 2007b, 『대한민국 교육 40년』, 한스미디어.

김도균, 2018, 『한국 복지자본주의의 역사』, 서울대학교 출판문화원.

김상현, 2004, 『대한민국 강남특별시』, 위즈덤하우스.

김성보, 2001, 「입법과 실행과정을 통해 본 남한 농지개혁의 성격」, 홍성찬 편, 『농지개혁연구』, 연세대학교 출판부.

김성호 외, 1989, 『농지개혁사연구』, 한국농촌경제연구원.

김수현, 2008, 『주택정책의 원칙과 쟁점』, 한울.

김수현, 2011, 『부동산은 끝났다』, 오월의봄.

김수현·정석, 2011, 「재개발·뉴타운 사업 중단하라」, 『공간과 사회』 21-1.

김영주 의원실, 2016, 보도자료, "1퍼센트 기업 부동산 보유액 966조원, 상위 10개 기업 부동산 보유액 6년 새 147퍼센트 폭증".

김윤상, 1991, 『토지정책론』, 법문사.

김윤상, 2009, 『지공주의』, 경북대학교 출판부.

김윤상, 2013, 『특권 없는 세상—헨리 조지 사상의 새로운 해석』, 경북대학교 출판부.

김윤상, 2017, 『이상사회를 찾아서—좌도우기의 길』, 경북대학교 출판부.

김윤상 외, 2018, 『헨리 조지와 지대개혁』, 경북대학교 출판부.

김일영, 2006, 「농지개혁을 둘러싼 신화의 해체」, 박지향 외 엮음, 『해방 전후사의 재인식』 2, 책세상.

남기업·전강수·강남훈·이진수, 2017, 「부동산과 불평등 그리고 국토보유세」, 『사회경제평론』 54.

노영훈, 2004, 『토지세 강화 정책의 경제적 효과』, 한국조세연구원.

노영훈 외, 1996, 『한국의 토지세제』, 한국조세연구원.

대천덕, 1998, 『대천덕 자서전』, 홍성사.

대천덕 지음, 전강수·홍종락 옮김, 2003, 『대천덕 신부가 말하는 토지와 경제정의』, 홍성사.

대한주택공사, 1979, 『대한주택공사 20년사』.

마강래, 2017, 『지방도시 살생부』, 개마고원.

박명림, 1999, 「한국 민주주의와 제3의 길: 민주주의, 사회적 시장경제, 그리고 평화·통일의 결합—조봉암 사례 연구」, 정태영 외 엮음, 『죽산 조봉암 전집』 6, 세명서관.

박상수, 2013, 「비주거용 건물 과세평가의 균일성 분석」, 한국토지공법학회 제91회 학술대회 발표논문집.

박석두, 1993, 「대한민국의 수립과 농지개혁」, 『현대사연구 근현대사강좌』 3, 한국현대사연구회.

박준·최수·송하승, 2015, 『부동산 공시가격 조정이 지방재정에 미치는 영향에 관한 연구』, 국토연구원.

박준·김재환, 2015, 「부동산 공시가격 현실화에 따른 지방재정 파급효과 분석」, 『국토연구』 85.

박찬승, 2012, 「대한민국 헌법의 임시정부 계승성」, 『한국독립운동사연구』 43.

방기중, 2001, 「농지개혁의 사상 전통과 농정 이념」, 홍성찬 편, 『농지개혁연구』, 연세대학교 출판부.

산업연구원, 2016, 『KIET 산업동향 브리프』 86.

손정목, 2003, 『서울 도시계획 이야기』 3~5, 한울.

손정목, 2005, 『한국 도시 60년의 이야기』 2, 한울.

신규섭 외, 2009, 『대한민국 교육특구 부동산 투자 지도』, 김&정.

안균오·변창흠, 2010, 「개발이익 환수규모 추정과 개발부담금제도 개선방안 연구」, 『공간과 사회』 33.

안창모, 2010, 「강남개발과 강북의 탄생과정 고찰」, 『서울학연구』 41.

유종성, 2016, 『동아시아 부패의 기원』, 동아시아.

이명박, 1995, 『신화는 없다』, 김영사.

이영훈, 2016, 『한국경제사 II』, 일조각.

이옥희, 2006, 「서울 강남지역 개발과정의 특성과 문제점」, 『한국도시지리학회지』 9-1.

이원규, 2013, 『조봉암 평전: 잃어버린 진보의 꿈』, 한길사.

이은진, 1993, 「국가의 계급성: 1989년 토지공개념 입법과정에서 나타난 독점자본의 위기의식의 내용」, 『사회과학연구』 5, 경남대학교 사회과학연구소.

이정우, 2007, 「한국 부동산 문제의 진단 — 토지공개념 접근 방법」, 『응용경제』 9-2.

이정우, 2008, 「세계화, 불평등과 복지국가」, 한국미래발전연구원 제1차 정례 세미나 발제문.

이정우, 2010, 『불평등의 경제학』, 후마니타스.

이정우, 2011, 「개발독재가 키운 두 괴물, 물가와 지가」, 유종일 편, 『박정희의 맨얼굴』, 시사IN북.

이정우, 2015, 「한국은 왜 살기 어려운 나라인가?」, 이정우·이창곤 외, 『불평등 한국, 복지국가를 꿈꾸다』, 돌베개.

이정우 외, 2002, 『헨리 조지, 100년 만에 다시 보다』, 경북대학교 출판부.

이정전, 2009, 이정전, 『토지경제학』, 박영사.

이준구, 2008, "슬픈 종부세", 홈페이지(www.jkl123.com).

이준구, 2011, 『재정학』 제4판, 다산출판사.

이진수, 2018, 「주요 국가별 토지가격 장기추이 비교」, 김윤상 외, 『헨리 조지와 지대개혁』, 경북대학교 출판부

이진수·남기업, 2017, 「주요국의 부동산 세제 비교 연구 ① — 보유세 실효세율 비교」, 『토지+자유 리포트』 14호.

이진순, 1990, 「부동산 투기억제 정책의 전개 과정」, 『철학과 현실』 가을호.

이진순, 1995, 『경제개혁론』, 비봉출판사.

이풍, 1998, 『모두가 살맛나는 약속의 땅을 향하여』, 진리와자유.

임주영 외, 2005, 『자율과 책임 원리 하의 지방세제 혁신 방안』, 서울시립대 지방세연구소.

장상환, 2000, 「농지개혁과 한국 자본주의 발전」, 『경제발전연구』 6-1.

장상환, 2003, 「21세기에 평가하는 농지개혁의 의의」, 『한국 농업구조의 변화와 발전』,

한국농촌경제연구원.

장시원, 1989, 「일제하 대지주의 존재 형태에 관한 연구」, 서울대학교 대학원 경제학과 박사학위 논문.

장시원, 2006, 「농지개혁—지주제 해체와 자작농체제의 성립」, 박지향 외 엮음, 『해방 전후사의 재인식』 2, 책세상.

장시원·이영훈, 2002, 『한국경제사』, 한국방송통신대학교 출판부.

전강수, 1984, 「일제하 수리조합사업이 지주제 전개에 미친 영향」, 『경제사학』 8.

전강수, 1993, 「식민지 조선의 미곡정책에 관한 연구」, 서울대학교 대학원 경제학과 박사학위 논문.

전강수, 1996, 「한국 농지개혁의 재평가」, 오두환 편, 『공업화의 제유형 II』, 경문사.

전강수, 2005, 「부동산 양극화의 실태와 해소 방안」, 『역사비평』 71.

전강수, 2007, 「부동산 정책의 역사와 시장친화적 토지공개념」, 『사회경제평론』 29(1).

전강수, 2010a, 『부동산 투기의 종말』, 시대의창.

전강수, 2010b, 「평등지권과 농지개혁 그리고 조봉암」, 『역사비평』 91.

전강수, 2011a, 「공공성의 관점에서 본 한국 토지보유세의 역사와 의미」, 『역사비평』 94.

전강수, 2011b, 「토건국가의 시장만능주의 부동산 정책」, 『황해문화』 73.

전강수, 2011c, 「교육·부동산이 쌓아올린 높은 성, 강남」, 김상곤 외, 『경제학자, 교육혁신을 말하다』, 창비.

전강수, 2012a, 『토지의 경제학』, 돌베개.

전강수, 2012b, 「1970년대 박정희 정권의 강남개발」, 『역사문제연구』 28.

전강수, 2015, 「세금의 기억」, 『황해문화』 87.

전강수, 2018, 「토지공개념 헌법 명시의 의의와 쟁점」, 이병천 편, 『한국 자본주의 발전 궤적과 진로』, 해남.

전강수·강남훈, 2017, 「기본소득과 국토보유세」, 『역사비평』 120.

정병준, 2003, 「한국 농지개혁 재검토」, 『역사비평』 65.

조태형·최병오·장경철·김은우, 2015, 「우리나라의 토지자산 장기 시계열 추정」, 『BOK 경제리뷰』 2015-6.

주대환, 2008, 『대한민국을 사색하다』, 산책자.

주상영, 2015, 「피케티 이론으로 본 한국의 분배 문제」, 『경제발전연구』 21-1.

진심캠프, 2012, 『안철수의 약속』.

최광·현진권 편, 1997, 『한국 조세정책 50년』 1, 한국조세연구원.

최광승, 2010, 「박정희는 어떻게 경부고속도로를 건설하였는가」, 『정신문화연구』 33-4, 한국학중앙연구원.

토지+자유연구소, 2012, 『사용자 중심의 토지와 주택을 위한 정책과제』, 민주정책연구원.

토지정의시민연대 정책위원회, 2006, 『개헌을 위한 시장친화적 토지공개념 7문 7답』.

통계청·한국은행, 2018, "2017년 국민대차대조표(잠정)".

한종수·강희용, 2016, 『강남의 탄생』, 미지북스.

헨리 조지 지음, 김윤상 옮김, 2012, 『노동빈곤과 토지정의─교황에게 보내는 공개서한』, 경북대학교 출판부.

헨리 조지 지음, 전강수 옮김, 2013, 『사회문제의 경제학』, 돌베개.

헨리 조지 지음, 김윤상 옮김, 2016, 『진보와 빈곤』, 비봉출판사.

홍영림, 1993, 「서울시 강남지역의 개발과 거주지 분화에 관한 연구」, 서울대학교 대학원 사회학과 석사학위 논문.

荻野千尋, 2004, 「강남8학군 지역의 형성」, 『지리학논총』 별호 58, 서울대학교 국토문제연구소.

野田公夫, 1992, 「近代土地改革と小經營」, 『新しい歷史學のために』 205.

渡邊洋三, 1975, 「農地改革と戰後農地法」, 東京大學社會科學硏究所 編, 『戰後改革 6 農地改革』.

Brys, Bert, Sarah Perret, Alastair Thomas, Pierce O'Reilly, 2016, "Tax Design for Inclusive Economic Growth", OECD Taxation Working Papers No. 26.

Deininger, 2003, *Land Policies for Growth and Poverty Reduction*, World Bank Policy Research Report.

Norregaard, John, 2013, "Taxing Immovable Property: Revenue Potential and Implementation Challenges", IMF Working Paper WP/13/129.

OECD, 2017, *Revenue Statistics 1965-2016*.